国家出版基金项目
NATIONAL PUBLICATION FOUNDATION

高校马克思主义理论教学与研究文库

意识形态

当代中国的理论和实践

陈锡喜◎著

YISHIXINGTAI

DANGDAI ZHONGGUO DE LILUN HE SHIJIAN

中国人民大学出版社
·北京·

高校马克思主义理论教学与研究文库
编委会

总　序

高校承担着学习、研究、宣传马克思主义，培育和弘扬社会主义核心价值观，为实现中华民族伟大复兴的中国梦提供人才保障和智力支持的重要任务。为推动高校马克思主义理论教学研究人员围绕重大理论和现实问题以及学生关心的热点问题开展研究，提升马克思主义理论学科发展中基础性、导向性和战略性重要问题的研究水平，教育部社科司精心策划，组织相关领域知名专家编写出版“高校马克思主义理论教学与研究文库”，集中推出了一批高质量的研究成果。

本套丛书在已有相关研究成果的基础上，着眼于马克思主义理论的运用，着眼于对实际问题的理论思考，着眼于帮助大学生解决思想认识问题和理论困惑，着眼于新的实践和新的发展，从马克思主义经典著作研究、马克思主义理论学科基础理论研究、中国特色社会主义重大理论和现实问题研究、思想政治理论课理论和现实问题研究、大学生高度关注的热点难点研究等方面，开展了全面深入的研究，提出了具有较强创新性和重要学术价值的观点。

本套丛书从编委会到每卷作者，体现了国内相关学科领域老、中、青三代的结合，既有相关领域的权威作者，也有近几年成长起来的中青年学者；既有国内著名的马克思主义理论专家，也有具有丰富一线教学经验的名师。队伍齐整，阵容强大。

希望本套丛书的出版，可以从理论和实践两个方面更好地助力和推进高校马克思主义理论教学与研究工作，从而促进马克思主义理论学科建设与发展，扎实推进高校宣传思想工作，促进高校马克思主义理论教师素质提升，提高学生对思想政治理论课的认同度和满意度。希望本套丛书成为推动马克思主义中国化、大众化、时代化，坚定中国特色社会主义道路自信、理论自信和制度自信的重要的理论成果。

目　录

引　言

当前意识形态工作面临新的挑战。西方社会的价值观以及大众流行文化在内容和话语上的多样性，冲击了社会主义意识形态的影响力和凝聚力；社会主义市场经济和民主政治的发展，使一些群众对意识形态采取淡化态度，社会生活中的各种价值观问题越来越凸显，并深刻影响着社会发展和人民对生活方式的选择。在中国共产党执政的条件下，作为党和国家指导思想的马克思主义，能否在社会生活中掌握话语主导权，真正成为支配社会经济、政治和文化的主流思想，遇到了新的挑战和考验。党中央多次提出，要研究为什么必须坚持马克思主义在意识形态领域的指导地位而不能搞指导思想的多元化。2016 年 5 月 17 日，习近平在哲学社会科学工作座谈会上的讲话中强调："坚持以马克思主义为指导，是当代中国哲学社会科学区别于其他哲学社会科学的根本标志，必须旗帜鲜明加以坚持。"① 正是在这些背景下，中国共产党提出了社会主义意识形态建设的重大新课题。之所以说这是"新课题"，诚如改革开放之初邓小平就指出的，包括马克思主义指导地位在内的"四项基本原则"，是我们党历来所坚持的，"不是什么新问题，但是这些原则在目前的新形势下却都有新的意义，

---

① 习近平：在哲学社会科学工作座谈会上的讲话（全文）.(2016-05-18). http://politics.people.com.cn/2016/0518/c1024-28361421.html.

都需要根据新的丰富的事实作出新的有充分说服力的论证。……这是一项十分重大的任务，既是重大的政治任务，又是重大的理论任务。这决不是改头换面地抄袭旧书本所能完成的工作，而是要费尽革命思想家心血的崇高的创造性的科学工作”①。在新的历史条件下，研究马克思主义如何真正掌握在社会生活中的话语主导权，有重大的理论价值和实践意义。

在国外，西方马克思主义对意识形态和价值观的关系有深刻的研究，如强调意识形态是社会生活中显露出来的世界观，而并非对经济基础的直接反映，是价值判断和理论因素的混合物，包含了“社会性格”甚至“社会无意识”，等等。但是，它们对意识形态的本质、意识形态与科学的关系，特别是意识形态包含价值观的根据等论证，存在诸多歧义。从总体上说，由于价值观念本身的差别，西方的学术观点仅可以为我们在学理上做借鉴，但对于立足于中国实际和需要来研究社会主义核心价值体系和意识形态的关系，则基本是空白。

在国内，近些年对意识形态的结构及基本要素、性质、特点与功能的研究，有很大的拓展；对社会主义意识形态所面临的挑战，有深刻的揭示；对社会主义核心价值体系提出的必要性，有全面的论证；对社会主义核心价值体系的内涵，有比较系统的阐述；对社会主义核心价值体系的宣传和教育方法，有新的探索。但是，当前国内对社会主义意识形态、社会主义核心价值体系、社会主义核心价值观，以及马克思主义在社会生活中的话语主导权问题及其相互关系的研究，还存在有待澄清的问题，以及有待深化和拓展的空间：(1) 对马克思关于意识形态思想的阐述，还存在歧义，特别是关于意识形态的本质及与科学和价值的关系，研究还不够深入，由此影响到对社会主义意识形态与核心价值的关系的学理论证不太充分；(2) 对于今天为什么还必须“坚持马克思主义在意识形态领域的指导地位”，论证还不够充分；(3) 对社会主义核心价值体系四个方面内容相统一的基础及其同社会主义核心价值观和底线价值观的关系，分歧较大；

① 邓小平．邓小平文选：第2卷．北京：人民出版社，1994：179-180．

(4) 对“意识形态领域”和马克思主义“指导地位”的内涵和外延变化，研究不够细化，影响到对社会主义意识形态如何由“统治”地位转化成“支配”地位以引领各种社会思潮研究的深化；(5) 对马克思主义中国化、时代化和大众化的内涵及其相互关系，众说纷纭；(6) 对如何建立起一套贯穿马克思主义立场、观点、方法的新的意识形态话语体系，以掌握社会主义核心价值体系在社会生活中的话语主导权的研究，还刚起步；等等。

上述相关研究的薄弱环节，关键在于对作为统治阶级思想的马克思主义，如何通过提供能为社会各阶层绝大多数群众认同的社会主义核心价值观，以掌握在社会生活中的话语主导权，从而真正确立其在意识形态领域的指导地位。因此，当前中国社会主义意识形态建设的重点，是把握“统治思想”、“意识形态”、“理论创新”、“核心价值”和“话语主导权”这五个关键词的内涵及其相互关系，这也是社会主义意识形态理论研究的发展趋势。

因此，本书旨在充分吸收学界已有研究成果的基础上，立足于中国融入经济全球化、国内社会主义市场经济的发展，以及网络已成为意识形态的技术支撑等背景，通过深入研究马克思主义作为共产党执政条件下社会的统治思想同社会主义意识形态建设的关系，为真正坚持马克思主义在意识形态领域的指导地位，掌握马克思主义在社会生活中的话语主导权，提供科学的理论依据和创新思路。

这一研究，在理论上可以丰富马克思主义的意识形态学说。意识形态和价值观问题在马克思主义理论中占有十分重要的地位。然而，马克思的意识形态思想主要体现在他的意识形态批判理论之中。至今，关于意识形态的本质究竟是什么，国内外学术界并无一致的观点，而对于意识形态概念的使用，更反映出对其内涵和实质理解的差距。以马克思的意识形态批判理论为指导，通过本书的研究，厘清意识形态的本质，进一步深化到一个社会的核心价值观同其占主导地位的意识形态的关系，在理论上把握党的意识形态与国家的意识形态、社会的意识形态之间的关系，揭示意识形态的本质和功能，以丰富马克思主义意识形态理论。这一研究通过总结毛泽东把马克思主义中国化进程中实现的话语转换，以及邓小平、江泽民、胡锦涛、习近平在对马克思主义理论发展中形成的意识形态话语的历史和现实的成功经验，通过关于社会主义核心价值体系建设和价值观凝练中的比较研究，特别是对价值观问题在意识形态工作中地位和作用的凸显过程的梳理，并将之上升到理论层面，以发展社会主义意识形态理论。

这一研究，在实践上可以帮助我们增强社会主义意识形态建设工作的有效性，使马克思主义能切实地、更好地发挥在党和国家政治生活中的理论基础作用。既坚决抵制“淡化意识形态”、“去意识形态化”和“指导思想多元化”的思潮，又避免“强化意识形态阶级斗争”“泛意识形态化”的倾向。这一研究不仅为社会主义意识形态从“统治阶级的思想”转化为“主导”和“支配”社会生活的思想，而且为社会主义核心价值观真正发挥引领社会思潮的作用，提供可行思路。在此基础上，这一研究提出实现上述“转化”和“引领”的相统一的有效途径，这对于推进当代中国马克思主义大众化，使社会主义意识形态转化为实践模式，以巩固全党全国人民团结奋斗的共同思想基础，具有现实价值。

本书研究的重点是：

第一，关于意识形态的内涵和外延的厘清。从社会结构的描述性定义，深入到马克思揭示的意识形态的本质特征，来揭示意识形态的内涵；从对意识形态同各种社会意识形式的整体和部分关系的形而上学定义，深入到一般和特殊关系，来展开意识形态的外延，以此为阐释当代中国的意识形态问题提供理论基础。

第二，关于马克思主义的理论自尊和理论自信的意识形态基础。彰显马克思主义的当代价值，以及在范式、特性和内容等理论思维上的比较优势，以确立马克思主义的理论自尊和理论自信。导入理论自觉的论述，即强调坚持马克思主义在意识形态领域的指导地位，只有“理直”才能“气壮”，它既要赋予马克思主义基本范畴以新的时代内涵，同时，对党的理论创新成果的阐述要“去形式主义”。

第三，关于马克思主义的理论创新和党的指导思想的与时俱进。论述马克思主义中国化的意识形态根据，即马克思主义理论的具体实践性。以此为理论基础，分析和评价社会主义时期毛泽东战略思想的意识形态基础，即“三个世界”理论和“社会主义社会基本矛盾”学说；阐述和论证邓小平开创新道路新理论的意识形态根据，即和平与发展两大战略问题的思想和社会主义社会矛盾的复杂性思想；进一步揭示邓小平理论丰富和发展的意识形态要义，即“三个代表”重要思想的提出从“要求”到“系统的科学理论”对于中国特色社会主义的深化，以及科学发展观中内含的几对关系的意识形态意蕴；特别论述了习近平总书记提出“四个全面”战略布局的战略思维及其价值取向。

第四，关于中国道路的形成发展和意识形态底蕴。以理论与实践的互动视域和世界视野阐述中国特色社会主义道路的选择及意义，以及中国制度的比较优势。在此基础上，进一步论述中国道路的世界意义，以及中国道路界限的绝对性和相对性；并进一步阐述中国道路的拓展，即中国梦的生成逻辑，以及其中内含的意识形态意蕴。

第五，关于社会主义核心价值观的凝练和对社会思潮的引领。阐述社会主义核心价值观是社会主义意识形态建设的核心，即在理论上是对马克思主义意识形态学说的继承和发展，在实践上它将增强社会主义意识形态的吸引力和凝聚力。在此基础上，首先回顾和评价社会主义核心价值观在凝练中的分歧和其中的意识形态问题；其次进一步对社会主义核心价值观的“十二个倡导”进行语义解析，指出了其对凝练中分歧的超越，以及当前宣传中还存在的问题；最后对社会主义核心价值观如何引领社会思潮，提出理论思考。

第六，关于意识形态话语权和马克思主义的话语主导权问题。阐述马克思主义中国化、时代化和大众化的历史经验，重点评价毛泽东对马克思主义话语体系的中国化转化、邓小平的话语创新及其对马克思主义中国化、时代化和大众化的推进，以及习近平平易近人的语言风格及其蕴含的中国力量。在此基础上，进一步对意识形态的话语权及其实现问题展开理论思考，其中借鉴葛兰西的意识形态话语权理论，并探讨社会主义核心价值观话语权的建构问题；同时，在思想政治理论教育和大众媒介两个领域，对增强马克思主义的话语权做了实践探索。

一、意识形态的内涵和外延

改革开放前后，中国经历了一个强化意识形态特别是意识形态领域的阶级斗争，到对意识形态的“淡化”“边缘化”，再到逐步意识到意识形态斗争的客观性，并越来越重视意识形态工作的变化过程。然而，对于究竟何谓“意识形态”，一方面，学术界意见纷呈①，在实际应用中，人们又态度各异，会根据语境变化而赋予其不同内涵；另一方面，通行的马克思主义教科书的定义，却依据苏联版本，把意识形态定义为思想上层建筑，具有阶级性，包括政治法律思想、道德、艺术、宗教、哲学等思想观点②。这一定义，只是对意识形态在社会结构中的定位描述及外延的机械规定，而没能依据马克思的意识形态批判思想，揭示出意识形态的本质特征和根

① 伊格尔顿归纳过 16 种定义。周宏．理解与批判——马克思意识形态理论的文本学研究．上海：上海三联书店，2003：35-36．

② 如 1983 年人民出版社出版《历史唯物主义原理》：“意识形态作为社会的观念（或思想）上层建筑，是对一定社会经济形态以及由经济形态所决定的政治制度的自觉反映。”包括“艺术、道德、政治法律思想、宗教、哲学和其他社会科学”。2009 年高等教育出版社、人民出版社出版《马克思主义哲学》（马克思主义理论研究和建设工程重点教材）：“观念上层建筑，是指政治法律思想、道德、艺术、宗教、哲学等意识形态。在这个意义上，观念上层建筑又被称为意识形态上层建筑。”“具有鲜明的阶级性。”2013 年高等教育出版社出版《马克思主义基本原理概论》（马克思主义理论研究和建设工程重点教材）：“属于上层建筑的社会意识形式称为社会意识形态，主要包括政治法律思想、道德、艺术、宗教、哲学等。”

本功能，从而把握意识形态的总体性及其领域。因此，把握当代中国的意识形态问题，首先需要依据实践的发展和语境的变化，在理论上把握意识形态的内涵，界定意识形态的外延，才能在实践上既抵制“去意识形态化”和“淡化意识形态”的思潮，又避免“泛意识形态化”和“强化意识形态领域阶级斗争”的倾向。

（一）内涵：从结构性描述到本质特征揭示

1. 概念使用：历史和现实的困境

之所以说在传统马克思主义教科书中关于“思想上层建筑”的定义只是对意识形态在社会结构中的定位描述，还没有揭示出意识形态的本质特征和根本功能，是因为它尚不能解释意识形态概念形成后思想史上存在的四个问题：

其一，为何意识形态很快被作为一个“贬义词”来使用？最早使用“意识形态”概念的是托拉西在19世纪初所著的《意识形态概论》一书中，词义即为“观念学”，其意在于以能否还原为感觉经验为标准重构人类知识体系的基本观念。但是，拿破仑很快就称托拉西等人为“意识形态家”，即脱离实际、虚构观念的“空论家”。于是意识形态的词义发生了转化，具有了“虚幻性”的含义。

其二，马克思为何对意识形态持强烈的批判态度？① 马克思恩格斯在《神圣家族》（1844年）中，批判了以布鲁诺·鲍威尔为代表的青年黑格尔派将所谓对“绝对精神”的“自我意识”作为人的本质和历史本体的观点，认为这是一种“虚幻”的意识形态。而在《德意志意识形态》（1845年）中，更是通过对以往社会意识形态的批判，揭示了意识形态在本质上

① 一般认为，马克思有自己的意识形态理论。而笔者认为，与其说马克思形成了自己的意识形态理论，不如说马克思形成的是意识形态批判理论。马克思的意识形态思想，是其意识形态批判理论的表现。

的虚假性，即它是颠倒的社会意识。直到1859年的《〈政治经济学批判〉序言》中，马克思才把“社会意识形式”界定为“思想上层建筑”：“生产关系的总和构成社会的经济结构，即有法律的和政治的上层建筑竖立其上并有一定的社会意识形式与之相适应的现实基础。”①

其三，为什么现代学者依然存在对“意识形态”的“否定性”解读？除了把意识形态作为思想上层建筑的“中性”解读外，某些现代西方哲学家，包括西方马克思主义的学者，依然对意识形态持“贬义”态度。如曼海姆认为，意识形态和乌托邦一样，都是关于“存在之超越的观念”②，即意识形态往往表现为以想象的方式去描写存在，在这一过程中又因为要反映政治集团的利益而竭力掩盖存在的真实关系，因而是消极的精神现象。阿尔都塞则突出“意识形态”和“科学”的对立，认为两者的根本区别，在于其出发点是幻想的现实还是真实的现实，而马克思主义通过“理论实践”超越了原有意识形态，达到了真正意义上的科学。

其四，为什么中国现代社会对意识形态的态度会跌宕起伏？“文化大革命”存在严重的意识形态“崇拜”现象，使社会生活“泛意识形态化”，意识形态领域的阶级斗争不断被强化。随着改革开放的深化，社会又产生了某种“意识形态恐惧症”，无论在政界、学界，还是平民百姓，大多对意识形态“唯恐避之而不及”。而在对外交往中，则公开宣称“不划线”（不以意识形态为标准）；在对台宣传中，也往往斥责“台独”势力的某些言行是“搞意识形态”。

上述现象表明，对意识形态仅从社会结构层面做描述性的定义（反映经济基础的思想上层建筑），并在这一定义基础上推论出它的根本特征是阶级性（经济基础是有阶级性的，因而意识形态也具有阶级性），尽管是必要的，但是，由于这一“定义”没有进一步从社会需要和历史发展两个层面揭示它的本质特征和根本功能，便不能很好地解释意识形态在社会生活中的历史变化，以及人们对意识形态的不同态度。

---

① 马克思，恩格斯. 马克思恩格斯文集：第2卷. 北京：人民出版社，2009：591.

② 卡尔·曼海姆. 意识形态与乌托邦. 北京：商务印书馆，2000：197.

2. 马克思恩格斯的揭示

马克思恩格斯合著的《德意志意识形态》，无疑是我们在马克思主义视域中揭示意识形态的本质特征和根本功能的入门读物。遗憾的是，几乎所有马克思主义教科书在阐述马克思的意识形态思想时，均忽视了如下两段经典论述，那就是："每一个力图取得统治的阶级，即使它的统治要求消灭整个旧的社会形式和一切统治，就像无产阶级那样，都必须首先夺取政权，以便把自己的利益又说成是普遍的利益，而这是它在初期不得不如此做的。"① "所有的历史编纂学家，主要是18世纪以来的历史编纂学家所共有的这种历史观，必然会碰到这样一种现象：占统治地位的将是越来越抽象的思想，即越来越具有普遍性形式的思想。因为每一个企图取代旧统治阶级的新阶级，为了达到自己的目的不得不把自己的利益说成是社会全体成员的共同利益，就是说，这在观念上的表达就是：赋予自己的思想以普遍性的形式，把它们描绘成唯一合乎理性的、有普遍意义的思想。进行革命的阶级，仅就它对抗另一个**阶级**而言，从一开始就不是作为一个阶级，而是作为全社会的代表出现的；它以社会全体群众的姿态反对唯一的统治阶级。"②

马克思恩格斯这两段论述，除了强调夺取政权对于阶级统治的必要性外，还包含了关于意识形态问题的重要信息：无论是夺取政权还是掌握政权，都需要在观念上把"自己的利益"说成是"普遍的利益"或"共同利益"，从特殊利益的合理性证明推导出阶级统治的合法性（或相反，以敌对阶级利益的不合理性来证明其统治的不合法性）；而这一合理性证明的理论表达则是："赋予自己的思想以普遍性的形式"。这些思想，深刻地揭示了意识形态的本质特征和根本功能。

从意识形态的本质看，它反映了不同群体的利益诉求，并非是"与价值无涉"或所谓"价值中立"的科学理论。不管怎样给意识形态下定义，其最基本的要素是：价值观的理论体系。首先，它是一种价值观，是反映

① 马克思，恩格斯．马克思恩格斯文集：第1卷．北京：人民出版社，2009：536-537.

② 同①552.

不同利益关系的价值判断；其次，它又不是个体对生活的感受和追求，而是反映一定群体的共同诉求，因而需要理论论证，即通过概念、判断和推理的逻辑形式，来证明其所代表利益的合理性。

意识形态的这一本质，决定了其特征，是内容和形式的矛盾统一：内容上反映一定群体或集团的利益，具有特殊性；形式上又要说成是体现共同利益，具有普遍性。据此，我们可以从本质的意义上把意识形态定义为“价值观的理论体系”。这一本质，与意识形态是“经济基础的反映”这一对社会结构的描述性定义，以及意识形态是对社会存在的“虚幻”反映等“贬义”表达统一起来；把意识形态在内容上具有“阶级性”的“个性”，与意识形态作为对特殊利益的合理性论证的“共性”统一起来。意识形态在形式上的普遍性，使其在一定历史阶段表现出“虚幻性”；而在内容上的特殊性，使其在一定历史阶段表现出“阶级性”；其形式普遍性和内容特殊性的统一，则决定了意识形态对于经济基础的相对独立性。

这一本质特征，决定了意识形态的根本功能，是要把特殊利益说成是普遍利益，即为维护或颠覆现存利益格局的行为合法性提供合理性辩护。在一个社会中，只要存在不同群体或集团的利益矛盾或冲突，从而存在特殊利益和共同利益的矛盾，就需要有一定的意识形态来对之批判或为之辩护。某一利益群体在表达某一特殊利益时，为了获得社会对这一利益最大程度的认可，便需要尽可能“赋予自己的思想以普遍性的形式”，即通过“言说”的理论要素，以便把“自己的利益”说成是“普遍的利益”或“共同利益”。一旦社会利益的群体或集团分化和冲突完全消失，不再存在特殊利益和普遍利益的矛盾，也就不再需要意识形态了。

3. 意识形态本质特征在马克思主义及其发展中的表现

马克思主义作为意识形态，具有一切意识形态的共性，即价值观的理论体系，它要把自己所代表的特殊利益说成是普遍利益。它与历史上剥削阶级意识形态的根本区别在于：剥削阶级用形式上“虚幻”的利益普遍性，来掩盖其实质内容上的利益特殊性；而马克思主义则通过对资本主义内在矛盾以及与社会化大生产相联系的无产阶级历史地位的科学揭示，旗帜鲜明地表达无产阶级的阶级利益同资产阶级利益的冲突性，同时指出自己所代表利益在本质上和长远意义上同人类普遍利益的一致性。正如马克思恩格斯在《共产党宣言》中表明的那样："无产阶级的运动是绝大多数人的，为绝大多数人谋利益的独立的运动"，"共产党人为工人阶级的最近的目的和利益而斗争，但是他们在当前的运动中同时代表运动的未来"，这一未来就是"这样一个联合体，在那里，每个人的自由发展是一切人的自由发展的条件"①。当马克思恩格斯把自己的共产主义理论称为"科学社会主义"时，当列宁称马克思主义为"科学的意识形态"时，都在表明，这一理论是无产阶级解放的理论，代表的是无产阶级的阶级利益，但这一利益的实现，是同人类解放的客观进程联系在一起的，它反映的是人类的共同利益，正如马克思一直强调的，无产阶级的解放是资本主义社会化大生产发展的客观要求，而无产阶级如果不能解放全人类，则就不能最后解放无产阶级自己。于是，作为意识形态的马克思主义，便具有无可置疑的科学性。

当然，在当代中国的语境下，要坚持马克思主义的意识形态性和科学性的统一，既不能否认意识形态存在着阶级性，不同意识形态之间存在着斗争性，也需要超越传统的无产阶级和资产阶级的对抗思维。从理论上说，意识形态的阶级性，只是不同利益群体的利益在价值观上的理论表达的部分表现，意识形态斗争的内容和形式是多样的。在马克思的语境中，欧洲资本主义客观上已分化为无产阶级和资产阶级两大对抗阶级，马克思的意识形态批判，重点是批判资产阶级意识形态。马克思所论述的意识形态的本质特征和根本功能，还是着眼于特殊利益和普遍利益的关系，只不过资产阶级是"虚幻"地表达了两者的一致，而无产阶级将真实地实现两者的统一。

由此，我们应该把意识形态的"阶级性"拓展到对特殊利益和普遍利益关系的表达。对于无产阶级来说，在其夺取政权与掌握政权的不同条件下，对自己的意识形态在内容和形式之间相统一的表达是不尽相同的。为

① 马克思，恩格斯．马克思恩格斯文集：第2卷．北京：人民出版社，2009：42、65、53.

了夺取政权，它毫无顾忌地说出自己所代表的群体利益同其他剥削阶级利益的冲突性，以便更充分地动员更广泛群体的投入。然而，自己成为执政党后，应该逐步表达自己所代表利益在现实上的普遍性，以使自己不断巩固并扩大长期执政的合法性资源。“文化大革命”在意识形态问题上的教训之一，就是继续强调无产阶级利益的特殊性，不断人为制造利益矛盾和冲突，通过强化意识形态领域的阶级斗争以及在上层建筑其中包括各个文化领域中对资产阶级实行全面专政，其结果是损害了共产党执政的“合法性资源”。

以市场化为导向的改革，使经济成分、社会组织、就业形式和分配方式日趋多样化，造成了社会阶层的分化和利益的多元化，并由此决定了反映不同利益关系的价值观多元化。意识形态作为上层建筑，其要反映的经济基础，已非完全的公有制或国有制，在马克思语境中作为无产阶级主体的产业工人也已非社会的主要成分。在这种情况下，处理意识形态问题，须以两个基本的价值判断为前提：其一，我们不可能做到各个阶层和利益群体的利益实现完全均等和一致；其二，共产党作为执政党，在意识形态上应确立“以人为本”的核心话语，宣称自己没有特殊利益，代表的是最广大人民利益的普遍性，并尽可能为协调各种利益矛盾提供理论上和价值观上的根据，而不应该在观念上强化利益冲突或强调自己只代表某一阶级的利益。

（二）外延：从整体部分关系到一般特殊关系

1. 传统界定：实践中的困境

根据迄今为止马克思主义哲学教科书的定义，社会意识分为社会心理和社会意识形式两个层面，作为“形式”的社会意识，是系统的、自觉的、抽象化的社会意识，包括属于思想上层建筑的政治法律思想、艺术、道德、宗教、哲学等意识形态以及科学。

要界定意识形态，需要对其外延有所规定。但是，之所以说把意识形态定义为“政治法律思想、道德、艺术、宗教、哲学等社会意识形态”只是机械的外延规定，是因为它没能通过对意识形态的本质特征及根本功能的考察，来把握意识形态的总体性以及由此所区分的领域。它在理论上带来的困境是，不仅把人们具有社会性的情感、意志等社会心理都剔除在意识形态之外，更重要的是，带来了马克思主义理论学界内部关于社会科学是否是意识形态的长期争论。① 持社会科学与意识形态对立论观点的重要理论依据，便是传统意识形态定义里只把属于社会科学的政治法律思想以及哲学列入其中，却没有把其他社会科学领域纳入其范围，而在学界一般被视为人文学科的道德、艺术等，反而都被列入了意识形态。

意识形态的这一外延界定给实践上带来的困境是，它将除自然科学以外的各种社会意识形式都作为意识形态，意识形态被泛化了，即它同各种社会思想文化和人们精神生活的复杂关系被简单化了。

“文化大革命”期间甚至改革开放初期，曾经把所有思想文化艺术和人们精神活动都打上“非无（无产阶级）即资（资产阶级）”的阶级标签，把各种艺术欣赏趣味甚至不同的艺术表现形式（例如，唱歌是否用“气声”、在舞台上是“站着唱”还是“走着唱”、女孩衣服最上边的一个纽扣是开在锁骨上还是锁骨下，等等），把在一定历史阶段形成的所有私德，都当作意识形态，因而都认定具有阶级性，从而造成意识形态领域斗争的扩大化。其重要原因之一，则是仅在理论上对意识形态做机械的外延规定。

2. 意识形态：总体性及其领域

诚然，马克思在《〈政治经济学批判〉序言》（1859 年）中说过：在考察社会形态的变革时，“必须时刻把下面两者区别开来：一种是生产的经济条件方面所发生的物质的、可以用自然科学的精确性指明的变革，一种是人们借以意识到这个冲突并力求把它克服的那些法律的、政治的、宗教

① 对于社会科学是否是意识形态，学术界大致有三种观点：属于论：社会科学反映人们的社会关系，因而属于意识形态；对立论：社会科学也是科学，因而与意识形态是对立的；交叉论：对社会科学的研究必然包括研究者的价值导向，因而包含了意识形态。

的、艺术的或哲学的，简言之，意识形态的形式”[1]。但是，应该承认，马克思在这里并不是写哲学教科书以给“意识形态”下定义，而是在对自己已经形成的唯物史观做总体阐述时，列举了所涉及的对经济生活的变革能够发生影响的“意识形态的形式”。

对意识形态外延的辨析，俞吾金的《意识形态论》给出一个重要思路，即“在马克思那里，意识形态是一个总体性概念”，“是由各种‘意识形式’——哲学、宗教、伦理、政治、法律等等构成的有机整体”。遗憾的是，俞著尚未就“总体性概念”的总体性和“有机整体”的有机性做深入阐述，而仍然是依据传统教科书的定义，列举了所“包括许多具体的意识形式，如政治思想、法律思想、道德、哲学、艺术、宗教等等”[2]。我们要把握意识形态的“总体性”：

首先，不能忽视马克思在《路易·波拿巴的雾月十八日》（1851 年）中的论述：“在不同的财产形式上，在社会生存条件上，耸立着由各种不同的，表现独特的情感、幻想、思想方式和人生观构成的整个上层建筑。”[3] 这意味着，在人们日常生活中表现出来的情感、思想方式和人生观中，包含着意识形态。

其次，更重要的是，对意识形态与各种社会意识形式的关系做总体性把握，有两个不同的思路：其一是整体和部分的关系，其二是一般和特殊的关系。这两个思路在逻辑上恰好相反：作为整体和部分的关系，是整体包含部分，部分存在于整体之中；而作为一般和特殊的关系，则一般存在于特殊之中，特殊包含了一般。以往对意识形态做外延规定时，说意识形态“包括”除科学以外的各种社会意识形式，恰恰体现的是整体和部分的机械关系，这样给意识形态下的定义，只是机械的外延规定。

要真正理解意识形态的总体性，需要从一般和特殊的辩证关系上来把握意识形态同各种社会意识形式的关系：即各种社会意识形式（除自然科学外，下同）中，不同程度地包含意识形态的成分，但并非各种社会意识

① 马克思，恩格斯．马克思恩格斯文集：第 2 卷．北京：人民出版社，2009：592.

② 俞吾金．意识形态论．北京：人民出版社，2009：68、129.

③ 马克思，恩格斯．马克思恩格斯文集：第 2 卷．北京：人民出版社，2009：498.

形式中的所有思想、观点、看法或判断，都是意识形态；而作为总体性的意识形态，则存在于各种社会意识形式之中，但它不是横向地、机械地呈现为各种社会意识形式，而是综合地通过各种社会意识形式的内容表现出来，并通过纵向的领域体现出层次性。

辩证地而非机械地把握意识形态同社会意识形式的关系，需要依据马克思主义关于意识形态的本质特征及根本功能的思想，来揭示其总体性并区分其领域。如前所述，意识形态的本质是价值观的理论体系，它是对不同阶级、阶层或群体的利益关系所做的价值判断，但又包含着对其利益合理性的论证；其根本功能，是要把特殊利益说成是普遍利益，即为维护或颠覆某种现存的利益格局的行为合法性提供合理性辩护。于是，在所有的社会思想和人们的精神生活之中，确定是否是意识形态，其根本依据有两条：其一，是否反映不同群体或集团之间的利益矛盾和冲突；其二，对于反映不同群体或集团的利益矛盾和冲突的思想与精神，是否体现特殊利益和共同利益之间的矛盾与冲突。

这就是说，意识形态存在于各种社会意识形式和社会心理之中，凡是社会意识形式和社会心理中包含的反映特殊利益和共同利益矛盾与冲突的内容，便是意识形态；凡是不反映这一内容的，就不属于意识形态。它可以通过单一的政治法律思想、艺术、道德、宗教和哲学形式表现出来，但更多的是几种社会意识形式综合的表现，甚至包含社会心理。这就是所谓意识形态的“总体性”。如此对意识形态的外延考察，避免了机械的外延规定，既具有理论价值，又具有实践意义。

在理论上，它既可回应日常生活是否具有意识形态的问题，理解马克思所说的“情感、幻想、思想方式和人生观”同意识形态关系的论断，不至于把日常生活都剔除在意识形态之外；又可回答社会科学是否是意识形态的问题，因为意识形态作为总体性的价值观理论，需要理论论证和逻辑表达，这就同科学并非绝对对立，社会科学和意识形态存在交叉性，但不等于所有的社会科学内容都是意识形态。

在实践上，我们可以根据意识形态所反映的特殊利益和共同利益之间矛盾和冲突关系的密切程度，区分不同的领域，如政治生活领域、思想文化领域、日常生活领域、国际交往领域，等等。不同领域的意识形态表现各不相同，意识形态属性的程度也有极大差别。

这样在纵向上做意识形态领域的区分，避免把除自然科学外的所有社会意识形式所表达的内容都当作意识形态，对于在实践上既抵制“去意识形态化”和“淡化意识形态”的思潮，又避免“泛意识形态化”和“强化意识形态领域阶级斗争”的倾向，从而真正坚持马克思主义在意识形态领域的指导地位，把握马克思主义在社会生活中的话语主导权，是十分必要的。

二、马克思主义的理论自尊、理论自信和理论自觉

2016年5月17日习近平在哲学社会科学工作座谈会上的讲话中，对坚持马克思主义在意识形态领域指导地位中存在的问题做了深刻分析，他指出："在对待坚持以马克思主义为指导问题上，绝大部分同志认识是清醒的、态度是坚定的。同时，也有一些同志对马克思主义理解不深、理解不透，在运用马克思主义立场、观点、方法上功力不足、高水平成果不多，在建设以马克思主义为指导的学科体系、学术体系、话语体系上功力不足、高水平成果不多。社会上也存在一些模糊甚至错误的认识。有的认为马克思主义已经过时，中国现在搞的不是马克思主义；有的说马克思主义只是一种意识形态说教，没有学术上的学理性和系统性。实际工作中，在有的领域中马克思主义被边缘化、空泛化、标签化，在一些学科中'失语'、教材中'失踪'、论坛上'失声'。这种状况必须引起我们高度重视。"① 这里既对在一些领域的实际工作中存在的马克思主义被边缘化现象提出了批评，又对造成这些现象的内部原因（马克思主义理论研究本身）做了反思，实际上涉及了确立马克思主义理论自尊和理论自信，同坚守马克思主义的理论自觉的关系。只有进一步认识马克思主义的当代价值和比

① 习近平：在哲学社会科学工作座谈会上的讲话（全文）.（2016-05-18）. http://politics.people.com.cn/2016/0518/c1024-28361421.html.

较优势，才能坚定马克思主义的理论自尊和理论自信；而只有自觉反思马克思主义传播中的经验和教训，才能确立起马克思主义的理论自尊和理论自信，所谓只有“理直”，才能“气壮”。

（一）当代价值和比较优势：马克思主义的理论自尊和理论自信

1. 马克思主义在意识形态领域何以被边缘化？

中国共产党始终强调坚持马克思主义的指导地位，但是，马克思主义在诸多思想文化和学术理论活动中没能掌握话语主导权的现象，依然存在。诚然，经济全球化、社会生活多样化和网络的覆盖化，决定了意识形态和价值观的多元化，用马克思主义一统天下，指导一切社会生活，取代一切学术思想的社会条件，已经不具备了。但是，被载入党章和宪法作为中国共产党和我国政治生活指导思想的马克思主义，在意识形态领域不同程度被边缘化的现象，却值得反思。

学术领域并非象牙塔，它通过学术话语影响政治话语和日常话语，从而沟通了政治生活领域和日常生活领域。学术思潮中存在的各种意识形态，影响着人们的思维方式和价值导向。如讲中国文化传统，儒家思想成了主流，五四运动以来的革命文化传统被轻视甚至被贬损；讲中国近现代思想史，“西学”和“国学”的各种学术思潮及其代表人物成了纷争的主角，而马克思主义的传播作用则被漠视；讲上海城市精神的积淀，登场的是20世纪30年代“十里洋场”至多是“石库门”，而不见杨树浦和曹家渡的工人生活和运动；讲改革开放，西方经济理论成了“唯一科学的真理”，西方社会政治理论在中国的学术研究中越来越时髦，很多学者热衷于用西方社会科学理论解释中国，却把改革中出现的问题归咎于马克思主义的理论指导和社会主义的制度安排，甚至主张用现代西方民主模式改造中国，西方人权思想成了“决定中国前途命运的普世价值”；讲教育的国际化，言必称“哈佛课程”和“海龟”，而对马克思主义理论学科建设和课程建设则不以为然；等等。上述现象作为学术思想，可以百家争鸣，不应都上纲上线为“敌对势力”的“阴谋论”。但必须引起注意的是，上述现象已从学术思潮渗透进文化思潮和社会思潮，从而影响到干部群众特别是大学生的价值观，并进而拓展到政治思潮。如果不注意防范它们对社会价值观的影响和对政治思潮产生的渗透作用，无疑会销蚀全党全国人民团结奋斗的共同思想基础。

马克思主义在学术领域被边缘化现象存在的外因，是来自马克思主义“无用论”和“过时论”的挑战。然而，由于各种思想文化的交流交锋，是人类文明发展的常态，因此，追溯马克思主义被边缘化的原因，就不能止于反马克思主义思潮挑战这一外因，还须分析其内因。

马克思主义被边缘化的原因，有主客观两方面。客观原因是，社会主义实践的“斯大林模式”，对马克思主义声誉产生的消极影响。主观原因是，现实社会中某些党政领导人和理论工作者缺乏马克思主义理论自尊，在回应日益复杂的国际国内各类新的社会矛盾时，以及在为某些决策做辩护时，往往缺乏马克思主义的理论勇气，而忙于求助其他各种理论根据；或者只是在重大政治场合把“坚持马克思主义的指导”作为口号来点缀，而在为重大决策寻找理论基础时，则自觉或不自觉地忘了马克思主义的出场。因此，为了延续中国共产党的思想之脉，继续保持中国共产党的先进性，需要在意识形态领域理直气壮地掌握马克思主义的话语主导权。

要在意识形态领域掌握马克思主义的话语主导权，可以突出马克思主义的科学性及已转化的实践价值。但仅有这些方面的努力，还是不够的，因为它们对于今天必须“巩固”马克思主义在意识形态领域的指导地位的论证，还只是必要条件，而非充分条件。因为作为一门诞生于一个半世纪前的西方的科学思想，可以继续成为后世学术研究甚至学习的对象，但未必一定要成为一个党和国家的指导思想；对于从革命到建设到改革的整个历史进程中中国共产党始终没放弃的指导思想，尽管在实践上取得了成功，但还必须回答，对于已获得的成功实践，哪些是历史发展本身所必然达到的，哪些是靠借鉴西方理论所引发的，哪些才是真正因为马克思主义指导而获得的。由此，我们需要“气壮”地确立马克思主义的理论自尊和理论自信，使坚持马克思主义在意识形态领域的指导地位，更具有充足的“底气”。

2. 理论自尊：马克思主义的当代价值

所谓马克思主义的理论自尊，是坚定这样的信念：无论当代资本主义和当代社会主义发生了怎样的变化，马克思主义依然具有不可磨灭的时代价值，依然是解蔽社会矛盾、引导社会进步的理论武器。正如邓小平在苏联刚解体的第二个月就坚定地表示的那样：“一些国家出现严重曲折，社会主义好像被削弱了，但人民经受锻炼，从中吸取教训，将促使社会主义向着更加健康的方向发展。因此，不要惊慌失措，不要认为马克思主义就消失了，没用了，失败了。哪有这回事!”① 我们可以从当代世界和当代中国两个坐标来看马克思主义的当代价值。

（1）从当代世界的坐标来看。

其一，马克思主义依然是批判资本主义社会体系的锐利武器。马克思主义批判19世纪资本主义的基本原则，如资本主义社会基本矛盾的两重性、资本主义生产相对过剩危机的两重性、资本主义的社会化大生产和商品经济带来的世界市场对世界历史进程的两重性、人对自然改造的两重性，等等，依然是批判当代资本主义基本矛盾的理论武器，是解剖当代全球性问题和现代性问题的思想方法，是任何资产阶级学术理论所不能超越的。马克思精辟地指出，资本主义因其对资本、市场和科技的运作，使人获得了从人的依赖关系中解放出来的相对独立性，但这一相对独立性，是建立在对物即资本的依赖性基础上的，它蕴含了资本主义所有矛盾的根源。

当代资本主义并没有解决使人成为“物”特别是“资本”的奴隶的问题。正如德国经济学家鲁道夫·希克尔所说：马克思为我们解释剥削问题，并把资本理解为经济强权的表达方式。今天，“我们正处在一个有投机资本支配经济的资本主义时代，投机资本追逐的目标完全在于短期利

① 邓小平．邓小平文选：第3卷．北京：人民出版社，1993：383．

润，但其代价却是工作岗位的丧失，对于这种投机的泛滥，马克思已经有所预见。”① 德国马克思博物馆馆长波维尔女士也认为，近来的金融危机显示出了马克思所揭示的资本主义体系的窘境，以及必然走向危机的“固有缺陷”。正因为如此，美国学者詹姆逊在《论现实存在的马克思主义》一文中指出：马克思主义是关于资本主义内在矛盾的科学，庆贺马克思主义的死亡正像庆贺资本主义的胜利一样是不能自圆其说的。② 没有马克思主义，没有科学社会主义，资本主义就失去了极其重要的自我矫正的参照系。在过去 160 多年里，马克思主义不仅从理论上批判了资本主义，并且在实践层面极大地改变了资本主义，同时还为资本主义社会的未来发展提供了批判性的理论资源和价值规范。

发达资本主义国家在长期的积累过程中取得了很高的物质技术成就，也创造了较好的社会文化环境，它们在第二次世界大战后同社会主义国家的竞争中逐渐占有较明显的优势。但是，这些成就既是发达资本主义国家数百年历史积累的产物，一定程度上也是掠夺和侵略发展中国家的结果。数百年来，西方资本主义是与殖民主义、帝国主义和霸权主义联系在一起的。资本主义文明是有周期性的，不可能长期延续下去，其衰退、衰落的苗头现在正在逐步显现。资本主义的核心价值理念及制度安排，并不具有至高的道德水准。其私有财产权和资本的神圣不可侵犯性这一价值理念，是现代资本主义一切社会问题的祸根。在这种理念指引下，消费主义的扩张和蔓延已经成为极为严重的社会问题，它引发物欲崇拜、金钱崇拜、财富万能等文化糜烂现象。以国家权力为核心的政治生活日益蜕变成为物质经济利益的角逐，参与社会和国家治理的各个利益主体往往心怀鬼胎、尔虞我诈，危害社会公共利益。

其二，马克思主义是探索当代社会主义新道路的指导原则。20 世纪以来，各国社会主义建设在探索中所经历的胜利，归根到底都是坚持马克思主义指导的成果，而所遭遇的挫折，归根到底都是背离或教条地对待这一理论的结果。在成功的经验中，体现了马克思主义的基本原则。正如德国

① 德国《明镜》周刊专家访谈录．参考消息，2005-09-12．

② 詹姆逊．论现实存在的马克思主义．马克思主义与现实，1997（1）．

历史学家保罗·诺尔特所说："作为社会理论家，马克思揭示了历史唯物主义的发展规律以及物质基础-上层建筑模式，并勾画出一个现代社会发展的历史远景。"[①] 而苏联和东欧的社会主义实践的失败，用哈贝马斯在《追补的革命》一书中的话来说："并不意味着社会主义的失败。失败的只是苏联模式的'社会主义'，即官僚社会主义。"[②] 而各方面都实行高度垄断的"官僚社会主义"，并不符合马克思的科学社会主义理论原则。社会主义经过以马克思主义为指导的改革，一定会有旺盛的生命力。

在经济领域，马克思提出，共产主义的目标是最终通过实现社会所有制而消灭阶级和剥削，在全社会占有生产资料后实行有计划的生产，而并非是在生产力不发达的条件下由国家实行命令经济。这对于社会主义国家打破斯大林模式的束缚，探索市场化改革的方向，改革高度集中的所有制结构和运行机制，以实现社会所有制，提供了理论根据。

在政治生活领域，马克思提出，无产阶级在为实现人类解放的伟大理想而奋斗的历史进程中，还不得不需要国家政权，但掌握了权力的领导干部一定要使自己成为社会公仆而非社会主人。马克思恩格斯通过对巴黎公社经验总结而确定的无产阶级革命的重要原则是："打碎旧的国家政权而以新的真正民主的国家政权来代替。"所谓"打碎旧的国家政权"，并不是要建立比资产阶级国家更"专制"的国家政权，而是为了实现比资本主义更民主的社会。当无产阶级为了"剥夺剥夺者"以消灭私有制而不得不使用国家机器时，必须意识到："国家再好也不过是在争取阶级统治的斗争中获胜的无产阶级所继承下来的一个祸害；胜利了的无产阶级也将同公社一样，不得不立即尽量除去这个祸害的最坏方面，直到在新的自由的社会条件下成长起来的一代有能力把这国家废物全部抛掉。"而巴黎公社的经验则是："为了防止国家和国家机关由社会公仆变为社会主人……公社采取了两个可靠的办法。第一，它把行政、司法和国民教育方面的一切职位交给由普选选出的人担任，而且规定选举者可以随时撤换被选举者。第

---

① 德国《明镜》周刊专家访谈录．参考消息，2005-09-12.

② 陈学明等．走近马克思——苏东剧变后西方四大思想家的思想轨迹．北京：东方出版社，2002：227.

二，它对所有公职人员，不论职位高低，都只付给跟其他工人同样的工资。……这样……也能可靠地防止人们去追求升官发财了。”① 尽管我们的政权结构继承了巴黎公社“议行合一”的原则，但囿于社会主义初级阶段的历史条件，而没能完全按巴黎公社经验办事，特别是普选制和薪酬制度。但马克思恩格斯毕竟为社会主义的政治发展提供了理论基础。

在社会领域，马克思恩格斯把人类历史活动归结为人们的物质活动及所结成的物质关系，而非自然关系，因而作为社会实践的主体的人民群众，才是历史的主体。社会主义应消除劳动异化及其所导致的人的异化，从而实现资本主义所不可能实现的真正公平正义，达到人的自由全面发展。在人和环境关系领域，恩格斯提出的人们不能陶醉于对自然界的胜利，因为人对自然界的每一个胜利，自然界都报复了我们等思想，都真正体现了以“人民的主体性”为基础的社会本位价值，超越了资本主义以资本为基础的个人本位价值。这些也都是社会主义超越资本主义的理论基础。

其三，马克思主义是认识当代世界矛盾的科学方法。马克思主义是建立在对“世界历史”和科技革命做批判性思考的基础上的，其中所包含的思想方法，对于我们今天认识诸如经济全球化进程的影响、新科技革命的社会作用乃至人和自然的关系等当代世界各种重大问题和矛盾，依然是重要的方法论指导。

综上所述，马克思主义依然是人类实现自身解放的精神力量。为人民谋利益的价值立场和人的自由全面发展的价值目标，是马克思主义的出发点和归宿点。发达资本主义国家在18世纪至19世纪实现了对封建专制主义的政治解放，但是，人的解放的历史课题，迄今在世界上并没有真正实现。因此，法国理论家德里达说得好：当代世界“不能没有马克思，没有马克思，没有对马克思的记忆，没有马克思的遗产就没有将来；无论如何得有个马克思，得有他的才华，至少得有他的某种精神”②。

（2）从当代中国的坐标来看。

其一，马克思主义为坚持中国特色社会主义道路的合理性提供有效辩

① 马克思，恩格斯．马克思恩格斯文集：第3卷．北京：人民出版社，2009：110-111.

② 雅克·德里达．马克思的幽灵．北京：中国人民大学出版社，1999：21.

护。一个政党所提出和实践的道路的政治合法性，其来源是多方面的，思考和研究当代中国的社会发展问题和政治改革问题，一味地追求“去政治化”的路径和可能，回避从政治变革的基本事实和内在特征去观察问题，不仅很难达到全面准确的理解，而且本身就是一种极其片面的研究方法。而马克思主义可以为中国特色社会主义道路的合法性提供合理性的辩护，正如邓小平所说：我们搞改革开放，“没有丢老祖宗”。马克思主义作为中国共产党的行动指南，这是在党的诞生之日就确定的。历史选择了中国共产党，选择了马克思主义。经过改革开放30多年的历程，中国社会已经发展到了新的更高的阶段。虽然综合国力和人民生活水平有了极大提高，国际地位得到快速提升，但阶层分化明显、贫富差距拉大、社会矛盾增多、群体性事件频发，甚至腐败现象日益严重。在这样的时代背景下，中国共产党坚持把马克思主义作为自己的指导思想，是由马克思主义理论的特质和中国共产党的性质决定的。马克思主义作为意识形态，关系党的核心理论主张和政治诉求。这一政治信仰一旦确定下来，其本身不宜改变，只能也必须长期坚持。

其二，马克思主义为中国社会发展进步提供更明确的价值导向。科学社会主义的最高纲领和最终政治诉求是实现共产主义，而这又是长期的历史过程，因而必须在特定历史条件下制定阶段性的最低纲领。目前阶段或者说改革开放时期的最低纲领就是中国特色社会主义，就是要把国家建设成为富强、民主、文明、和谐的社会主义强国。这是党已经为之奋斗了90多年的夙愿。在当代中国，这就表现为从共产主义到社会主义、从社会主义到中国特色社会主义、从中国特色社会主义到社会主义初级阶段、从社会主义初级阶段到实现社会主义现代化这样一个从抽象到具体的逻辑演进过程。从这个环环相扣的理论创新中可以发现，中国共产党的意识形态的逻辑建构不仅日趋务实和清醒，而且日渐成熟和完善。

其三，马克思主义为社会主义文化的繁荣提供理论思维。在社会思想多元化的今天，我们应承认不同的文化在不同程度上所具有的认识世界、传承文明、创新理论、资政育人、服务社会的功能，而摒弃“罢黜百家，独尊儒术”的文化专制主义思想；同时应坚信，马克思主义对于实现上述各项文化功能，都具有自己独特的优势。马克思主义在透析经济社会发展所产生矛盾背后的问题时，在回答现实热点、理论难点和思想疑点时，在评价各种文化传统时，能提供科学的理论思维和正确的价值导向，从而起到引领各种社会思潮并推进文化大繁荣大发展的作用。在社会价值观多元的现实下，马克思主义可以起到“整合”多样化价值观中积极因素的作用，使之有利于社会的稳定。

其四，马克思主义为中国提升在国际上的话语权提供所需资源。随着中国经济实力的不断提升和国际影响的不断扩大，中国在意识形态方面的压力，不仅没有随着冷战的结束而减弱，反而越来越大。这里固然有西方一些国家对中国的“崛起”不适应的原因，有不同文化传统所造成的价值观差别的原因，有西方媒体因趋利本性而诱导舆论所造成对我不利影响的原因，但西方某些势力欲通过宣扬反社会主义的意识形态而实现其战略意图，依然是重要原因。为维护国家文化安全，我们既要抵制西方错误思潮的侵袭，又要保持文化的开放性，这就需要将意识形态工作观念，从筑起“钢铁长城”转换到构筑“安全网”和提升文化软实力上。其现实要求便是：一方面，构建既反映中国近现代历史变化的精神力量，又符合中国当代社会进步要求，同时又吸收中华民族传统文化和人类文明成果的价值观，使之在国际上具有竞争力和影响力；另一方面，概括和提炼中国改革开放的经验，为后发国家提供可资借鉴的现代化理论，争取中国在世界上的话语权，并为人类文明宝库增添新的内容。这些工作，都需要以马克思主义为指导加以改造和整合。

通过马克思主义当代价值的彰显，我们既能有效批判资本主义价值观，又能有效解释社会矛盾，明确发展方向，使中国化的马克思主义更具有说服力和感召力，从而坚定全党全国人民团结奋斗的共同思想基础。

3. 理论自信：范式、特性和内容的比较优势

人们常引用马克思恩格斯在《德意志意识形态》中的一段话，给坚持马克思主义在意识形态领域指导地位的充分必要条件做论证，这就是，“统治阶级的思想在每一时代都是占统治地位的思想。这就是说，一个阶

级是社会上占统治地位的**物质**力量，同时也是社会上占统治地位的**精神**力量。支配着物质生产资料的阶级，同时也支配着精神生产资料”①。但是，如果不顾其精神实质和历史条件的变化而教条地照搬这段话，充其量只能充当心灵慰藉而不能真正确立马克思主义的理论自尊。因为，在中国共产党执政和发展社会主义市场经济的今天，社会阶级关系越来越复杂化，阶级统治和被统治已不能涵盖社会的政治生活的基本状况，因而，执政的中国共产党的意识形态即便能凭借政治权力而成为“统治思想”，却并不必然能掌握其在社会生活中的话语主导权而成为社会的“支配思想”。

人们还常把马克思主义理论说成“唯一科学的真理”，为坚持马克思主义在意识形态领域指导地位的可能性做论证。但是，在人类各种文化交流、交融和交锋日益频繁的今天，任何理论都不可能宣称自己穷尽了真理进而能垄断真理。事实上，科学哲学已证明，任何一个具有科学性的理论体系，其相容性和完备性之间必然存在内在矛盾。这也就是马克思主义理论品格是“与时俱进”，中国共产党在理论上“过去先进不等于现在先进，现在先进不等于永远先进”的根据。

因此，马克思主义的理论自尊，需要建立在马克思主义理论自信的基础上。所谓马克思主义的理论自信，并非是把所有非马克思主义理论斥为思想“异端”的盲目自信，而是指马克思主义具有相对于其他思想理论的比较优势。这一比较优势不仅体现在马克思主义的理论内容上，更体现在它的理论范式和理论特性上，而正是其理论范式和理论特性的优越性，决定了其理论内容的先进性。

(1) 马克思主义理论范式的优越性。

马克思主义理论范式的优越性，在于它超越了欧洲资本主义文明的思维方式和价值目标而实现了两者的统一。马克思的思维方式是：以实践观为基础、以社会基本矛盾为主线的社会结构分析框架。马克思的价值取向是：通过无产阶级解放而实现人类解放。这两者的统一体现在：社会基本

① 马克思，恩格斯. 马克思恩格斯文集：第1卷. 北京：人民出版社，2009：550.

矛盾是通过人的实践活动而产生的，并通过人的实践活动而得以解决。这样，所谓历史规律的普遍性，就存在于实践条件的特殊性之中，所谓历史规律的客观性，就存在于人作为主体选择的合力之中。这就实现了马克思主义理论范式的科学性和价值性的统一。

“社会关系”在马克思那里是一个十分重要的范畴，也是一种重要的理论批判工具。马克思在中学毕业论文《青年在选择职业时的考虑》中就以“社会关系”来定位职业选择：“在选择职业时，我们应该遵循的主要指针是人类的幸福和我们自身的完美。不应认为，这两种利益会彼此敌对、互相冲突，一种利益必定消灭另一种利益；相反，人的本性是这样的：人只有为同时代人的完美、为他们的幸福而工作，自己才能达到完美。”① 在《莱茵报》时期他进一步体察到物质利益所形成的社会关系对国家和法的活动所产生的影响；《〈政治经济学批判〉序言》中提出了“对市民社会的解剖应该到政治经济学中去寻求”的观点；《关于费尔巴哈的提纲》揭示了人的本质是“一切社会关系的总和”；《德意志意识形态》指出：“凡是有某种关系存在的地方，这种关系都是为我而存在的；动物不对什么东西发生**‘关系’**，而且根本没有‘关系’；对于动物来说，它对他物的关系不是作为关系存在的。”② 随后在《资本论》等一系列政治经济学著作中展开了他对资本主义生产关系的批判性研究。

马克思的理论建构基于一定的批判对象，主要是以黑格尔为代表的唯心主义学派。根据黑格尔的逻辑，现实的一切都是从观念中演绎而来，那么现实的一切理应与观念极为符合；而且既然黑格尔的体系是终结体系，那么它就终结了一切现实矛盾。马克思看到，黑格尔所标榜的体系，在这两方面恰恰都不符合现实。为了将黑格尔颠倒的世界观重新颠倒过来，马克思恩格斯明确主张不是意识决定生活，而是生活决定意识。由此，马克思首先推翻了观念、意识、精神对存在的决定作用。

在此基础上，马克思进一步指出物质生产实践在社会存在中的最终决定作用。人类生存的第一前提就是能够生活，就是需要满足吃喝住穿这些

① 马克思，恩格斯．马克思恩格斯全集：第1卷．北京：人民出版社，1995：459.

② 马克思，恩格斯．马克思恩格斯文集：第1卷．北京：人民出版社，2009：533.

基本需要，因而“第一个历史活动就是生产满足这些需要的资料，即生产物质生活本身”①。“这些条件不仅决定着人们最初的、自然形成的肉体组织，特别是他们之间的种族差别，而且直到如今还决定着肉体组织的整个进一步发展或不发展。”② 马克思恩格斯试图表明，决定意识的“现实生活过程”，其第一性和最终来源始终是物质生产实践以及在此基础上形成的社会关系即生产关系或经济关系，不论社会的发达程度如何。正是从基本经济事实出发，马克思恩格斯完成了对黑格尔体系的“彻底”批判。

但是，在马克思恩格斯那里，“这并不是说，只有经济状况才是**原因，才是积极的**，其余一切都不过是消极的结果，而是说，这是在**归根到底**不断为自己开辟道路的经济必然性的基础上的相互作用”③。马克思恩格斯从来没有将社会关系简化为生产关系，因而生产关系也决不是决定社会关系甚至是推动历史发展的“唯一决定因素”。恩格斯在《路德维希·费尔巴哈和德国古典哲学的终结》中对“归根到底”的决定作用做了进一步澄明。针对不少人对“唯物主义”和“唯心主义”含义的曲解，他对哲学的基本问题进行了重新阐述：“什么是本原的，是精神，还是自然界?”“凡是断定精神对自然界说来是本原的，……组成唯心主义阵营。凡是认为自然界是本原的，则属于唯物主义的各种学派。除此之外，唯心主义和唯物主义这两个用语本来没有任何别的意思”④。恩格斯试图表明，“本原”或“第一性”就是“唯”的本真含义，但是有不少人将这种含义过度解读放大为“唯一性”，从而引起了对他和马克思的不少误解。

论战的需要使马克思将笔墨过多地着力于物质生产实践和生产关系，但马克思也从未否认社会关系的多样性。例如，在马克思的“社会生产结构”中，“物质生产”涉及生产关系、分配关系、交换关系和消费关系；“人自身的生产”既包括自身生命的生产，又包括他人生命的生产，既体现为代内关系，又表现为代际关系；“精神生产”衍生出政治关系、法律

---

① 马克思，恩格斯. 马克思恩格斯文集：第1卷. 北京：人民出版社，2009：531.

② 同①519.

③ 马克思，恩格斯. 马克思恩格斯文集：第10卷. 北京：人民出版社，2009：668.

④ 马克思，恩格斯. 马克思恩格斯文集：第4卷. 北京：人民出版社，2009：278.

关系、道德关系、宗教关系等各种形式的社会关系；“社会关系再生产”则表现为在纵向的维度上上述各种关系的再生产。可见，尽管马克思没有过多阐明生产关系以外的各种社会关系的类型，但不排除他有这方面的思想，这进一步论证了马克思没有化约社会关系的意图。然而不管是何种社会关系，在马克思看来都可以从物质生活中找到第一性来源。

因此，从“归根到底”的意义上看，马克思建立在实践基础上的以生产关系为基础的社会结构理论，作为一种理论范式，仍然具有无法超越的理论彻底性，并将继续彰显其当代价值，我们应具备这一理论自信。

(2) 马克思主义理论特性的优越性。

马克思主义理论特性的优越性，是它的彻底的批判性。马克思恩格斯强烈主张：“新思潮的优点又恰恰在于我们不想教条地预期未来，而只是想通过批判旧世界发现新世界。”它“**要对现存的一切进行无情的批判**，所谓无情，就是说，这种批判既不怕自己所作的结论，也不怕同现有各种势力发生冲突”①。这表明，马克思主义的批判精神，是对资产阶级理性批判精神的继承和超越，因为它实现了理论批判与实践批判的结合，是对资本主义现实的总体性批判以及自我批判。马克思恩格斯多次强调，他们的共产主义思想同以往形形色色的社会主义思想的根本区别，在于对欧洲资本主义现实的矛盾及其根源的批判，以及对由这一根源所蕴含的前景的揭示，正如他们自己所精辟地表达的那样：“共产主义对我们来说不是应当确立的**状况**，不是现实应当与之相适应的**理想**。我们所称为共产主义的是那种消灭现存状况的**现实的**运动。这个运动的条件是由现有的前提产生的。”② 也正如列宁所说：“凡是人类社会所创造的一切，他都有批判地重新加以探讨，任何一点也没有忽略过去。凡是人类思想所建树的一切，他都放在工人运动中检验过，重新加以探讨，加以批判，从而得出了那些被资产阶级狭隘性所限制或被资产阶级偏见束缚住的人所不能得出的结论。”③

---

① 马克思，恩格斯．马克思恩格斯文集：第10卷．北京：人民出版社，2009：7.

② 马克思，恩格斯．马克思恩格斯文集：第1卷．北京：人民出版社，2009：539.

③ 列宁．列宁专题文集·论无产阶级政党．北京：人民出版社，2009：281.

马克思主义的理论范式和理论特性的优越性，使它具有对现实问题揭示的准确性、对社会矛盾批判的深刻性、对未来价值把握的科学性，从而实现了人类思想史的革命性变革。它不仅能回答19世纪中叶资本主义发展所面临的时代课题，而且在当代社会主义遇到艰难曲折和当代资本主义出现诸多变化的情况下，其基本原则依然具有不可磨灭的时代价值。

（3）马克思主义理论内容的优越性。

首先，马克思对人类历史发展规律的认识，是从人的活动的现实性中揭示出来的，而并非对所谓“物质运动”规律性做概念演绎的产物。在马克思那里，所谓历史规律，就是人的活动的规律。马克思认为，历史哲学的逻辑起点就是历史本身的出发点，而历史的前提应该是“一些现实的个人，是他们的活动和他们的物质生活条件”①。正是物质生活条件的制约，使人们无法随心所欲地创造历史，历史便有了客观的规律性。但是，也正是由于社会的物质生活条件是由人们的实践活动创造的，因而历史活动便具有主体性。

马克思曾经把在历史中进行活动的人比作“剧中人和剧作者”，用以说明人是历史的客体和主体的统一。因此，人应该在既定的历史条件面前发挥自己的能动性和创造性，并对历史行为的后果负责。于是，人在历史活动中进行自觉的选择，便有了十分重要的意义。正如恩格斯所说，“在社会历史领域内进行活动的，是具有意识的、经过思虑或凭激情行动的、追求某种目的的人”②。人们的一切历史活动，包括行为的方向、途径、目的和手段等，都离不开人的选择。在历史总趋势范围内，具体的历史变化总有多种可能性，因而作为历史主体的人，有能动地在多种可能性中进行选择的余地。在历史总趋势提供的多种可能性面前，哪一种可能性能实现，具体历史进程表现为何种态势，其时间持续的长短和空间延伸规模的大小，都与在特定时代、特定条件下的人的选择密切相关，特别是在历史发展关键时刻，正确的选择尤为重要。

人们历史活动的选择的依据，最根本的是满足“需要”基础上产生的

① 马克思，恩格斯．马克思恩格斯文集：第1卷．北京：人民出版社，2009：519.

② 马克思，恩格斯．马克思恩格斯文集：第4卷．北京：人民出版社，2009：302.

利益关系。人们在社会实践中形成了不同的需要和不同的利益关系，它使每个人都有自己的历史活动的动机。然而，历史发展并非因此而造成无序状态，而是有一个总的趋势，是因为它有一条内在的主轴在发挥作用，这一主轴就是占主体地位的人民群众的动机，正如恩格斯所说："问题涉及的，与其说是个别人物，即使是非常杰出的人物的动机，不如说是使广大群众、使整个整个的民族，并且在每一民族中间又是使整个整个阶级行动起来的动机；而且也不是短暂的爆发和转瞬即逝的火光，而是持久的、引起重大历史变迁的行动。"① 在马克思主义哲学中，群众对利益的追求所引起的持久的历史变迁，决定了历史的方向，而群众利益如何实现，决定了历史的进程。因此，所谓历史规律的客观性，存在于人民群众对利益的追求及其实现的过程中。正因为如此，社会历史发展的必然性，是通过各种偶然性表现出来的。历史的必然性是人们历史活动的各种合力的综合体现，它包含了意志的作用，也包含了各种复杂的客观条件的作用。因此，尽管历史的总趋势有常规性，但历史过程的具体表现却不会简单重复。

马克思认为，制约人们目的和动机的社会生活条件，包括物质条件、政治条件和精神条件，它们又都是在人们的物质活动、政治活动和精神活动中创造出来的。这一系列条件的制约和创造活动的关系，就具体体现在生产力、生产关系（经济基础）和上层建筑中，从一定意义上讲，生产力、生产关系以及上层建筑及其相互关系，实质上就是作为生产主体的人的力量以及人与人之间的交往关系，生产过程也不过是人的生活活动和人的本质的展现过程。

这样，人类社会活动的最根本的规律，就是马克思在《〈政治经济学批判〉序言》中所"简要地表述"的"我的研究工作的总的结果"的那段话，概括地说，就是生产关系一定要适合生产力发展状况，以及上层建筑一定要适合经济基础变革要求。由劳动者和生产资料的不同结合方式而形成的不同历史阶段的特定经济制度，能激发或抑制作为生产主体的人的积极性和创造性，从而促进或阻碍生产力的发展。与此相应，它必然要求在

① 马克思，恩格斯. 马克思恩格斯文集：第4卷. 北京：人民出版社，2009：304.

政治上层建筑中有自己权力意志的代表和结构，在观念上层建筑中体现自己的愿望、理想和情感。这同时又形成了上层建筑一定要适合经济基础变革要求的规律。而要改变不适合经济基础变革要求的上层建筑，以及不适合生产力发展状况的生产关系，都必须通过人的实践活动。

马克思恩格斯一生中对唯物史观的具体阐述有过变化，对历史发展进程的描述有过修正，但是，他们自始至终坚持了这一唯物史观的“硬核”没有变。可见，唯物史观阐述的这两大原理，才是人类历史发展的普遍规律。而社会基本矛盾运动，在不同的社会历史的具体条件下，应该有不同的具体表现，不同的民族在社会形态的变化和更替中，永远不会走绝对相同的道路，永远不会选择完全一致的模式。

其次，马克思对共产主义（在马克思主义那里，共产主义与科学社会主义是同义词）取代资本主义的论证，是以社会基本矛盾的思想分析批判欧洲资本主义为基础的，而并非是穷尽世界不同民族发展历程的经验归纳的结果。

马克思的科学社会主义理论是批判欧洲资本主义矛盾和总结欧洲工人运动经验的产物。欧洲历史进入19世纪后，经济上已经历产业革命，政治上基本确立了资本主义制度。它一方面推动了生产力的飞速发展，另一方面也使资本主义社会的基本矛盾（生产的社会化和生产资料私有制之间的矛盾）产生了尖锐的冲突，三次大规模经济危机的爆发，开始暴露其痼疾。这表明，一方面，资本主义生产方式暴露出自己已无法继续驾驭这种生产力；另一方面，这种生产力本身以日益增长的威力要求消除这种矛盾，要求摆脱它作为资本的那种属性，要求在事实上承认它作为社会生产力的那种性质。这为科学社会主义的产生提供了客观的经济条件。资本主义生产方式的矛盾在阶级关系上的表现，即无产阶级和资产阶级之间的矛盾，也随着资本主义制度站稳脚跟和现代无产者队伍的壮大而日趋尖锐化。其客观表现就是三次大规模工人运动的爆发。它标志着无产阶级已作为独立的政治力量登上了历史舞台，这为科学社会主义的产生奠定了坚实的阶级基础。

资本主义经济危机的爆发，以及工人运动最终被镇压下去，证明了资本主义制度并不像资产阶级理论所鼓吹的那样是人类理性的体现；证明了资产阶级自由、平等、博爱理论的局限性和虚伪性，也表明无产阶级需要自己的理论武装。因而马克思所面对的时代课题是：欧洲的资本主义向何处去？欧洲的工人运动向何处去？

当然，从资本主义开始萌芽，直至马克思以前，一直有人对资本主义进行批判，并对人类社会的发展提出理想模式。然而，他们对资本主义的批判，只是从理性的原则出发，而没能揭示资本主义灭亡的历史的和经济的根源，因而不能解释这样的事实：既然资本主义是如此的不道德，它何以会以摧枯拉朽之势横扫整个欧洲乃至扩张到全世界？他们对无产阶级和劳动人民的同情，只是从人道的原则出发，而没能找到埋葬资本主义实现社会主义的社会力量，而只能把实现理想社会的希望寄托在少数“天才人物”的身上。他们对现存的统治秩序的变革，只是从改良的原则出发，没有找到埋葬资本主义的现实道路。

而马克思在亲自参加工人运动实践的基础上，运用“生产力一定要适合生产力发展状况”和“上层建筑一定要适合经济基础变革要求”这一历史观，对欧洲的产业革命、经济危机、工人运动和思想文化做了深入的考察和研究，具体地批判了欧洲资本主义的矛盾，在此基础上揭示了资本主义灭亡的历史根据、埋葬资本主义的社会力量和变革资本主义的现实道路，从而解决了欧洲的资本主义和工人运动向何处去的历史性课题。

今天，我们确立马克思主义的理论自信，并不是期待马克思主义能给我们提供解决中国社会主义现代化建设实践中各种问题的具体方案，而是要彰显马克思主义的比较优势，即以马克思主义为指导，善于提出问题、科学分析问题、正确评价问题，揭示问题背后包含的意识形态成分，并对试图为解决问题而提供的各种具体方案背后所包含的“主义”（理论思维方式和价值观念导向）进行评价。当然，执政党需要意识形态具有为自己的路线、方针、政策做辩护的功能。但是，这种辩护性是建立在批判性的基础之上的。如果丧失了马克思主义对社会现实的批判性，就不可能有对现实矛盾的解释力，也就无法有效地为一定的路线、方针、政策提供意识形态辩护。

根据马克思主义的理论范式，以物的依赖性为基础的人的独立性，是人的自由全面发展的必要条件。因此，处于社会主义初级阶段的中国，必须充分运用和发挥资本的作用，同时，又应该对资本文明作用的局限，以及它对于人成为物的奴隶的消极影响，加以自觉的批判。今天，人民群众经济、政治、文化、社会四大权益的满足和发展，才是实现人的全面发展的必要条件。马克思主义还告诉我们，对于人的全面发展，必须置于以社会基本矛盾为基础的社会结构变革和发展之中。这一建立在批判性基础上的分析范式，对于中国改革的深化，依然具有很大的解释空间。

（二）“理直”才能“气壮”：马克思主义的理论自觉

所谓理直气壮，其意蕴是：只有“理直”，才能真正“气壮”。如果说“气壮”讲的是坚持马克思主义在意识形态领域的指导地位何以必要的话，那么“理直”讲的就是巩固马克思主义在意识形态领域指导地位何以可能的问题。

1. 巩固马克思主义在意识形态领域指导地位何以可能？

面对纷繁复杂的国际国内局势和各种社会思潮的干扰，只有理论深刻，才能思想清醒，而只有思想清醒，才能政治坚定。正如马克思所说：“理论只要说服人，就能掌握群众；而理论只要彻底，就能说服人。所谓彻底，就是抓住事物的根本。而人的根本就是人本身。”① 因而，马克思主义的理论自信，须以马克思主义的理论自觉为必要条件，即掌握马克思主义的包括自我批判在内的批判武器，自觉把握马克思主义的具体性的科学性和价值性，从而体现这一理论的彻底性，以真正说服人。

马克思主义具体性的科学性和价值性，体现在其理论基于19世纪上半叶西欧资本主义社会具体历史与现实情况、无产阶级运动的现实需要而构成的时间、空间和价值立场三维特性。而“广义”的“马克思主义中国

① 马克思，恩格斯. 马克思恩格斯文集：第1卷. 北京：人民出版社，2009：11.

化”，包含了马克思主义的三维特性。而我们今天提出的马克思主义中国化、时代化和大众化这“三化”的命题，应视为马克思主义的三维特性在当代中国的具体表现。马克思主义“三化”的整体性的实质，是坚持马克思主义的实践性，运用马克思主义立场、观点、方法来揭示、分析和回答当代中国所处的时代发展、具体国情以及“大众”实际需要提出的问题，并不断将实践经验上升为理论的过程。这就决定了巩固马克思主义在意识形态领域指导地位的可能性。

（1）马克思主义理论的三维特性及内在要求。

马克思说：“每个原理都有其出现的世纪。”① 任何一种科学理论，它总是产生并存在于特定时间、空间并有着特定立场的“具体的”理论，即它总是要受到特定的时间、地点和立场所制约，并为了回答特定时代的具体问题而提出来的，具有时间、空间和立场上的特性，马克思主义理论也不例外。

19世纪上半叶，欧洲自由资本主义在进入鼎盛时期时，其内在矛盾也充分暴露了出来：一方面，经济危机周期性地频繁爆发，另一方面，资本主义社会日益分裂为两大对立的阶级——资产阶级和无产阶级，工人阶级自己生产的生活资料过多但却缺乏必要的生活资料，因而迫使其联合起来为争取生存权而斗争。于是，两大历史性课题便摆在了人们的面前：其一，被视为“人类理性体现”的资本主义，为何会爆发如此不理性的经济危机？资本主义该向何处去？其二，工人运动高举资产阶级“自由、平等、博爱”的旗帜来反对资本主义的剥削和压迫，为何不断遭到失败？工人运动该向何处去？尽力鞭挞封建专制主义而体现人类文明进步的资产阶级理论，面对新的历史课题，均陷入“无知”之中，它们既不能提供资本主义经济危机根源的理论解释，更不可能提供无产阶级得以解放的思想武器。

马克思恩格斯反复强调自己理论产生的“具体性”，他们多次指出：“每一个时代的理论思维，包括我们这个时代的理论思维，都是一种历史的产物，它在不同的时代具有完全不同的形式，同时具有完全不同的内容。”②

---

① 马克思，恩格斯．马克思恩格斯文集：第1卷．北京：人民出版社，2009：607.

② 马克思，恩格斯．马克思恩格斯文集：第9卷．北京：人民出版社，2009：436.

“社会主义现在已经不再被看做某个天才头脑的偶然发现，而被看做两个历史地产生的阶级即无产阶级和资产阶级之间斗争的必然产物。它的任务不再是构想出一个尽可能完善的社会制度，而是研究必然产生这两个阶级及其相互斗争的那种历史的经济的过程；并在由此造成的经济状况中找出解决冲突的手段。”① 马克思恩格斯强调的“现存状况”“现有的前提”“历史地产生”“历史的经济的过程”“由此造成的经济状况”等，都指的是欧洲资本主义的“具体性”。

马克思在批判旧唯物主义和唯心主义的根本缺陷（都不讲实践）的基础上，明确地提出了自己的“实践的”唯物主义的理论视角，它得以将客观性和主观性、唯物论与辩证法有机结合起来，强调人类社会是由感性活动的人的实践而构成的。这一理论的价值归宿，是通过“改变世界”来实现人类解放；在这一理论视角和价值归宿所形成的思维框架下，马克思发现了生产力是人类社会形成和发展的最终决定力量，社会基本矛盾是历史发展的根本动力，以及人民群众是历史的创造者的原理，以此为内容展开，揭示出资本主义社会化大生产的内在矛盾，以及产业工人即无产阶级的力量，把由于生产力发展所决定的人类前途同无产阶级的命运联系在一起，从而使这一理论自觉地表达了无产阶级的政治立场。

马克思恩格斯在亲自参加工人运动实践的基础上，以“实践”的唯物主义的视角，运用“生产关系一定要适合生产力发展状况”和“上层建筑一定要适合经济基础变革要求”这一唯物史观的基本原理，深刻地揭示出资本主义经济危机和社会阶级两极分化的根源，即资本主义社会化大生产与生产资料私人占有之间的矛盾，从而论证了资本主义灭亡的历史根据、埋葬资本主义的社会力量和变革资本主义的现实道路，回答了两大历史性课题。而对这两大历史性课题的回答所体现的时间特性，是 19 世纪上半叶；所体现的空间特性，是西欧资本主义；所体现的立场特性，是无产阶级根本利益。马克思主义理论的时间、空间和立场特性，说明了它的具体性。

---

① 马克思，恩格斯．马克思恩格斯文集：第 3 卷．北京：人民出版社，2009：545.

由此可见，马克思主义理论的实践性这一本质特征，决定了其时间、空间和立场这三维具体特性。这三个特性之所以具有不可分割性，是由于它们都是基于实践性这一根本特征基础之上的。因此，马克思主义理论的特性，可以理解为“一体三性”，即以“实践”为“本体”，并表现为时间、空间和立场三维特性的有机整体。

“科学理论”发展和变化的直接动力源于“人的实践”的需要，而“人的实践”本身又是在特定时间、空间和立场中的实践。从纵向维度来看，时间是特定“人的实践”活动的持续历程，其间经历了不同的阶段，在不同历史时期，“人的实践”活动往往会出现较大的差异。从横向维度来看，空间是特定“人的实践”活动的展开场，其间也有着不同的“场域”，在不同空间“场域”中，“人的实践”活动也会表现不同的特征。从立场维度来看，立场是特定“人的实践”活动的指向和归属，不同“人的实践”有着不同的立场，因而即使时间和空间相同的“人的实践”活动，其活动方式和活动内容也有着较大的不同。

由于不同历史时期、不同地域有着不同的“人的实践”活动，因而，从不同人们的立场出发，必然会有不同的“人的需要”和不同的问题，人们在实践和解决那些从不同立场出发的具体问题的过程中，形成了“科学理论”。而“科学理论”一旦产生又必须回到人们的实践活动中，指导人们的实践活动，并需要在实践过程中不断地检验、修正、发展和完善自己。这样一来，由于时间的不可逆性、空间的广延性以及不同人们立场的差异性，直接决定了“人的实践”活动的差异性、运动性及不可重复性，因而就决定了“科学理论”本身也是一个不断发展的过程。

综上所述，尽管马克思主义理论是在特定的时间、空间和立场背景下产生的，在一定程度上受到了当时“人的实践”活动条件的限制和制约，并需要随着其发展而发展。但是这一理论所关注的“无产阶级及全人类的解放”这一中心主题和核心问题没有改变，资本主义生产方式中的基本矛盾仍然没有克服，社会主义曲折发展的历史也表明，实现马克思的“无产阶级及全人类的解放”的价值目标，依然还需要艰苦的努力探索。因此，马克思主义的基本立场、核心观点和根本方法，至今仍具有强大的生命力。

（2）马克思主义“中国化、时代化、大众化”的整体性。

毛泽东在党的六届六中全会所做的《论新阶段》的报告中提出：“离开中国特点来谈马克思主义，只是抽象的空洞的马克思主义。因此，马克思主义的中国化，使之在其每一表现中带着中国的特性，即是说，按照中国的特点去应用它，成为全党亟待了解并亟须解决的问题。”① 这是马克思主义中国化命题第一次被提出。以后，由于各种主客观原因，在《毛泽东选集》正式出版时，将文字修改为“使马克思主义在中国具体化”②。

改革开放后，中国共产党又逐渐重新使用了毛泽东当年的命题。党的十五大在评价邓小平所开创的“建设有中国特色社会主义理论”的历史地位时，称其为“当代中国的马克思主义”。党的十七大在总结改革开放以来的基本经验时，第一条是“坚持马克思主义基本原理同推进马克思主义中国化结合起来”，在评价包括邓小平理论、“三个代表”重要思想和科学发展观等在内的中国特色社会主义理论体系的历史地位时，称其为“马克思主义中国化最新成果”。党的十七大报告还指出：“大力推进理论创新，不断赋予当代中国马克思主义鲜明的实践特色、民族特色、时代特色。开展中国特色社会主义理论体系宣传普及活动，推动当代中国马克思主义大众化。”这里，在阐述推进马克思主义中国化的同时，提出了“实践特色、民族特色、时代特色”以及“当代中国马克思主义大众化”的要求。

党的十七届四中全会决定明确提出“不断推进马克思主义中国化、时代化、大众化”即“三化”的要求。这是将党一直在推进的“马克思主义中国化”命题进一步做了深化和具体化，而不是在原有的“马克思主义中国化”之外又提出了“时代化”和“大众化”的命题。我们可以将马克思主义中国化命题中的“中国化”称为“广义的中国化”，因为它体现了马克思主义理论基于实践基础上的空间、时间和立场的三维特性，因而包含了“时代化”和“大众化”的内在要求。而“三化”中的“中国化”也可

① 中共中央文件选集：第11册. 北京：中共中央党校出版社，1991：658-659.

② 毛泽东. 毛泽东选集：第2卷. 北京：人民出版社，1991：534.

称为“狭义的中国化”。这样来认识两个命题之间的关系，有助于把握“马克思主义中国化、时代化、大众化”的关系。

毛泽东强调，马克思主义的中国化实质，是将马克思主义基本原理与中国具体实际结合起来，在认识、理解和解决中国具体实际问题的过程中，不断总结其经验、教训，并将其上升为理论，以进一步丰富和发展马克思主义。因此，马克思主义中国化是一个理论与实践之间双向互动的过程。正是因为马克思主义本身的实践性特征，使其在中国化过程中，也需要体现基于实践基础的空间、时间和立场的三维特性。

马克思主义的中国化，首先需要依据马克思主义理论的“空间”特性，赋予其民族特色。正如毛泽东在提出马克思主义中国化命题时所强调的：“马克思主义必须和我国的具体特点相结合并通过一定的民族形式才能实现。马克思列宁主义的伟大力量，就在于它是和各个国家具体的革命实践相联系的。对于中国共产党说来，就是要学会把马克思列宁主义的理论应用于中国的具体的环境。”①

然而，一谈到“具体的革命实践”和“具体的环境”，就不是纯粹的“空间”问题了，它必然要体现时间特性和立场特性。

毛泽东在分析中国“具体的环境”时，正是将这一“具体性”放在帝国主义战争与无产阶级革命时代背景下加以考察的。他在分析中国社会的性质和由此决定的中国革命的性质时，指出：“只要研究一下中国的和世界的历史发展，就知道这个历史特点，并不是从鸦片战争以来就有了的，而是在后来，在第一次帝国主义世界大战和俄国十月革命之后，才形成的。……因为第一次帝国主义世界大战和第一次胜利的社会主义十月革命，改变了整个世界历史的方向，划分了整个世界历史的时代。”② 这一考察带来这样的结论，即中国的革命，应是资产阶级革命，但它不是旧式的资产阶级革命，而是新式的资产阶级革命，它的前途，不是资本主义，而是社会主义。

毛泽东在分析中国的“具体的革命实践”时，首先考察了中国革命的

---

① 毛泽东．毛泽东选集：第2卷．北京：人民出版社，1991：534.

② 同①666-667.

主体和对象这一“立场”问题。在《毛泽东选集》第一卷第一篇文章《中国社会各阶级的分析》中，开门见山第一句话是：“谁是我们的敌人？谁是我们的朋友？这个问题是革命的首要问题。”① 在教条主义者那里，马克思主义的立场就是无产阶级反对资产阶级的阶级立场，这应该是不成问题的问题，但在毛泽东那里，却把能否分清“敌、我、友”，作为“革命的首要问题”而非“伪问题”。在分析这一问题时，毛泽东坚持了马克思的阶级分析立场和方法，根据“时间”“空间”两大新的条件，形成了“人民大众”的立场和“为人民服务”的宗旨。毛泽东说：“我们要分辨真正的敌友，不可不将中国社会各阶级的经济地位及其对于革命的态度，作一个大概的分析。”② 其分析的结果是，在中国，工业无产阶级是革命的“领导”，农民等“半无产阶级”是革命的“主力”，小资产阶级是革命的“朋友”，中等资产阶级是“动摇不定”可能分化的力量，帝国主义、买办阶级和大地主阶级是革命的“对象”。这样的“人民大众”就成为一个较“无产阶级”更为广泛的具体的政治范畴。这一范畴的使用，使毛泽东一直强调的“从实践中来，到实践中去”的思想路线，同其“从群众中来，到群众中去”的群众路线，有机地统一了起来。

可见，毛泽东所实现的马克思主义中国化，是把包含了“空间”“时间”“立场”的马克思主义理论的三维特性结合在一起的，这才有了马克思主义中国化的逻辑展开。而邓小平在推进马克思主义中国化的进程中，也是把“国情”（“空间”）、“世情”（“时间”）和“民情”（“立场”）统一在一起的，而不仅仅只考虑“空间”意义上的“民族形式”。

在世情方面，邓小平在改革开放之初提出要考察中国现实的基本国情时，十分强调“现在的世界是开放的世界”，“中国的发展离不开世界”③。他认为，当代世界作为开放的世界，最迫切需要解决而又可能解决的、关系人类命运的两大问题是和平和发展问题，并且强调对这两大问题的把握是我们党制定改革开放政策以及后来形成党在社会主义初级阶段基本路线的客观依据。据此，党中央把和平与发展确定为当代世界的主题，并称邓

①② 毛泽东．毛泽东选集：第1卷．北京：人民出版社，1991：3.

③ 邓小平．邓小平文选：第3卷．北京：人民出版社，1993：64、78.

小平理论是在和平与发展成为时代主题的历史条件下形成的。在民情方面，在邓小平推动全党思想解放的进程中，努力突破对社会主义判断的抽象的标准，强调要把人民群众的利益标准纳入实践标准之中，强调要以人民群众满意不满意、答应不答应、高兴不高兴作为判断一切是非得失的标准。

同样，江泽民的“三个代表”重要思想，“是在科学判断党的历史方位的基础上提出来的”，而对党的这一“历史方位”的科学判断，内在地包括“从中国和世界的历史、现状和未来着眼，准确把握时代特点和党的任务”①。在民情方面，“三个代表”重要思想根据改革开放而导致的社会阶层分化和多样化的现实，提出“扩大党的群众基础”的要求，强调对不同方面群众的利益的正确反映和兼顾，以实现好、维护好、发展好人民群众的利益，从而以“始终代表中国最广大人民的根本利益”而赋予“为人民服务”以新的内涵。

胡锦涛的科学发展观，亦是既借鉴国外发展经验，又适应新的发展要求提出来的，而这一新的发展要求，包括中国加入 WTO 后，对外开放日益扩大，同时面临的国际竞争日趋激烈，发达国家在经济科技方面占优势的压力长期存在，可以预见和难以预见的风险增多，统筹国内发展和对外开放要求更高的外部环境。在民情方面，科学发展观根据近年来经济增长的资源环境代价过大；城乡、区域、经济社会发展仍然不平衡；农业稳定发展和农民持续增收难度加大；劳动就业、社会保障、收入分配、教育卫生、居民住房、安全生产、司法和社会治安等方面关系群众切身利益的问题仍然较多，部分低收入群众生活比较困难等现状，突出了其核心是“以人为本”，强调要“尊重人民主体地位，发挥人民首创精神，保障人民各项权益，走共同富裕道路，促进人的全面发展，做到发展为了人民、发展依靠人民、发展成果由人民共享”②。

总之，实现和推进马克思主义中国化，需要具体体现马克思主义理论的三维特性，这样，广义的马克思主义中国化，就不仅是体现“民族特

① 江泽民．在中国共产党第十六次全国代表大会上的报告．北京：人民出版社，2002：11.

② 胡锦涛．在中国共产党第十七次全国代表大会上的报告．北京：人民出版社，2007：15.

色”的问题，而且必定与马克思主义时代化和大众化紧密相连，而使马克思主义中国化、时代化、大众化形成一个不可分割的有机整体。党的十七届四中全会第一次在党的正式文件中将“不断推进马克思主义中国化、时代化、大众化”这“三化”并提，是对毛泽东提出的马克思主义中国化命题的深化和具体化，即将广义的马克思主义中国化命题中所体现的马克思主义理论的三维特性，做了具体的表达。狭义的马克思主义中国化，是侧重于从“空间”维度强调赋予马克思主义以“民族特色”；马克思主义时代化，是侧重于从“时间”维度强调赋予马克思主义以“时代特色”；马克思主义大众化，是侧重于从“主体立场”维度强调赋予马克思主义以“大众特色”。

我们在赋予马克思主义以时代特色时，目的是运用马克思主义理论揭示时代特征、认识时代问题对自己的挑战，以不断调整自己的政策和策略，并进一步丰富和发展马克思主义。正如列宁曾经指出的那样，只有“首先考虑到各个‘时代’的不同的基本特征（而不是个别国家的个别历史事件），我们才能够正确地制定自己的策略；只有了解了某一时代的基本特征，才能在这一基础上去考虑这个国家或那个国家的更具体的特点”①，提出符合实际的战略任务。从这个角度说，马克思主义时代化也必须与某一具体的空间和立场结合起来，才能实现。

因为我们在赋予马克思主义以大众特色时，目的是运用马克思主义来揭示、认识和解释大众的实际需要，指导大众如何解决实际问题，并不断地总结大众的实践经验将其上升为理论。而生活在特定“时间”和“空间”中的大众的实际需要和实际问题，本身是随时空的变化而不断发展的。从这个角度说，马克思主义大众化也必须与特定的“时代”和“空间”结合起来，才能实现。

于是，“马克思主义中国化、时代化、大众化”命题的实质，应该是坚持马克思主义理论的实践性本质，运用其立场、观点、方法，来揭示、分析和理解时代发展要求、中国具体国情以及大众实际需要，在解决中国

---

① 列宁．列宁全集：第26卷．北京：人民出版社，1988：143.

具体问题和满足大众实际需要的过程中，不断总结实践经验，并将其上升为理论，从而丰富发展马克思主义。这“三化”是不可分割的有机整体，是马克思主义三维特性在当代中国的具体体现。

总之，坚持并体现马克思主义三维特性的中国化的马克思主义，才有可能巩固其在意识形态领域的指导地位。

2. 赋予基本范畴以新的时代内涵

邓小平早在1979年党的理论务虚会议上就曾说过，包括坚持马克思主义在内的四项基本原则并“不是什么新问题”，是我们党历来就坚持的，“但是这些原则在目前的新形势下却都有新的意义，都需要根据新的丰富的事实作出新的有充分说服力的论证”。要写出“一批有新内容、新思想、新语言的有分量的论文、书籍、读本、教科书来，填补这个空白”①。而总结新中国成立后党的意识形态工作的经验和教训，也需要我们澄清这些基本范畴，这样才有可能巩固马克思主义在意识形态领域的指导地位。

为增强理论自信，需要我们对何谓马克思主义在意识形态领域的指导地位，根据改革开放以来实践的发展和解放思想的成果，厘清基本范畴，并在此基础上构建体现马克思主义立场、观点、方法而又具有融通中外的新概念、新范畴、新表述的话语体系。

（1）关于“马克思主义”。

理论自信需要建立在理论自觉的基础上，这就要审视阉割了马克思主义活的灵魂的教条式阐释的意识形态。因为对马克思主义的教条式的阐释，不仅造成了社会主义实践的失误，给马克思主义的传播带来了极为消极的影响；而且它还使马克思主义无法回应当代世界和中国面临的一系列重大问题，从而阻碍了马克思主义对社会生活话语权的掌握。

长期以来，人们往往把马克思主义视为“放之四海而皆准”的“唯一科学的真理”，甚至是“宇宙的真理”；某些理论工作者之所以会“真诚”

① 邓小平．邓小平文选：第2卷．北京：人民出版社，1994：179-180、180.

地固守斯大林主义的意识形态，形成了将马克思主义同人类文明隔绝的“抽象”观念，认为马克思从物质出发论证了整个宇宙的物质运动规律的普遍性和由此决定的社会历史运动规律的普遍性，从而揭示了五大社会形态依次“线性”更替是任何国家和民族都不能背离的所谓人类历史发展的“普遍规律”。其实，这不仅不是马克思主义的观点，甚至是马克思反对的或反复澄清的。然而，遗憾的是，这种深深烙上斯大林主义意识形态的话语，被当成马克思主义的基本原理，并以此来评价当代中国马克思主义的理论创新。

毛泽东在领导中国革命的进程中，提出马克思主义中国化的命题，其内在根据就是：“没有抽象的马克思主义，只有具体的马克思主义。”① 以“具体的马克思主义”来审视马克思主义，可以从历史定位和理论定位两个层面来澄清对马克思主义的认识。

所谓历史定位，即在同人类文明发展的关系中来考察马克思主义的价值。马克思主义是传承人类文明和超越资本主义文明的具体性真理，而不是游离于人类文明发展大道之外所谓“唯一科学的真理”，或人类文明的“异端”。

青年马克思在他的博士论文的序言中，以追求普罗米修斯的精神，表达了自己的志向：“对于那些以为哲学在社会中的地位似乎已经恶化因而感到欢欣鼓舞的懦夫们，哲学再度以普罗米修斯对众神的侍者海尔梅斯所说的话来回答他们：你好好听着，我绝不会用自己的痛苦去换取奴隶的服役：我宁肯被缚在悬崖上，也不愿作宙斯的忠顺奴仆。普罗米修斯是哲学日历中最高尚的圣者和殉道者。”② 马克思的整个思想史，就是对人类文明之火的传承和对资本主义文明超越的历史。

青年时期的人道主义和革命民主主义思想，奠定了马克思献身于解决资本主义时代课题的情感基础。对人类优秀文化遗产的汲取，奠定了马克思解决资本主义时代课题的知识基础。正如列宁所说：“马克思主义这一革命无产阶级的思想体系赢得了世界历史性的意义，是因为它并没有抛弃

① 中共中央文件选集：第11册．北京：中共中央党校出版社，1991：658.

② 马克思，恩格斯．马克思恩格斯全集：第40卷．北京：人民出版社，1982：190.

资产阶级时代最宝贵的成就，相反却吸收和改造了两千多年来人类思想和文化发展中一切有价值的东西。”① 马克思所具有的彻底批判精神、艰苦探索精神和忘我牺牲精神，奠定了马克思创造新世界观和方法论的意志基础。马克思上述情感、知识和意志，正是人类文明精神发展到那个时代的体现。马克思的价值在于，他在继承人类文明薪火的基础上，超越了由资产阶级所体现的时代精神。

所谓理论定位，即在马克思的思想历程中来考察马克思主义的价值。马克思主义是以实践为逻辑起点的“实践的唯物主义”理论的展开，是在批判资本主义旧世界中发现共产主义新世界的具体的批判理论，而不是以物质为逻辑起点、从自然到社会再到思维发展的关于整个宇宙普遍规律，再以此“规律”“构想出一个尽可能完善的社会体系”的演绎理论。

马克思的唯物主义，强调的是社会的“物质关系”，而不是离开人的实践的物质。在“包含新世界观天才萌芽的第一个文件”——《关于费尔巴哈的提纲》中，马克思揭示了旧唯物主义只是从物质出发来观察世界和唯心主义只是从主体出发来观察世界这两个完全相反缺陷的共同根源，即都不是从实践出发看待人与外部世界的关系。于是，他转向以“实践”的理论立场，实现了唯物论和辩证法的结合，创立了历史唯物主义。

在历史唯物主义的视野中，所谓历史规律，是人的活动的规律，而不是纯粹物质运动的规律。人们历史活动选择的依据，是在物质性的生产实践中形成的不同需要，以及在此基础上形成的不同利益关系。这样，人类历史最根本的规律，就是马克思在《〈政治经济学批判〉序言》中所“简要地表述”的“我的研究工作的总的结果”的那段话，即“生产关系一定要适合生产力发展状况”，“上层建筑一定要适合经济基础变革要求”。这一理论立场，决定了马克思代表无产阶级利益的政治立场和追求人的自由发展的价值立场。正如马克思自己所说：“对**实践的**唯物主义者即**共产主义者**来说，全部问题都在于使现存世界革命化，实际地反对并改变现存的事物。”② 这一立场，包含了无产阶级是社会化大生产中先进生产力的代

① 列宁．列宁专题文集·论社会主义．北京：人民出版社，2009：167.

② 马克思，恩格斯．马克思恩格斯文集：第1卷．北京：人民出版社，2009：527.

表，因而是实现人类解放的力量的政治立场，以及通过消灭资本主义异化以实现人的自由全面发展社会的价值立场。

马克思的理论立场、政治立场和价值立场，统一于对欧洲资本主义现实的批判之中。马克思是从西欧资本主义在19世纪暴露出来的社会化大生产和资本主义私人占有之间的矛盾的特殊性切入，论证了欧洲资本主义必然要被社会主义所取代。正如马克思自己所说：有人“一定要把我关于西欧资本主义起源的历史概述彻底变成一般发展道路的历史哲学理论，一切民族，不管它们所处的历史环境如何，都注定要走这条道路，……他这样做，会给我过多的荣誉，同时也会给我过多的侮辱”①。马克思进一步分析道，资本主义社会化大生产的发展和资本的扩展，带来了“世界市场”，从而把各民族“地域的历史”推向“世界历史性”，这就决定了资本主义向何处去的问题，关系到整个人类的前途命运。于是，马克思对西欧资本主义特殊性的批判，对于人类历史发展便具有普遍性的价值。这一从“特殊性”所揭示出来的“普遍性”及两者的统一，从内容上表明了马克思主义的“具体性”。

由此，在马克思那里，社会基本矛盾运动在不同社会历史条件下，有不同的具体表现，不同民族社会形态的变化和更替，都遵循着社会基本矛盾运动的规律，但其所走的道路和实现模式不会完全一致。正如恩格斯所说，“我所在的党并没有任何一劳永逸的现成方案。我们对未来非资本主义社会区别于现代社会的特征的看法，是从历史事实和发展过程中得出的确切结论；不结合这些事实和过程去加以阐明，就没有任何理论价值和实际价值”②。

厘清马克思主义的历史定位和理论定位，坚决摒弃笼罩在马克思主义头上的教条主义，才能理解马克思主义中国化（根据中国实际运用马克思主义并把中国经验马克思主义化）的必要性和可能性，使马克思主义按其本来面目实现与时俱进，并在中国化进程中发展马克思主义，从而增强对当代中国社会矛盾的解释力，增强与当代世界和中国的各种社会思潮的对

① 马克思，恩格斯．马克思恩格斯文集：第3卷．北京：人民出版社，2009：466.
② 马克思，恩格斯．马克思恩格斯文集：第10卷．北京：人民出版社，2009：548.

话能力，并在对话中彰显其理论思维和价值导向方面的比较优势，从而真正掌握马克思主义在社会生活中的话语主导权，并增强在国际舞台上的话语权。否则，就无法阐明当代中国马克思主义与经典马克思主义的一脉相承性，难以为中国特色社会主义道路的开辟辩护，更不可能为坚持和发展中国特色社会主义确定正确的价值导向。

（2）关于“意识形态领域”。

根据马克思主义的观点，意识形态是在社会利益分化的条件下对反映不同利益的价值观的理论表达。它同除自然科学外的各种社会意识形式（政治法律思想、艺术、道德、宗教和哲学等）的关系，不是包含与被包含的机械的整体和部分关系，而是一般和特殊的辩证关系，即各种社会意识形式中不同程度包含了意识形态，但不都是意识形态，而意识形态存在于各种社会意识形式之中。社会生活不同领域中存在的不同社会思想（社会意识形式），由于其与不同群体利益的矛盾和冲突有无关系或密切程度不同，而决定了这些思想是否是意识形态或意识形态性的强弱程度。于是，我们不能把整个社会生活中的思想和人民的精神生活，都“一刀切”为意识形态，而应区分政治生活领域、思想文化领域、日常生活领域和国际交往领域。

政治生活领域是经济的集中表现，直接反映人们的利益关系（今天已不仅是物质利益，还衍生出政治权利、文化利益和社会权益），是意识形态的主阵地。思想文化领域中的学术思潮，以不同的理论范式和价值取向来反映社会生活时，会自觉或不自觉地为一定的利益关系做合理性或必要性论证，因而不同程度地具有意识形态性。日常生活领域更多的是表现多样性个体利益的社会心理和个人的价值追求，并不都能上升到系统的理论或“主义”，故不应将日常生活领域意识形态化。当然，由于在社会转型中诸多重大利益关系影响到个人利益的实现与否，因而往往其背后存在“主义”的影子，因此，日常生活领域中的群体性事件往往渗透了意识形态。在国际交往领域中，各种思想文化的交流、交融日益频繁，但也存在着价值观和社会制度的矛盾和冲突，存在着意识形态的交锋。对意识形态领域做出区分，既可坚决抵制已经存在的“去意识形态化”思潮，又可清醒避免可能出现的“泛意识形态化”现象。

（3）关于“指导地位”。

既然我们讲的是马克思主义的“指导地位”，就应避免把马克思主义当作“万能钥匙”而“取代”一切思想文化。根据《现代汉语词典》的解释，所谓“指导”是指“指示教导；指点引导”。以此词解，我们可以将马克思主义在社会生活三个不同领域的“指导地位”分别理解为“教导”、“指点”和“引导”。

在政治生活领域，强调马克思主义的“指示教导”作用，即以马克思主义作为理论基础来制定党和国家大政方针，其他任何理论只能作为思想资源被参考和借鉴。在思想文化领域，强调马克思主义的“指点”作用，即在包容理论多样性的同时，发挥其对思想文化在世界观、价值观和方法论上的“指点引领”作用。在日常生活领域，要尊重不同价值观的差异性以及群众选择生活方式的合理性，发挥其对某些重大社会“问题”背后利益导向的“揭示”作用和价值观的“引导”作用。这样，我们才可以正确地既不放弃意识形态的斗争，又不至于把意识形态的斗争都简单化为阶级斗争。

3. 研究和阐述党的理论创新成果要去形式主义

（1）对党的理论创新阐述的形式主义表现。

在1992年南方谈话中，邓小平严肃批评了在思想理论宣传方面的形式主义：“现在有一个问题，就是形式主义多。……会议多，文章太长，讲话也太长，而且内容重复，新的语言并不很多。……形式主义也是官僚主义。”[①] 党的十八大后即开展的党的群众路线教育实践活动，要集中解决形式主义、官僚主义、享乐主义和奢靡之风这“四风”问题。我们也应自觉反思理论宣传文风中存在的形式主义问题。

在以往对党的理论创新的宣传中，形式主义的表现主要是：一是搞数字游戏。二是缺乏学理根据，甚至违背形式逻辑。三是为了“拔高”

① 邓小平．邓小平文选：第3卷．北京：人民出版社，1993：381.

新的文件或讲话的历史地位，随意使用“第一次”等评价，而制造了党的理论发展脉络的混乱。以上在以往理论宣传中存在的形式主义弊端，在宣传上起了反效果，是理论宣传没能更有效“说服人”的重要原因之一。

在对十八大的宣传文章中，依然可见形式主义的弊端。例如，有学者在阐述“全面建成小康社会”是重大理论创新时，说“从十六大提出‘全面建设小康社会’到十八大提出‘全面建成小康社会’，这一字之变，却是一个历史性的质变。”相类似的“一字之差，含金量很高”的话语，不断见诸报章。而一查党的文献，不对了，党的十七大报告明明白白写着：“今后要继续努力奋斗，确保到2020年实现全面建成小康社会的奋斗目标。”这就是说，从“设”到“成”这“一字之差”，发生在十七大。这种文字游戏的随意性，损害了党的理论发展的严肃性。

习近平在党的十八届一中全会的讲话，政治局第一次集体学习时的讲话，新进中央委员、候补委员学习贯彻十八大精神研讨班上的讲话等重要讲话中，对十八大精神做了系统阐述和科学评价，指出党的十八大精神归结为一点，就是“坚持和发展中国特色社会主义”，强调“我们要紧紧抓住这条主线，把坚持和发展中国特色社会主义作为学习贯彻党的十八大精神的聚焦点、着力点、落脚点”①。他谈到党的十八大的“新”字时，主要集中在关于夺取中国特色社会主义新胜利的“八个必须坚持”的“基本要求”上，认为这是对“新鲜经验的科学总结，用新的理论认识和实践经验进一步回答了坚持和发展中国特色社会主义这个重大问题”②，“表明我们党对中国特色社会主义规律的认识达到了新水平”③。值得理论界真正倾注心血去研究的，应该是如何坚持和发展中国特色社会主义，党的十八大提出的“八项基本要求”，是对何种“新鲜经验的总结”？何以是“达到了新水平”？等等，而不是一味将全党全民的兴奋点引导到关注多少个带形式主义味道的“理论创新”的文字表达上。

---

①③ 习近平．紧紧围绕坚持和发展中国特色社会主义 学习宣传贯彻党的十八大精神．人民日报，2012-11-19．

② 习近平．全面贯彻落实党的十八大精神要突出抓好六个方面工作．求是，2013（1）．

这样说，并不是否定党的十八大的理论创新。只是强调在创新评价上，不能搞文字游戏类型的形式主义，而是要区分不同的创新和创新的不同层次，对十八大精神做实事求是的解读，并提供学理根据。否则，只能对党的理论宣传“帮倒忙”，以往这方面的教训需要汲取，正如许多干部的反映：“学者每年讲那么多理论创新，我们在学习中无法跟上，实在跟不上，也就不跟了。”

(2) 借鉴技术创新的层次性看待对马克思主义的理论创新。

现代创新理论的提出者一般公认的是约瑟夫·熊彼特，他从技术与经济相结合的角度，探讨了产品创新、技术创新、市场创新、资源配置创新以及组织创新在经济发展过程中的作用。以后，人们进一步阐述了理论创新和实践创新这两大类创新的关系，并形成了关于技术创新、制度创新和理论创新的理论，其中技术创新包括原始创新、集成创新和引进消化吸收再创新三个层次。借鉴技术创新的三个层次，也有学者把理论创新分为理论内容创新体系、理论传播创新体系和理论应用创新体系三大方面。

创新和理论创新，都有不同类型和层次性，从大的方面讲，可把创新分为实践创新和理论创新两大类别，把理论创新分为理论的原始创新、观点的集成创新和传播的话语创新三个层面。以此而言，不应把党的十八大所提出的新目标、新思路、新政策、新举措等，都说成是理论创新。也不应把党的十八大提出的一些重要的新观点、新论断，都有意无意地拔高为理论的原始创新。理论的原始创新的定位应该非常高，它类似于科学革命，套用库恩在《科学革命的结构》中提出的“范式”思想，理论的原始创新，不仅提出了新的结论性观点，而且涉及观点背后的观察视角的转换、基本范畴的调整、逻辑结构的变换以及方法论的创新，等等。马克思主义整个理论体系就是原始创新。毛泽东思想中的新民主主义革命和新民主主义社会理论、社会主义改造理论等，邓小平理论中的社会主义初级阶段理论、和平发展时代主题理论、社会主义市场经济理论等，在马克思主义发展史上，都具有原创性。但并非每次党的代表大会都要提出原始创新的重大理论，否则历史发展、实践发展和理论发展的连续性就可能会出问题。

以此观之，党的十八大在实践上提出的新目标、新思路、新政策、新举措主要有：在党章上把科学发展观确立为指导思想；在全面建成小康社会和全面深化改革开放上提出新的奋斗目标；经济建设中提出“坚持走中国特色新型工业化、信息化、城镇化、农业现代化”的“四化”新道路，以及“实施创新驱动发展战略”；政治建设中提出“健全社会主义协商民主制度”；文化建设中提出“积极培育和践行社会主义核心价值观”；社会建设中提出“努力实现居民收入增长和经济发展同步、劳动报酬增长和劳动生产率提高同步”这两个“同步”，以及“创新社会管理”；生态文明建设中提出“加强生态文明制度建设”以及“建设海洋强国”；党的建设中提出“牢牢把握加强党的执政能力建设、先进性和纯洁性建设”的主线，“建设学习型、服务型、创新型的马克思主义执政党”；等等。其中，有的是目标创新，有的是思路创新，有的是政策创新，有的是举措创新，因而都属于实践创新。

党的十八大在理论上提出的新思想、新观点、新概括、新提法主要有：中国特色社会主义道路、理论体系和制度的统一关系、“三个自信”以及强调“既不妄自菲薄，也不妄自尊大”；科学发展观的精神实质是解放思想、实事求是、与时俱进、求真务实；建设中国特色社会主义的总依据、总布局和总任务的“三位一体”；夺取中国特色社会主义新胜利的“八个必须坚持”的“基本要求”；文化建设上提出倡导富强、民主、文明、和谐，自由、平等、公正、法治，爱国、敬业、诚信、友善；生态文明建设上提出“努力建设美丽中国，实现中华民族永续发展”的理念；党的建设上提出“四大考验”、“四大危险”和“四大能力”；等等。这些理论上的创新，主要还是观点的集成创新和传播的话语创新。

（3）注重挖掘理论价值，避免一窝蜂地搞教条化理论体系的构建。

邓小平理论集中体现在邓小平的著作以及党和国家的重要文献中，而《邓小平文选》第二卷、第三卷，绝大部分又是针对国际国内重大问题发表的谈话，而非用专门的理论术语进行论证的理论专著，他没有给自己构建理论体系，但不能因此而否认邓小平的思想是理论。在党史上，对毛泽东的实践和著作也曾出现过是不是理论的争议。“左”倾教条主义者认为毛泽东是“狭隘的经验论”而没有理论。对此，毛泽东的回答是，真正的理论应该是来自实践，又转过来为实践服务的。谈话和朴实的语言，只表明理论在形式和风格上的特点，并不构成判定是否是理论的标准。

其实，即使作为理论家的马克思，其理论著述的目标，也并非建构理论体系，他的方法论原则是在批判旧世界中发现新世界，其在思想史上的地位，从某种意义上说，恰恰在于其超越了致力于构建理论体系的“形而上学”。把马克思主义条理化，是为了武装缺少文化的工人阶级使之成为自觉阶级的需要，这就需要搞理论体系，而这是从列宁开始的。同样的道理，邓小平没有给自己搞过理论体系，邓小平理论体系，是以江泽民同志为核心的第三代中央领导集体为了统一全党坚定走中国特色社会主义道路的思想而构建的。

（4）对党的理论创新成果的历史定位应体现历史和逻辑的统一。

邓小平理论在被确立为党的指导思想时，对其作为马克思主义在中国发展的新阶段这一历史定位有过比较充分的论证：它有对毛泽东思想精髓的继承、丰富和发展的思想路线作为理论基础，有“什么是社会主义、怎样建设社会主义”作为新的主题，有区别于毛泽东思想形成时的历史根据、时代根据、现实根据和实践基础的论据，有贯通哲学、政治经济学、科学社会主义等领域，涵盖经济、政治、科技、教育、文化、民族、军事、外交、统一战线、党的建设等方面的新论断。

历史的经验和教训值得汲取。在理论界对党的某一理论创新的定位做阐述（而非“论证”）时，时常喜欢毫不吝啬地使用马克思主义中国化的“新飞跃”、“新阶段”和“新的里程碑”等时髦话语，但却根本没有论证这一理论同前人在理论主题、历史根据、时代根据、现实根据和实践基础等理论内核问题上有什么根本区别。

（5）对党的指导思想的表述应尽可能避免“叠加”方式。

在党的历史上，七大党章确定毛泽东思想（而非“毛泽东主义”）为“一切工作的指针”，实质上确立了其作为指导思想的地位。但八大又把毛泽东思想从“行动的指南”中删除，直至在“文化大革命”特殊“政治生态”中召开的九大和十大，恢复了毛泽东思想的指导地位。

与通常所说或见诸各类教材和著作中所叙述的不同，查遍中国共产党历次党纲或党章，从来没有“以……为党的指导思想”的规范性表述。1945年七大通过的党章首次提出党的指导思想内容，其表述是：中国共产党，以马克思列宁主义的理论与中国革命的实践之统一的思想——毛泽东思想，作为自己一切工作的指针。1956年八大党章的表述是：中国共产党以马克思列宁主义作为自己行动的指南。1969年九大和1973年十大党章的表述是：中国共产党以马克思主义、列宁主义、毛泽东思想作为指导思想的理论基础。1977年十一大党章的表述是：中国共产党的指导思想和理论基础是马克思主义、列宁主义、毛泽东思想。1982年十二大、1987年十三大、1992年十四大党章的表述是：中国共产党以马克思列宁主义、毛泽东思想作为自己的行动指南。但十四大党章在总纲部分增写了关于十一届三中全会以来历史进程的表述，其中肯定了建设有中国特色社会主义的理论“是引导我国社会主义事业不断前进的指针”。1997年十五大党章的表述是：中国共产党以马克思列宁主义、毛泽东思想、邓小平理论作为自己的行动指南。2002年十六大党章和2007年十七大党章的表述是：中国共产党以马克思列宁主义、毛泽东思想、邓小平理论和“三个代表”重要思想作为自己的行动指南。但十七大党章在总纲部分关于党的理论创新历史进程的表述中，增写了“科学发展观”作为“重要指导方针”的作用。2012年十八大党章的表述是：中国共产党以马克思列宁主义、毛泽东思想、邓小平理论、“三个代表”重要思想和科学发展观作为自己的行动指南。

从以上历次党章关于指导思想文字的表述看，或者是“工作的指针”（七大），或者是“指导思想的理论基础”（九大和十大），而大部分（八大和十二大及以后）是“行动的指南”或“行动指南”，唯有一次是“指导思想和理论基础”（十一大）。

三、马克思主义中国化和理论创新的意识形态根据

如何评价新中国成立后改革开放前后两个时期的关系，是涉及对毛泽东和邓小平的评价的重大意识形态问题，更是涉及中国共产党执政的历史合法性的重大意识形态问题。习近平在谈到这两个时期的关系时，强调："这是两个相互联系又有重大区别的时期，但本质上都是我们党领导人民进行社会主义建设的实践探索。……虽然这两个历史时期在进行社会主义建设的思想指导、方针政策、实际工作上有很大差别，但两者决不是彼此割裂的，更不是根本对立的。"① 要认识改革开放前的30年（甚至包括"文化大革命"的10年）何以"本质上"也是"我们党领导人民进行社会主义建设的实践探索"，从更深层次的领域看，须把握毛泽东和邓小平在推进马克思主义中国化过程中意识形态基础的共同点和区别点。马克思主义中国化的意识形态根据，是马克思主义理论本身的具体性和实践性。这决定了毛泽东和邓小平推进马克思主义中国化的共同点，都是依据马克思主义的具体性和实践性；区别点在于，由于时代条件和国情的变化，马克思主义中国化的具体性和实践性呈现出不同的内容，因而其意识形态根据也有差别。社会主义时期毛泽东战略思想的意识形态基础，是"三个世

① 中共中央宣传部．习近平总书记系列重要讲话读本（2016年版）．北京：学习出版社、人民出版社，2016：31.

界”理论和“社会主义社会基本矛盾”学说。邓小平开创新道路新理论的意识形态根据，是和平与发展两大战略问题的思想和社会主义社会矛盾的复杂性思想。在邓小平理论形成后，党中央领导集体又相继提出了“三个代表”重要思想和科学发展观。它们对邓小平理论的丰富和发展，具有历史的逻辑的必然性，对其要义的把握，可清晰地厘清其意识形态根据。习近平提出“四个全面”战略布局的战略思维及其价值取向，是党的指导思想与时俱进的生动表现。

（一）马克思主义中国化的意识形态根据

1. 具体性：马克思主义中国化的必要性

在马克思主义理论学界，对于马克思主义中国化的内涵，已基本达成共识，即“把马克思主义基本原理同中国具体实践相结合”。但是，要深刻把握这一内涵，还得进一步解读毛泽东所说的“没有抽象的马克思主义，只有具体的马克思主义”的论断。“马克思主义中国化”和“马克思主义在中国的具体化”这两个命题，尽管本质是相同的，即它们都是强调“把马克思主义基本原理同中国具体实践相结合”，但还是存在着一定的差别。

“马克思主义中国化”的外延，肯定超过了“马克思主义在中国的具体化”，因为前者不仅包含了把作为普遍真理的马克思主义运用到中国的特殊实践中，而且还蕴含了马克思主义本身是源于特殊的实践，是具体的，因而需要在新的实践中丰富和发展马克思主义，即把中国的实践经验马克思主义化。这一外延的区别，蕴含的是其内涵的深刻性的差别，即毛泽东所谓“只有具体的马克思主义”的论断，表征了马克思主义中国化的内在根据。

马克思主义的具体性，体现在它是源于特殊性基础上的普遍性，马克思是从人的活动的现实性来揭示社会发展的总趋势，是以社会基本矛盾的思想来分析批判西欧资本主义为基础的，是从特殊到一般的过程。这就决定了在运用到作为另外一种特殊性的中国时，把马克思主义中国化的必要性。毛泽东在党的六届六中全会上所做的题为《论新阶段》的政治报告中指出："离开中国特点来谈马克思主义，只是抽象的空洞的马克思主义。因此，马克思主义的中国化，使之在其每一表现中带着中国的特性，即是说，按照中国的特点去应用它，成为全党亟待了解并亟须解决的问题。"①

马克思主义的方法论原则，是"从批判旧世界中发现新世界"。马克思运用自己的历史观来批判欧洲资本主义发展的内在矛盾，才使自己的共产主义思想同空想社会主义从根本上区别开来。然而，由于欧洲资本主义和工人运动的发展走在了世界历史发展的前列，因而马克思从欧洲资本主义矛盾的发展这一特殊性中，提炼出了人类历史发展的具有普遍性的总趋势。因为马克思恩格斯认为，资本主义的生产方式之所以会造成对生产力进一步发展要求的束缚，在于它的"**社会化生产和资本主义占有的不相容性**"，这一矛盾"**已经包含着现代的一切冲突的萌芽**"，而在当时，这些冲突已"**越加鲜明地表现出来**"②。但是，各民族的发展都有其区别于欧洲资本主义的特殊性，正因为如此，马克思恩格斯一再申明：我们的"整个世界观不是教义，而是方法。它提供的不是现成的教条，而是进一步研究的出发点和供这种研究使用的方法"③。

综上所述，马克思主义给我们提供的是关于历史的基础、社会的结构、发展的动力，以及人的活动在其中受到的制约和作用的世界观，这一具有普遍意义的世界观，可以转化为我们认识自己民族发展问题的根源、出路和前途的方法论，使我们得以自觉地为历史的进步而奋斗。但是，由于这一具有普遍性的世界观，同样是源于特殊性，即欧洲文明的传统和资本主义发展的内在矛盾，因此，它的运用，就必须而且也有可能结合具有特殊性的历史条件和民族条件。进一步说，它同特殊的历史条件和民族条件的结合，不仅仅是在形式上的，而且更应该是在内容上的。

找到了马克思主义这个新的思想武器，并不意味着它直接能够满足救

① 中共中央文件选集：第11册. 北京：中共中央党校出版社，1991：658-659.

② 马克思，恩格斯. 马克思恩格斯文集：第3卷. 北京：人民出版社，2009：551.

③ 马克思，恩格斯. 马克思恩格斯文集：第10卷. 北京：人民出版社，2009：691.

中华民族于危难之中的需要，因为它毕竟不是在中国土地上开出来的思想之花。这就产生一个如何使马克思主义能够满足中国需要的问题。因为同欧洲相比，中国的历史发展和社会状况有自己的特殊性，一是没有资本主义的完整发展，受到的主要是帝国主义和封建主义的压迫，二是以农民为主要群众，而不是以工人为主要群众。因此毛泽东在领导中国革命的过程中，始终强调中国革命的特点。当时，马克思主义中国化需要回答的是两大问题：首先，什么是中国革命？即在中国这样一个半殖民地半封建社会里，它的革命同马克思所论证的无产阶级社会主义革命有怎样的区别？其次，根据这一区别，应该怎样进行这样的革命？即选择怎样的路线和道路来实现这样的革命？

2. 实践性：马克思主义中国化的可能性

（1）马克思主义是理论与实践的具体的历史的统一。

马克思主义的具体性，体现在它是源于资本主义和工人运动实践基础上的发展的理论，是理论与实践的具体的历史的统一，因而它能够满足在被资本主义列强打开大门后需要实现民族独立并进而实现现代化的中国实践的需要。

马克思曾经指出："理论在一个国家实现的程度，总是取决于理论满足这个国家的需要的程度。"① "满足需要"包含着两个问题：是否能够满足需要？如何才能满足需要？这两个问题是紧密联系在一起的：只有逐步解决如何满足需要的问题，即把理论具体化为切合实际的行动纲领、路线和政策，解决实践中存在的问题，才能表明这一理论是能够满足需要的。

中国的先进知识分子在争取民族解放和社会进步的斗争过程中，选择了马克思主义。当时之所以会有这一选择，一是经过比较，即无数志士仁人在鸦片战争后援引西方资产阶级思想武器，都不能取得反帝反封建的历史任务的胜利；二是受到俄国十月革命的影响，开始探索"走俄国人的路"的可能性，而俄国革命的成功是在马克思主义指导下取得的。因此，

① 马克思，恩格斯．马克思恩格斯文集：第1卷．北京：人民出版社，2009：12．

中国共产党从诞生的那天起，就把马克思主义作为自己的指导思想。

为了总结第二次国内革命战争的经验，反对教条主义的错误，毛泽东早在1936年所写的《中国革命战争的战略问题》中就指出："我们不但要研究一般战争的规律，还要研究特殊的革命战争的规律，还要研究更加特殊的中国革命战争的规律。"① 他在1937年写的《实践论》中，强调了科学真理应该是理论与实践的具体的历史的统一。他所写的《矛盾论》，更是强调了研究矛盾特殊性的重要性，并认为，矛盾共性和个性的关系，是关于事物矛盾问题的精髓，不懂得它，就等于抛弃了辩证法。在《实践论》和《矛盾论》的论述的基础上，毛泽东指出：马克思主义中国化具体地说，"就是要使得马克思列宁主义这一革命科学更进一步地和中国革命实践、中国历史、中国文化深相结合起来"②。这一结合，既是理论指导与实践需要的双向运动，也是特殊性与普遍性的双向运动，即既从特殊的实践中学习和运用普遍理论，用普遍理论指导特殊实践并满足实践的需要，同时又总结实践经验以深化对普遍理论的认识的运动。这也就是马克思主义中国化与中国实际马克思主义化的双向结合的过程。它的成功，确证了毛泽东关于"只有具体的马克思主义"的科学论断。

（2）马克思的机遇思想而并非"机械决定论"促成了中国革命的成功。

马克思曾对机遇做出过如下分析："如果斗争只是在有极顺利的成功机会的条件下才着手进行，那末创造世界历史未免就太容易了。另一方面，如果'偶然性'不起任何作用的话，那末世界历史就会带有非常神秘的性质。"③ 这段话充分说明：机遇普遍存在于事物发展的各个阶段，只有把握机遇，才有可能把握线性与非线性的历史规律；此外，只有研究具体事件、洞察现实矛盾，才能揭开历史的"神秘面纱"，深化对机遇的认识，并最终指导改造世界的实践活动。

1848年革命是马克思机遇思想的发端。19世纪中叶，欧洲资本主义

① 毛泽东．毛泽东选集：第1卷．北京：人民出版社，1991：171.

② 中共中央文件选集：第14册．北京：中共中央党校出版社，1992：41.

③ 马克思，恩格斯．马克思恩格斯全集：第33卷．北京：人民出版社，1985：210.

生产力已受到来自旧有生产关系的桎梏，其重要表征便是“如彗星般”周期性降临的经济危机。在马克思看来，无产阶级在此时发动社会革命将有利于占据主动，甚至改变现有政治局面。故而他预言：我们的时代就要到来。1848 年 2 月，法国首先爆发革命，并迅速波及整个欧洲。革命让马克思坚定了自己在《共产党宣言》中对无产阶级革命时机的判断，确信无产阶级能够借助资本主义社会危机促成大革命洪流。及至 1850 年，马克思又一次预言了新的革命时机将要出现，从而开启伟大的决战，迎来无产阶级的伟大胜利。

然而，由于无产阶级革命主动性欠缺，加之现实经济条件尚不成熟，1848 年革命宣告失败，使得马克思从社会主义革命即将到临的社会主义幻想中开始反思。事实上，马克思将经济危机与无产阶级革命直接关联的机遇设想，根源在于他对生产力、生产关系的矛盾判断。而在现实层面，由于资本主义生产关系具备较强张力，实际社会生产力与生产关系尚未达到完全不相容的地步，这让马克思意识到，一两次经济危机不会立即导致资本主义的灭亡。故而 19 世纪 50 年代后，马克思从密切关注经济危机、不断预言社会主义革命机遇，转向了以现实条件作为出发点、侧重从生产力发展决定战斗革命任务的可能性分析中。

19 世纪六七十年代，马克思关于无产阶级革命机遇思想有了重大调整。在考察了英国资产阶级统治和英国殖民地人民革命斗争后，马克思改变了以发达资本主义国家无产阶级革命为核心的观点，转而认为，无产阶级可利用殖民地民族解放运动、通过反侵略斗争获得革命机遇，加速社会主义进程。这一阶段马克思机遇思想的突破点在于，他将殖民地民族民主革命同社会主义革命联系起来：无产阶级在与资产阶级斗争过程中，可以通过支持其他民族民主革命的方式，赢得重要的革命时机。

1871 年巴黎公社革命失败后，西方社会革命开始走向低潮。与此同时，东方各国出现的新的革命之光让马克思开始考察社会主义的其他通路。他不再单一地将社会主义革命与社会生产力、生产关系获得充分发展的发达资本主义相联系，而是重新审视历史的发展范式，创造性地提出东方社会跨越“卡夫丁峡谷”的机遇构想。马克思从对印度和亚细亚地区的研究中初步总结出：东方社会历史有其特殊性和独立性，它将长期保持自身发展形态与资本主义长期并存。19 世纪 70 年代，马克思根据对俄国农村公社的研究，提出公社“无须经过资产阶级的小土地所有制的中间阶段”向社会主义直接过渡的猜想。按照这一逻辑发展，马克思预言了俄国革命的前景：有可能成为西方无产阶级革命的导火索：“假如俄国革命将成为西方无产阶级革命的信号而双方互相补充的话，那末现今的俄国土地公社所有制便能成为共产主义发展的起点。”① 这种互为反哺的联合形式，将使各国共享革命机遇，并向高级的社会发展阶段——共产主义社会过渡。

马克思对机遇的阐释，特别是跨越“卡夫丁峡谷”的机遇思想，为落后国家抢抓革命时机、冲破发展桎梏的尝试提供了理论根据。

中国探索社会主义新路径的实践，是继俄国之后，东方社会抢抓机遇、夺取革命胜利和实现建设任务的重要范式。这其中，毛泽东在中国环境中形成的机遇思想，不仅和马克思资本主义矛盾理论、殖民地革命理论及落后国家跨越理论不谋而合、遥相呼应，更是建立在对中国社会的科学分析基础上的伟大实践与创新。

中国社会的特殊国情是考察一切革命问题的根本。如何在无现成参照的情况下寻找新的机遇、实现跨越式的发展，这是革命需要考虑的重要问题。而毛泽东不仅看到革命的“急风暴雨将以某种方式清除它前进道路上的一切”②，同时“把无产阶级领导的原则和依靠乡村的坚定信念有机地结合起来”③，成为赢得革命机遇的关键因素。

毛泽东在军事方面对于战斗时机、战略决策的论述，是毛泽东的革命机遇思想的集中体现。从微观层面看，毛泽东始终将“获得群众基础”和“抓住战斗节点”作为利用机遇的两大前提。他强调，“人民革命力量是要得到机会才能起来的”④，同时，他又侧重对战斗时机的考察，以客观条件的变化为依据，充分发挥革命的主观能动作用。从宏观视域看，毛泽东善

---

① 马克思，恩格斯．马克思恩格斯全集：第 19 卷．北京：人民出版社，1963：326.
② 本杰明·史华兹．中国的共产主义与毛泽东的兴起．北京：中国人民大学出版社，2006：68.
③ 斯图尔特·施拉姆．毛泽东的思想．北京：中国人民大学出版社，2005：36.
④ 毛泽东．毛泽东文集：第 6 卷．北京：人民出版社，1999：366.

于把握机遇的长效性，对革命形势和发展趋势做出一系列预见，以科学的战略决策利用机遇、在一定的条件下主动创造机遇。在敌我力量对比发生重大变化、革命进入全面胜利阶段，毛泽东适时将机遇思想调整为“敢于胜利”的战略策略，重新为革命确立正确的发展方向。

在马克思主义经典作家那里，机遇虽然如同“胚胎的发展中一样”包含在辩证思维的必然性之中，然而，其在历史发展进程中则要以“偶然性”的形式表现出来。这就是说，机遇从根本上说属于一种矛盾特殊性因素作用的个别现象，必须在社会历史满足特定条件的前提之下才能起作用。马克思强调各国的具体道路要以各个国家和民族为出发点，强烈反对将自己考察西欧社会得出的理论模式套用在一切国家的革命道路上的行为。这充分表明了马克思考察机遇的严谨态度和思想论述的科学精神。

毛泽东领导的中国革命实践，是继列宁之后，东方社会探索发展模式的新尝试。也正因为对矛盾特殊性的充分认识和对偶然性的正确把握，毛泽东才拓展了马克思主义革命学说，创造性地提出农村包围城市、武装夺取政权的思想，深化了对具体战争的时机、机遇和战略的分析与认识。

（二）社会主义时期毛泽东战略思想的意识形态基础

1. “三个世界”理论：毛泽东国际战略的意识形态基础

新中国成立后，毛泽东国际战略思想的意识形态基础，是从“一个中间地带”到“两个中间地带”再到“三个世界”理论，这是毛泽东深刻审视战后国际局势不断变化的过程，也是他观察国际局势的意识形态视角不断转换的过程，其思想价值则是区分“敌、我、友”三个层面的意识形态视角。

（1）毛泽东的“一个中间地带”向“两个中间地带”理论过渡的中间环节及思想价值。

毛泽东“三个世界”理论的形成，萌芽于20世纪40年代“一个中间地带”思想，60年代的“两个中间地带”思想是其雏形，而其从“一个中间地带”思想到“两个中间地带”思想发展中有个重要的过渡环节，即50

年代中叶提出的“两类矛盾、三种力量”的观点，而这一观点背后，体现出毛泽东观察世界政治格局的意识形态视角的进一步转换。

第二次世界大战结束后，世界逐渐形成东西方两大阵营对抗的格局，美国等西方国家以“遏制共产主义”为借口，开始实行冷战政策。毛泽东透过东西方冷战的意识形态现象，判断了美国等西方国家的战略意图：尽管“美国帝国主义确是在准备着反苏战争的”，但其反苏反共宣传“在目前的实际意义，是压迫美国人民和向资本主义世界扩张它的侵略势力”，“是美国反动派用以掩盖当前美国帝国主义所直接面对着的许多实际矛盾，所放的烟幕”。其根据是：“美国和苏联中间隔着极其辽阔的地带，这里有欧、亚、非三洲的许多资本主义国家和殖民地、半殖民地国家。美国反动派在没有压服这些国家之前，是谈不到进攻苏联的。”① “一个中间地带”的思想，揭示了将导致战后国际格局变化的潜在矛盾：资本主义阵营内部的矛盾，以及帝国主义与殖民地、半殖民地国家之间的矛盾。

20世纪50年代中期，以苏伊士运河战争为标志的亚非拉民族解放运动的高涨，证明了毛泽东的预见。苏伊士运河战争结束不久，毛泽东就对世界格局变化的新态势做了分析。他认为，“帝国主义国家跟社会主义国家的矛盾是很厉害的矛盾，但是，他们现在是假借反共产主义之名来争地盘。争什么地盘呢？争亚洲非洲十亿人口的地盘。目前他们的争夺集中在中东这个具有重大战略意义的地区，特别是埃及苏伊士运河地区”。因而当前世界的矛盾，除了帝国主义与社会主义的矛盾外，还存在着两类矛盾和三种力量：“两类矛盾，一类是帝国主义跟帝国主义之间的矛盾，即美国跟英国、美国跟法国之间的矛盾，一类是帝国主义跟被压迫民族之间的矛盾。三种力量，第一种是最大的帝国主义美国，第二种是二等帝国主义英、法，第三种就是被压迫民族。”② 毛泽东关于当时世界斗争重点的看法以及他的“两类矛盾、三种力量”观点的提出，可以看出他观察世界格局的意识形态视角，已开始由社会主义和资本主义两大阵营的斗争，转向帝国主义同被压迫民族的矛盾以及帝国主义之间的矛盾。这一思想应该是他

---

① 毛泽东．毛泽东选集：第4卷．北京：人民出版社，1991：1193.

② 毛泽东．毛泽东文集：第7卷．北京：人民出版社，1999：188.

把“中间地带”的观点发展为“两个中间地带”观点的过渡。

关注20世纪50年代中期毛泽东的“两类矛盾、三种力量”思想，可以使我们清晰把握其“三个世界”理论形成的逻辑。在“一个中间地带”理论中，尽管与而后欧洲共产党和工人党会议将整个世界格局简化为社会主义和资本主义两大阵营的斗争相比，毛泽东已注意到美帝国主义同其他资本主义国家和殖民地、半殖民地国家之间的矛盾可能上升，但这一理论，依然是以社会主义同资本主义两种制度对抗是世界主要矛盾为意识形态视角的；同时，对于中国在新民主主义革命中及革命成功后在世界矛盾体系中的地位，毛泽东也没有明确。而这些，都涉及“三个世界”理论的核心问题。而在“两类矛盾、三种力量”的思想中，尽管毛泽东没有概括世界的主要矛盾，但已经非常明确地表达：“对于国际问题的观察，我们认为还是这样：帝国主义之间闹，互相争夺殖民地，这个矛盾大些。他们是假借跟我们的矛盾来掩盖他们之间的矛盾。”① 正是这一意识形态思路的确立，使毛泽东在20世纪60年代依据世界局势的进一步变化，形成了“两个中间地带”理论。

时至20世纪60年代，在亚非拉不结盟运动兴起的同时，中苏裂痕逐渐公开化并扩大化，而法国等西欧资本主义国家也开始摆脱美国控制，世界政治局势出现了“大动荡、大分化、大改组”。1960年5月，毛泽东在会见英国元帅蒙哥马利时就表示：“我们不感到英国对我们是个威胁，也不认为法国对我们是个威胁。”② 这表明，毛泽东已不把帝国主义看成“铁板一块”。随着苏联霸权主义愈演愈烈，1964年1月毛泽东在会见法国议员代表团时更是表明：“我们反对资本主义，你们也许反对共产主义。但是，还是可以合作。在我们之间有两个根本的共同点：第一，反对大国欺侮我们。……不管资本主义大国也好，社会主义大国也好，谁要控制我们，反对我们，我们是不允许的。……第二，使两国间在商业上、在文化上互相往来。”③ 这样，毛泽东就逐渐形成了“两个中间地带”的理论，即

① 毛泽东．毛泽东文集：第7卷．北京：人民出版社，1999：189.

② 毛泽东．毛泽东文集：第8卷．北京：人民出版社，1999：183.

③ 同②370.

“亚洲、非洲、拉丁美洲是第一个中间地带；欧洲、北美加拿大、大洋洲是第二个中间地带。日本也属于第二个中间地带”①。其判断根据是：“这两部分都反对美国的控制。在东欧各国则发生反对苏联控制的问题。”②

与第二次世界大战后初期的“一个中间地带”理论相比，“两个中间地带”理论在意识形态上有重大调整：所谓“中间”，已不是夹在社会主义和资本主义两大阵营之间的“中间”，而是夹在美苏两家之间的“中间”。美苏两家的地位之所以被突出，是因为它们都想统一世界，又都有能力发动战争；亚非拉国家被称为“第一中间地带”，是因为它们要求独立解放，而成为反对美苏争霸的力量，其他发达资本主义国家被称为“第二中间地带”，是因为它们也都不愿打仗。可见，“两个中间地带”理论，完全摆脱了“两大阵营”对抗的意识形态视角，这才构成了“三个世界”理论的基本内核和逻辑框架的基础。

当然，说“两个中间地带”理论还只是构成“三个世界”理论的基本内核和逻辑框架的基础，是因为与“三个世界”理论相比，还有两个问题尚待进一步明确：其一是两个“中间地带”各自在世界历史进程中的地位，其二是中国的定位。只有解决这些问题，才能形成完整的、新的世界政治格局理论，而这些问题的解决，还有待于国际关系特别是中、美、苏三国关系的新变化，以及对世界局势大动荡、大分化、大改组带来的影响做更深入的理论思考。

(2)“三个世界”理论的提出和问世。

1968年苏联入侵捷克斯洛伐克，1969年中苏爆发边境冲突，苏联还在中国北部边境陈兵百万，并叫嚣对中国的战略武器基地实行“先发制人”的打击；美国则开始调整全球战略，在亚洲实行收缩，以增强对苏谈判中的实力基础，从而维护美国的霸权地位。一方面，这些都使毛泽东深感战争危险的增长，以及战争的主要策源地已转向苏联；另一方面，美国在亚洲等地的收缩，以及苏联对外扩张激起各国反抗和谴责，又使毛泽东认为“世界的主要倾向是革命”。正是在国际战略态势的变化，以及对战

① 毛泽东. 毛泽东文集：第8卷. 北京：人民出版社，1999：345.

② 同①344.

争与革命形势做出新判断的背景下，毛泽东决定在国际斗争中采取主动行动，以制止战争并改善中国的国际地位。这样，一个全新的“三个世界”理论问世了。

人们一般把毛泽东 1974 年 2 月 22 日同赞比亚总统卡翁达的谈话，视为“三个世界”理论的正式提出。然而，在这一理论形成和问世的逻辑过程中，有两个重要环节亦不应被忽视。

其一，20 世纪 70 年代初，毛泽东就明确将中国定位于第三世界。“三个世界”概念是由西方国际问题专家提出来的，原指社会主义阵营、资本主义阵营，以及夹在其间的新兴独立国家。60 年代末，他们开始津津乐道于美、苏、中“大三角”理论。毛泽东对此却不以为然，他说他不赞成“大三角”，而喜欢亚非拉。1970 年起，他对亚非拉一些国家领导人表示：“我们另一个三角，叫作亚、非、拉。”① 这表明了中国属于第三世界的态度，从而既把中国从西方传统划分属于“社会主义阵营”的定位中“切割”了出来，又把自己从美、苏、中“大三角”的定位中摆脱了出来。1971 年中国重返联合国，中国代表团在联大会议上向全世界正式宣告：“中国与绝大多数亚、非、拉国家一样，是属于第三世界的。”② 同期，毛泽东在会见外宾时，反复表达中国是发展中国家，属于第三世界。这一定位，是同毛泽东 70 年代初试图促使中国与美国关系正常化的进程联系在一起的，此后才有 1974 年同卡翁达谈话中对世界政治格局的具体划分，即把美、苏划到第一世界，把除了日本以外的亚、非、拉美划为第三世界，而把夹于其间的欧洲、日本、澳大利亚、加拿大等划为第二世界。它表明，“三个世界”思想的形成，应始于 20 世纪 70 年代初。

其二，1974 年 4 月，复出不久的邓小平以中华人民共和国代表团团长的身份，出席联合国第六届特别会议。经毛泽东批准，邓小平就当今世界的格局、“三个世界”划分的标准、“三个世界”关系中体现出来的世界主要矛盾、“三个世界”在世界历史进程中各自的地位、中国在“三个世界”中的定位以及第三世界在经济、政治方面面临的任务等问题，做了系统的

① 迟爱萍．毛泽东国际战略思想的演变．党的文献，1994（3）.

② 中华人民共和国代表团团长乔冠华在联合国大会上的发言．人民日报，1971-11-17.

阐述。这表明，毛泽东“三个世界”理论宣告问世，其标志应是邓小平在联大特别会议的发言。

由邓小平所宣告问世的“三个世界”理论，其要素包括：划分世界政治格局的标准，是经济、军事力量和对外政策；其蕴含的世界主要矛盾，一是霸权主义内部的矛盾，它表现为第一世界争霸可能导致的战争，二是霸权主义和反霸权主义的矛盾，它表现为第三世界反对美苏霸权主义的革命；由此，三个世界不同的历史地位是，第一世界是人民的敌人，第三世界不再是在社会主义和资本主义夹缝中生存的“中间地带”，而是历史前进的动力，第二世界则具有两重性，是可以在反霸斗争中联合的力量；中国的定位是，中国属于第三世界，永远不称霸；第三世界国家的任务是，反对超级大国的掠夺，制止它们发动战争。可见，社会主义和资本主义两大阵营对抗、无产阶级和资产阶级两大阶级斗争的传统意识形态，均被毛泽东的“三个世界”理论超越了。

总之，从“一个中间地带”观点的提出，经“两类矛盾、三种力量”和“两个中间地带”的思想，发展到“三个世界”理论的过程，既是毛泽东深刻反映第二次世界大战后国际局势不断变化的过程，也是他观察国际局势的意识形态视角不断转换的过程。

（3）毛泽东“三个世界”理论的实践功绩及思想价值。

对于毛泽东的“三个世界”理论，邓小平给予了很高的评价。还在十一届三中全会召开前的 1978 年 9 月，他就指出：“毛泽东同志关于三个世界划分的战略思想，给我们开辟了道路。”① 1979 年 3 月，他又进一步指出：“这一国际战略原则，对于团结世界人民反对霸权主义，改变世界政治力量对比，对于打破苏联霸权主义企图在国际上孤立我们的狂妄计划，改善我们的国际环境，提高我国的国际威望，起了不可估量的作用。”② 邓小平的评价充分肯定了毛泽东“三个世界”理论在实践上的功绩：

其一，鼓舞了世界人民反对霸权主义的斗争。尽管世界政治力量对比的改变有其客观的进程，然而，在苏美两个超级大国争霸世界而主宰国际

---

① 邓小平. 邓小平文选：第 2 卷. 北京：人民出版社，1994：127.

② 同①160.

关系的状况下，毛泽东提出“三个世界”理论，对第三世界国家发出自己正义的声音，对第二世界国家为维护自身利益而摆脱两个超级大国控制的状况，起到一定的鼓舞作用，从而有利于解构雅尔塔体制，促进新的、公正的国际政治新秩序的建构。

其二，改善了我国的国际环境。由于20世纪60年代全面反对修正主义斗争的扩大，以及反对帝国主义斗争的延续，中国在“文化大革命”初期已在意识形态上承担起世界革命中心的重任，导致以“埋葬帝、修、反”作为国际战略，以“打倒一大片”为外交政策的基点，从而使自己在国际交往中陷于孤立和被动困境。而“三个世界”理论，为中国在外交上改善同美国等西方资本主义国家的关系，提供了新的意识形态根据。如果中国没有明确自己属于第三世界的定位，而固守社会主义同资本主义对抗是世界主要矛盾的传统意识形态，是不可能调整外交战略的。正是将自己置于具有共同历史使命和利益要求的第三世界之中，以苏联霸权主义为主要斗争对象，对美国采取既联合又斗争的策略，中国才打开了中美关系正常化的大门。此后，在70年代期间，中国与几乎包括所有发达资本主义国家（此前仅与法国建立了大使级外交关系）在内的70多个国家建立了外交关系。这一切都极大地改善了中国的国际环境。

其三，在某种意义上为中国日后的改革开放开辟了道路。邓小平所说的毛泽东“三个世界”理论“给我们开辟了道路”，是对这一理论的最高评价。学界一般仅从国际战略的调整来看待“三个世界”理论的实践价值，而往往忽视它的国内价值。正是伴随着“三个世界”理论逐步形成过程中的中国外交战略的调整，中国打开了“窗户”，了解到第二次世界大战后资本主义发达国家在新科技革命推动下科技进步、经济繁荣、社会矛盾缓和的事实，而在党内健康力量中逐渐摒弃了“解放世界上三分之二处于水深火热之中的劳动人民”的传统意识形态，逐步形成了“安定团结”、追赶世界新科技革命潮流、“把国民经济搞上去”的意识形态。1975年邓小平在主持党政军日常工作期间所推出的全面整顿举措，事实上成为改革开放的“预演”，这在某种意义上确实应归功于“三个世界”理论“给我们开辟了道路”。

(4)“三个世界”理论所蕴含的意识形态根据及局限性。

毛泽东的“三个世界”理论之所以能在实践上获得上述功绩，关键在于他创造性地运用马克思主义战略思想，并娴熟地运用国内革命斗争的成功经验，正确分析和判断经过60年代大动荡、大分化、大改组后世界政治格局的演化，超越以社会制度和阶级划线的传统意识形态束缚，以国家利益为根本出发点，在战略上调整中国所面对的“敌、我、友”。

对社会群体做经济地位的分析从而确定其政治态度，是马克思主义阶级分析方法的基本原则；而根据某一阶段革命所要达到的目标建立起最广泛的统一战线，是马克思主义重要的策略思想。将这两者有机统一在中国革命实践中，是毛泽东开辟马克思主义中国化道路的历史起点。毛泽东在民主革命时期关于“敌、我、友”的划分，既为中国革命确立了领导阶级，又为中国革命寻找到了广大的主力，同时找到了更广泛的联合力量，从而最大限度地缩小了打击范围。同样，毛泽东在第二次世界大战后对世界政治格局的分析，从“一个中间地带”观点发展到“三个世界”理论，意识形态视角也由两大阶级、两大制度的对抗，转向区分“敌、我、友”三个层面，在划“我”时，尽可能找到“我”与最大多数力量的共同点，以扩大“我”的范围（第三世界的反霸力量），同时，尽可能缩小“敌”的范围（第一世界的霸权主义），而将与“我”有矛盾冲突但与最危险的敌人存在可供“我”利用的矛盾的力量，划为“友”的范畴。正如毛泽东所说：“我们可以利用他们的矛盾，这里很有文章可做。”① 这是“三个世界”理论留给今天最重要的思想价值。

由于客观历史条件和各种主观原因的制约，毛泽东的“三个世界”理论，还仅仅是以中国国家利益为出发点而构建的世界政治格局理论，而没能通过世界政治格局变动，透视到潜伏在这些政治格局变动中经济发展潜流的涌动，因而没能进一步揭示世界政治格局变化的根源以及它对时代问题转变可能产生的影响。毛泽东正确地看到了美苏两个超级大国争霸世界后果的严重性，但却完全否定了东西方自20世纪70年代开始的缓和进程

① 毛泽东. 毛泽东文集：第7卷. 北京：人民出版社，1999：189.

的事实及实际价值，明显夸大了美苏争霸导致战争的现实危险性；他正确地看到了第三世界国家反霸斗争的发展及历史作用，但却忽视了这些国家反霸斗争的注意力已更多地转向发展经济的事实，而高估了它的革命性质以及世界革命的形势。因而毛泽东没能将“三个世界”这一关于世界政治格局的理论，上升为关于时代主题转换的理论。

造成毛泽东“三个世界”理论局限性的客观原因在于，事物本质的暴露有一个过程。当时，美国在越南的失败趋势及后果的体现还不明显，而苏联、东欧僵化体制的弊端也未充分暴露。这是历史的局限性。但是，毛泽东夸大战争现实危险和高估世界革命形势，又有其主观原因，这就是他日益强烈的解放全世界的胸怀和意志，以及对关于战争与革命关系的传统意识形态的固守。

毛泽东划分“三个世界”的根据之一，是20世纪60年代社会主义阵营事实上的解体。他认为，这完全是因赫鲁晓夫丢掉斯大林甚至列宁的“刀子”所导致的。而列宁和斯大林的“刀子”，对内是“无产阶级专政”，对外则是“帝国主义战争和无产阶级革命”。在同赫鲁晓夫进行意识形态斗争中，“帝国主义就意味着战争”“战争必然引起革命”的思维方式被毛泽东固守了。他对世界形势关注的兴奋点始终在于：“关于世界大战问题，无非是两种可能：一种是战争引起革命，一种是革命制止战争。”① “是战争呢，还是革命？是发生战争后引起革命呢，还是革命能制止战争？总而言之，现在既不打仗，又不革命，这种状态不会维持很久了。”② 他认定，“根据第一次和第二次世界大战的历史经验，可以断定，如果帝、修、反把第三次世界大战强加在世界人民头上，那只会大大加速这些矛盾的发展，推动全世界人民起来革命，把一切帝、修、反统统送进坟墓”③。

当然，毛泽东在将列宁关于帝国主义发展不平衡必然导致战争，而无产阶级可以利用这一机遇发动革命的观点，转化为“不是战争引起革命，

---

① 中共中央文献研究室．毛泽东著作专题摘编（上）．北京：中央文献出版社，2003：1127.

② 中共中央文献研究室．毛泽东年谱（1949—1976）：第6卷．北京：中央文献出版社，2013：219.

③ 在中国共产党第九次全国代表大会上的报告．人民日报，1969-04-28.

就是革命制止战争”的意识形态的同时，对于战争与革命的主体，并没有固守列宁的结论，而是根据新的形势做了调整：战争的策源地，已由帝国主义转变为想争夺世界霸权的最大帝国主义国家美国和蜕化为“社会帝国主义”国家的苏联；革命的内容，也已由“无产阶级社会主义革命”，转化为第三世界反对美苏两个超级大国争霸世界的“人民革命”。毛泽东对“三个世界”的战略划分，着重在政治上看问题，得出的是美苏两家的争夺，将不可避免地导致战争，战争更危险了；而它们酝酿的战争准备，必然引起世界人民的反抗，革命形势更高涨了，而只有革命才能制止战争。这一调整强化了关于战争与革命关系的意识形态，使毛泽东忽视了东西方缓和的可能性和经济发展的潮流，以及蕴含于其中的对世界历史走向的价值。他多次强调，现在世界舆论都在讲和平，但我们要研究一下，不要真正相信所谓的永久和平，只要帝国主义的社会制度不改变，战争就不可避免，不是相互之间的战争，就是人民起来革命。而他在这一期间对国内战略考虑的重点之一，就是“要准备打仗”。

毛泽东强化关于战争与革命关系的传统思维方式，是固守关于经济、政治、战争、革命之间关系的传统意识形态，即把四者关系视为单向、线性关系思维的必然结果。他坚持了政治是经济的集中表现的马克思主义观点，但又把它强化为所有的经济问题都归结为政治问题；他坚持了战争是政治的继续的马克思主义观点，但又把它强化为所有的政治问题都必然要通过战争这一途径来解决；他坚持了革命是制止战争的手段的马克思主义观点，但又把它强化为制止战争的唯一手段是革命。诚然，在当代世界，政治依然是经济的集中表现，但经济问题并非都能归结为政治问题并让政治无条件地居于核心地位；战争依然是政治的继续，但政治问题未必只有战争一条途径来解决；革命依然是制止战争的手段，但制止战争也未必只有革命这唯一的手段。

2. “社会主义社会基本矛盾”学说：毛泽东国内战略的意识形态基础

中国社会主义改造基本完成后，毛泽东形成了社会主义社会基本矛盾学说，其要义是，“在社会主义社会中，基本的矛盾仍然是生产关系和生产力之间的矛盾，上层建筑和经济基础之间的矛盾”①，并由此决定了主要矛盾、阶级矛盾等。这些思想，是对马克思的社会基本矛盾理论的重大发展，它构成了毛泽东探索中国社会主义建设道路的理论基础。毛泽东的探索，无论是成功，还是失误，都可以从他的社会主义社会基本矛盾思想中找到根源。

(1) 关于社会主义社会基本矛盾思想的形成和丰富。

马克思提出了生产力与生产关系、经济基础与上层建筑之间构成的社会基本矛盾，是社会历史发展动力的思想。恩格斯在《在马克思墓前的讲话》中，把这一思想称为马克思为人类文明所贡献的两大发现之一。马克思以此为世界观和方法论的基础，揭示了资本主义社会生产力和生产关系、经济基础和上层建筑之间的矛盾，认为这一基本矛盾在资本主义社会中集中表现为生产的社会化和生产资料的私人占有之间的矛盾，它在生产过程转化为个别企业的有组织性和整个社会生产的无政府之间的矛盾，在社会关系上转化为无产阶级和资产阶级之间的矛盾。马克思的论证，实现了资本主义社会的基本矛盾、主要矛盾同社会矛盾之间的转换，对我们认识社会主义社会的矛盾，具有重要的方法论意义。

尽管由于时代的局限，马克思和恩格斯还不可能对社会主义社会的基本矛盾做系统的论述，但他们对此也做了一些理论探索，从中可以看到他们对未来社会在由低级向高级发展的进程中存在的社会矛盾，有着清醒的预见。

马克思在《资本论》第2卷中指出：“有些事业在较长时间内取走劳动力和生产资料，而在这个时间内不提供任何有效用的产品；而另一些生产部门不仅在一年间不断地或者多次地取走劳动力和生产资料，而且也提供生活资料和生产资料。在社会公有的生产的基础上，必须确定前者按什么规模进行，才不致有损于后者。”② 恩格斯也认为，扩大的生产在资本主义私有制条件下会引起生产过剩，但在废除私有制以后，生产就会显得十分不够，并一定要大大扩大。这些论述表明，他们已经预见到公有制条件下

---

① 毛泽东．毛泽东著作选读（下册）．北京：人民出版社，1986：767.

② 马克思，恩格斯．马克思恩格斯全集：第24卷．北京：人民出版社，1972：396-397.

生产与需求之间可能存在的矛盾。

在《哥达纲领批判》中，马克思第一次明确区分了未来共产主义社会的两个阶段，指出共产主义低级阶段在各方面还带着它脱胎出来的那个旧社会的痕迹，因而必然会存在着旧式分工，存在着分配领域内的资产阶级权利，即按等量劳动领取等量产品。它默认了不同等的个人天赋，因而也就默认不同等的工作能力是天然特权，再加上生活负担的差别，因此在这一社会中，平等权利仍然会产生出事实上的不平等。只有在共产主义高级阶段，在迫使人们奴隶般地服从分工的情况已经消失，社会财富的一切源泉都充分涌流之后，社会才能实现完全的平等。恩格斯在《反杜林论》和《共产主义原理》中，也论述过社会主义条件下还存在体力劳动和脑力劳动、城市和乡村，以及农业和工业劳动之间的矛盾，并且认为只有消除这些矛盾和旧式分工，社会全体成员才能得到全面发展。总之，马克思恩格斯认为，在社会主义社会，迫使人们奴隶般地服从分工的情形还存在，三大社会差别也还存在，因此，就必然存在着牺牲一些人的利益来满足另一些人的需要的情况。

马克思恩格斯关于共产主义低级阶段中生产和需求之间，以及社会分工和社会平等仍然存在着矛盾的认识，实际上触及了社会主义将存在社会矛盾的经济根源。这对我们今天研究社会主义社会矛盾的根源，同样有重要的方法论意义。

关于社会主义时期如何解决社会矛盾，马克思恩格斯直接论述不多，但也间接孕育着一些重要的思想。如在《哥达纲领批判》中论述向共产主义高级阶段过渡的条件时，提出要努力发展生产，满足人民需要，加强计划和协调，逐步消除旧式分工和三大差别，对劳动者进行教育等观点。在《法兰西内战》等著作中，他们在总结巴黎公社的经验时，充分肯定了公社"为了防止国家和国家机关由社会公仆变为社会主人"，所采取的"两个正确的方法"，即普选和限制收入差别。这对于我们今天在处理政府与人民、领导与群众、民主与集中的关系时，也具有启示作用。

总的说来，马克思恩格斯承认共产主义低级阶段可能存在社会矛盾，但是，由于他们认为"资产阶级的生产关系是社会生产过程的最后一个对抗形式”，因此，关于社会主义社会是否还存在着生产力和生产关系、经济基础和上层建筑之间的矛盾，以及这一社会基本矛盾的性质及在未来社会的具体表现如何，他们并没有做系统阐述和论证。

十月革命后，科学社会主义由理论变为现实，列宁依据唯物辩证法曾经预测：当无产阶级革命胜利后，经过“过渡时期”而进入社会主义，社会基本矛盾的对抗消失了，但矛盾依然存在着。1920 年 5 月，列宁在读布哈林的《过渡时期的经济》一书时，针对布哈林“资本主义是对抗的、矛盾的制度”一语批注：“极不确切。对抗和矛盾完全不是一回事。在社会主义条件下，对抗将会消失，矛盾仍将存在。”① 他认为，在十月革命后相当长一段时间里，俄国将存在着诸多的社会矛盾：阶级关系上除了存在工人阶级、劳动农民和已被推翻但尚未被消灭的资产阶级、富农阶级之间的矛盾外，在工人阶级队伍中，以及在工人与农民之间，也存在着各式各样的矛盾；政治上存在着人民群众同党和苏维埃机关内部的官僚主义之间的矛盾；思想领域存在着社会主义思想同人们意识中的资本主义、封建主义残余之间的矛盾；社会上存在着三大差别；等等。列宁还对一些具体的社会矛盾和社会主义社会矛盾总体的特点做了分析，并阐明了无产阶级专政的国家要用不同的方法处理不同性质矛盾的重要思想。这些思想，都是对马克思的社会基本矛盾学说的重大发展。但是，由于列宁过早地去世，他的上述思想，主要还是对从资本主义到社会主义过渡时期的社会矛盾内容的认识，至于社会主义条件下社会基本矛盾及表现问题，还不可能系统地、充分地展开论述。

斯大林在领导苏联进行社会主义革命和建设实践过程中，较多地研究了社会主义社会矛盾问题，其中不乏真知灼见。他分析了社会主义制度下两种不同性质的矛盾：工人阶级和农民的矛盾是内部矛盾，其共同的根本利益大过矛盾，能用自身力量去解决矛盾；而社会主义国家和其他资本主义国家的矛盾则属外部矛盾。斯大林还把苏联国内矛盾区分为“结合内部的矛盾”（无产阶级和农民、劳动人民之间的矛盾）和“结合外部的矛盾”（无

① 列宁．对布哈林《过渡时期的经济》一书的评论．北京：人民出版社，1976：12.

产阶级和国内资产阶级分子、富农的矛盾)，认为不能把二者混淆起来。他还指出，“结合内部的矛盾”将日益缓和并顺利解决，而“结合外部的矛盾”在消灭富农阶级以前会日益增长并尖锐化。斯大林还分析了苏联的民族矛盾、地区矛盾，以及官僚主义同群众的矛盾，认为这些矛盾可用内部力量来克服，通过改善工作而解决，等等。

但是，斯大林对内部矛盾和外部矛盾的概念还缺乏精确的界定，加上当时在苏联共产党内个人崇拜之风日益兴起，民主制度不健全，斯大林后期思想逐步僵化，形而上学的东西增多，因而也无法在理论上全面系统地正确认识两类不同性质的矛盾，特别是人民内部矛盾问题。斯大林更大的问题是，在相当长的时间里否认社会主义制度下仍然存在着生产力和生产关系、经济基础和上层建筑之间的基本矛盾。他反复强调，“在社会主义制度下，在目前还只有在苏联实现的这种制度下，……这里生产关系同生产力状况完全适合”①。对社会主义社会基本矛盾认识的不足，使斯大林不仅在理论上排斥了改革的必要性，致使苏联的社会主义模式日益僵化，而且也成为导致阶级斗争和“肃反扩大化”的重要思想根源。斯大林把“政治上和道义上的一致”作为社会主义发展的动力，而否认社会基本矛盾的存在，这样就必然把党内存在的思想分歧和路线斗争，以及社会上存在的利益矛盾和冲突，都当作阶级矛盾乃至敌我矛盾，从而导致了“肃反扩大化”。这个问题一直到他逝世前一年才有所意识。

(2) 毛泽东社会主义社会基本矛盾学说对马克思主义的重大发展。

1956年生产资料所有制的社会主义改造的基本完成，标志着中国基本确立社会主义制度，当时的国际国内新情况，给党提出了重大的新课题：社会主义社会还有没有矛盾？它的性质和表现是什么？如何解决这些矛盾？等等。

毛泽东认真总结了我国的实践经验和苏联及东欧一些社会主义国家的经验教训，梳理了他“本来在心里积累了很久”的思想，发表了《关于正确处理人民内部矛盾的问题》的讲话，在马克思主义发展史上第一次明确

---

① 斯大林．斯大林选集：下卷．北京：人民出版社，1979：449.

提出：在社会主义社会中，基本的矛盾仍然是生产关系和生产力之间的矛盾，上层建筑和经济基础之间的矛盾，其性质是非对抗性的，在社会关系上表现为敌我矛盾和人民内部矛盾这两类不同性质的矛盾，社会主义时期的主题则是正确处理人民内部矛盾。这一思想，是对马克思主义社会基本矛盾学说的重大发展，构成了毛泽东探索中国社会主义建设道路的意识形态基础。

其一，毛泽东系统地阐明了社会主义社会基本矛盾的性质和特点。他指出，在社会主义社会，基本的矛盾仍然是生产关系和生产力之间的矛盾，上层建筑和经济基础之间的矛盾，不过同以往剥削社会相比，具有根本不同的情况：它们不是表现为剧烈的对抗、冲突和阶级斗争，不是对抗性的矛盾。它们相适应的一面是基本的，因而可以经过社会主义制度本身不断得到解决。

其二，毛泽东提出了社会主义社会两类不同性质矛盾的学说。以社会主义社会存在着基本矛盾作为根据，他指出这在政治上表现为两类性质不同的矛盾，即敌我矛盾和人民内部矛盾。他对“人民”和“敌人”这两个概念做了界定，认为人民和敌人这两个概念在不同的国家和各个国家的不同历史时期有着不同的内容。在建设社会主义时期，一切赞成、拥护和参加社会主义社会建设事业的阶级、阶层和社会集团，都属于人民的范围；一切反对社会主义革命和敌视、破坏社会主义建设的社会势力和社会集团，都是人民的敌人。敌我之间的矛盾是对抗性的矛盾，人民内部矛盾则是非对抗性的。他还提出两类矛盾在一定条件下相互转化。“工人阶级和民族资产阶级之间存在着剥削和被剥削的矛盾，这本来是对抗性的矛盾。但是在我国的具体条件下，这两个阶级的对抗性的矛盾如果处理得当，可以转变为非对抗性的矛盾”①。“在一般情况下，人民内部的矛盾不是对抗性的。但是如果处理得不适当，或者失去警觉，麻痹大意，也可能发生对抗。”②

其三，毛泽东强调正确处理人民内部矛盾是社会主义国家政治生活的

① 毛泽东．毛泽东著作选读（下册）．北京：人民出版社，1986：759.

② 同①764.

主题。这是由于在三大改造基本完成以后，阶级斗争基本结束，敌我矛盾基本解决，我国社会的矛盾大量地表现为人民内部矛盾，诸如生产关系与生产力之间，人民民主专政制度同社会主义经济基础之间，先进与落后之间的矛盾和差别逐渐大量地显露出来。因此，正确处理人民内部矛盾就成为国家政治生活的主题，是“提起一切工作的纲”。

其四，毛泽东还论述了解决两类矛盾的方法。他指出，由于矛盾的性质不同，因而解决矛盾的方法也不同。敌我矛盾是对抗性的矛盾，用专政的方法去解决。人民内部矛盾是非对抗性矛盾，主要是分清是非的问题，因而要用民主的方法，即“团结——批评——团结”的“公式”去解决。他还根据我们党执政以来的经验，提出了一系列正确处理人民内部矛盾的方针和政策，如在经济工作中实行对全国城乡统筹安排，兼顾国家、集体、个人三者利益的方针；在科学文化中，实行“百花齐放、百家争鸣”的方针；在统一战线中，实行我党与民主党派“长期共存、互相监督”的方针；等等。

（3）毛泽东社会主义社会基本矛盾学说的历史局限性。

毛泽东社会主义社会基本矛盾学说具有重要的理论意义和实践意义，但由于受历史条件的限制，它又存在着理论上的局限性。人们常说，毛泽东晚年的错误，在于他在实践中没有将两类矛盾学说贯彻到底。其实，他的社会基本矛盾学说和两类矛盾学说本身在理论上的不彻底，成为他晚年错误的内在根源。

其一，对社会主义社会基本矛盾规定的抽象性。毛泽东认为，社会主义社会基本矛盾不适合的表现，在生产关系方面，主要是存在非社会主义的因素和半社会主义性质的所有制，如资本家还拿定息，农业合作社、手工业合作社还是半社会主义性质的；在上层建筑方面，主要是还遗留旧社会的东西，以及新生制度的不完善，如资产阶级意识形态的存在，国家机构中某些官僚主义作风存在；等等。

于是，一方面毛泽东认为社会主义的生产关系和上层建筑只是在“某些方面”“某些环节上”存在缺陷，只要进行“适当的调整”就可以解决问题，“我们的根本任务已经由解放生产力变为在新的生产关系下面保护和发展生产力”①，从而忽视了社会主义建立起来的生产关系和上层建筑本身在一定条件下“束缚”生产力的可能性，忽视了在社会主义条件下对生产力的“解放”。另一方面，毛泽东在 1958 年以后，更认为生产关系不适应生产力发展的原因，主要是所有制公有化的程度还不高，规模还不大；上层建筑不适应经济基础的发展，主要原因是资产阶级和反动势力“人还在，心不死”，在党内有它们的代理人即“走资派”。这样，他就必然夸大生产关系和上层建筑对生产力的反作用，认为只要按理想社会的标准，推进生产关系和上层建筑的“不断革命”，就能促进生产力的发展，从而对生产力在社会主义发展中的决定作用重视不够。

其二，对社会主义社会主要矛盾认识的摇摆性。由于对社会主义社会基本矛盾的规定存在着抽象性，使毛泽东在社会主义改造基本完成后，没能从实际出发，明确和准确地概括出社会主义社会的主要矛盾。

党的八大对社会主义改造完成之后我国社会的主要矛盾做出了基本正确的判断，指出：我们国内的主要矛盾已经不再是工人阶级和资产阶级的矛盾，而是人民对于经济文化迅速发展的需要同当前经济文化不能满足人民需要的状况之间的矛盾。当然，八大对这一主要矛盾实质的阐述，即“先进的社会主义制度和落后的社会生产力之间的矛盾”，在理论上并不严谨。这使毛泽东对这一提法始终持保留态度。1957 年三、四月间，他批评了这一表述的不准确性和理论上的不完善性，说：“我们又犯了一个错误。八大决议关于先进的社会主义制度和落后的社会生产力之间的矛盾的提法，理论上是不正确的。”② 但他当时又没有提出文字上表述正确、理论上阐述完善的提法。1956 年在《关于正确处理人民内部矛盾的问题》中，他只是说：革命时期的大规模的急风暴雨式的群众阶级斗争基本结束，现在的任务是正确处理人民内部矛盾，以便团结全国人民进行一场新的战争——向自然界开战，发展我们的经济，发展我们的文化，即由解放生产力变为在新的生产关系下保护和发展生产力。

---

① 毛泽东. 毛泽东著作选读（下册）. 北京：人民出版社，1986：771-772.

② 施肇域.《关于正确处理人民内部矛盾的问题》重要理论观点的修改始末. 党的文献，1991（2）.

这样，毛泽东把主要矛盾和主要任务二重化了，即一方面强调主要任务是发展经济和文化，另一方面又强调，无产阶级和资产阶级、各派政治力量之间，以及意识形态领域这三个方面的阶级斗争还是很激烈的。虽然这时还没有把阶级斗争看作主要矛盾，但它的分量已经大大加重了。到1958年，毛泽东明确提出无产阶级和资产阶级的矛盾“仍然”是国内主要矛盾，但又反复说要把党和国家工作的重点转移到技术革命上去。直到1962年党的八届十中全会提出阶级斗争要“年年讲，月月讲，天天讲”，就十分肯定地认为，“整个社会主义历史阶段”的主要矛盾，始终是两种制度、两个阶级、两条道路的斗争了。

其三，在两类矛盾划分上的模糊性。由于缺少对社会主要矛盾是什么的明确回答，必然影响到对两类矛盾的严格划分，以及对敌我矛盾与阶级关系的处理。

毛泽东在《关于正确处理人民内部矛盾的问题》中指出：“人民”这个概念在不同的国家和各个国家的不同历史时期，有着不同的内容。“在现阶段，在建设社会主义的时期，一切赞成、拥护和参加社会主义建设事业的阶级、阶层和社会集团，都属于人民的范围；一切反抗社会主义革命和敌视、破坏社会主义建设的社会势力和社会集团，都是人民的敌人。”①这在原则上说是正确的，但作为划分敌我的标准，仍然显得过于笼统，因为它主要是政治和思想上的标准，缺乏法律意义上的明确性。与此同时，毛泽东还提出了辨别“香花”和“毒草”的六条政治标准，并说其中“最重要的是社会主义道路和党的领导两条”。但这些究竟是划分两类矛盾的标准，还是区分人民内部是非的标准？他并没有做明确的说明。这样，在实践中就出现了两种情况：有时用它来区分人民内部的是非；有时又以此作为区分人民与敌人的根据。

在敌我矛盾与阶级矛盾关系问题上，毛泽东也缺乏明确的界定。这主要表现在对资产阶级的社会地位的定位上：随着政策的变化，资产阶级可以由“对抗性”的矛盾即敌我矛盾转化为人民内部矛盾，以后又逐渐由人

① 毛泽东．毛泽东著作选读（下册）．北京：人民出版社，1986：757-758．

民内部矛盾转变为敌我矛盾。最后，为了给“不断革命”提供依据，则虚构了“党内资产阶级”作为革命的对象。

由于划分两类矛盾标准的不确定性，不仅造成了认识和处理敌我矛盾与阶级矛盾关系的混乱，在法制不健全的情况下，更造成了以政策代替法律，以群众运动甚至领导人意志代替司法，实行“以言治罪”的恶果。

其四，在两类矛盾解决方法上的简单性。由于毛泽东主要从政治思想上划分两类矛盾，使他对解决两类矛盾的方法，也侧重于从政治或思想角度加以考虑。他提出对敌我矛盾用专政，对人民内部矛盾用民主，这无论在理论还是在实践上，都是不充分的。

毛泽东说，人民触犯了刑律也要“坐班房”，但其性质与对敌人的专政有原则的区别。然而，对同样被剥夺自由的结果来说，人民和敌人“坐班房”的“原则的区别”表现在什么地方，他没有明确说明。如果是那些因破坏社会秩序而被专政的坏分子，该属于哪类矛盾，他也没有明确说明。

至于把民主革命时期在“走到一起来”的革命队伍内部中形成的“团结——批评——团结”这一思想教育的方法绝对化，当作社会主义时期的民主“公式”，更是把解决“出生在中国”的全体人民的矛盾问题简单化了。当然，在《关于正确处理人民内部矛盾的问题》中，毛泽东也提出过统筹安排和兼顾国家、集体、个人三者利益的方针，说到要从生产问题和分配问题上处理国家和合作社之间的矛盾等，但都未能具体展开，未能提出如何运用经济手段来处理各种人民内部矛盾问题。他要求所有的工厂、合作社、商店、学校、机关、团体，总之，六亿人口，都采用“团结——批评——团结”的方法解决他们内部的矛盾。1962 年他进一步强调：“批评和自我批评是一种方法，是解决人民内部矛盾的方法，而且是唯一的方法。除此以外，没有别的方法。”① 于是，从经济、法律等方面考虑正确处理人民内部矛盾问题，便显得十分不足。

毛泽东的社会主义社会基本矛盾和两类矛盾学说在理论上的局限性，其

① 毛泽东．毛泽东著作选读（下册），北京：人民出版社，1986：818.

客观原因，是由于社会主义制度刚刚确立，又基本上搬来了斯大林的计划经济体制，经济生活中的矛盾尚未复杂化，各种社会矛盾也尚未展开。其主观原因是，毛泽东比较多地沿用了革命战争年代成功的思维方式。

民主革命时期，毛泽东提出中国革命的首要问题是分清“敌、我、友”，这是对马克思主义的重大发展。然而，即使如此，那时社会的主要矛盾也就是两类矛盾中的敌我矛盾，它的阶级阵线仍比较清楚。同时，党当时并没有掌握全国政权，因此客观上也不需要更多地关注各种社会矛盾。但是，在社会主义社会中情况就不一样了。首先，社会主义社会的主要矛盾已不再是敌我矛盾，但也不能简单地等同于人民内部矛盾，因为人民内部矛盾多种多样。在这种情况下，如果只满足于“敌我矛盾已成为次要矛盾，人民内部矛盾则是大量的”这一类论断，对主要矛盾避而不谈，显然是不够的。而在主要矛盾问题上一旦发生失误，那么不论你主观上如何强调正确区分和处理两类矛盾，客观上必然会混淆两类矛盾。其次，社会主义必须解决对资本主义的改造问题，但由于民族资产阶级在历史上对中国革命和在现实中对中国建设都具有两重性，因而使两类矛盾和敌我矛盾的关系比民主革命时期更具复杂性。最后，由于中国共产党已成为执政党，它要领导的是全国人民，在革命高潮逐渐转向经济建设后，社会的各种复杂矛盾将会逐步展开。

总之，毛泽东关于社会主义社会矛盾的理论极大地丰富和发展了唯物史观的理论宝库，为邓小平进行改革提供了深层的理论基础；他的这一理论的不足所导致的在实践中的重大挫折和失误，又为邓小平发展这一理论提供了实践背景。

（三）邓小平开创新道路新理论的意识形态根据

1. 形成过程：邓小平开创新道路新理论的基本特点

（1）邓小平理论的形成过程。

1975 年全面整顿时期，邓小平在同“四人帮”斗争以及尽可能纠正毛泽东晚年错误时发表的一系列重要讲话，预示着邓小平理论的萌芽。

粉碎“四人帮”后不久，邓小平率先对“两个凡是”提出批评，倡导和支持了真理标准大讨论。1978年中共中央工作会议，邓小平发表了《解放思想，实事求是，团结一致向前看》（可称为邓小平的“第一个宣言书”），实现了思想路线的拨乱反正。随后召开的十一届三中全会做出的工作重点转移和审查冤假错案等决策，形成了以邓小平同志为核心的党的第二代中央领导集体，实现了政治路线和组织路线的拨乱反正，并揭开了改革开放的序幕。十一届三中全会后，邓小平提出了“走出一条中国式的现代化道路”的思想，在实际工作中正本清源，有步骤地解决历史遗留问题，科学地阐述了许多从实践中提出的理论和政策问题。针对关于实行家庭联产承包责任制和创办经济特区等改革的举措是姓“社”还是姓“资”的争议，邓小平提出要把解放思想从对毛泽东的“两个凡是”推进到对“什么是社会主义、怎样建设社会主义”的问题；针对在拨乱反正过程中发生的错误思潮，他又强调在整个改革过程中必须坚持四项基本原则。同时，他提出废除干部领导职务实际存在的终身制等决策。1981年十一届六中全会做出的《关于建国以来党的若干历史问题的决议》，初步概括了我国社会主义现代化建设道路的要点。1982年党的十二大，邓小平正式提出了“建设有中国特色的社会主义”的命题。邓小平所开辟的道路有了鲜明的主题。

由此可见，党的十一届三中全会前后到十二大，在领导拨乱反正和推动改革起步的实践过程中，邓小平理论的主要内容开始诞生，且形成了主题。

党的十二大以后，改革全面展开，从农村发展到城市，从经济体制改革发展到各方面体制的改革，从对内搞活发展到全方位对外开放。在总结经济体制改革成果的基础上，1984年党的十二届三中全会通过《中共中央关于经济体制改革的决定》，提出公有制基础上的有计划的商品经济，为经济体制全面改革提供了新的理论指导。接着，邓小平推动了科技体制和教育体制的改革，并提出了政治体制改革的目标和任务以及一系列“两手抓”的战略方针。1986年，党的十二届六中全会做出了《关于社会主义精神文明建设指导方针的决议》。1987 年党的十三大系统地阐述了我国社会主义初级阶段理论，把党的基本路线概括为“一个中心、两个基本点”，并且第一次提出了“建设有中国特色的社会主义理论”的概念，概括了十一届三中全会以来的十二个理论创新观点，并且称之为构成了这一理论的“轮廓”。

由此可见，党的十二大到十三大，邓小平理论的理论内容在全面改革的实践中逐步展开，初步形成了建设有中国特色社会主义的理论轮廓。

党的十三大以后，特别是在 1989 年国内国际发生严重政治风波的复杂艰难形势下，邓小平一方面采取坚决措施，维护国家安全和政治稳定，另一方面坚持以市场化为导向的改革开放，提出应对国际局势变化的冷静观察、沉着应付等方针，并在布局以江泽民同志为核心的党的第三代中央领导集体接班的同时，提出“坚持基本路线不动摇”和“聚精会神抓党的建设”的“政治交代”。1992 年初邓小平视察南方发表谈话（被称为邓小平的“第二个宣言书”），总结了十一届三中全会以来党的基本经验，对解放思想和加快发展、实践标准和“三个有利于”标准、计划和市场、物质文明和精神文明等一系列基本问题，做了新的透彻的阐述，特别是对社会主义本质的概括，从理论上深刻回答了长期困扰和束缚人们思想的许多重大问题，从而把改革开放和现代化建设推向了新阶段。1992 年党的十四大确定了社会主义市场经济的目标模式，确立了“邓小平同志建设有中国特色社会主义理论”在全党的指导地位，对这一理论从发展道路、发展阶段、根本任务、发展动力、外部条件、政治保证、战略步骤、领导力量和依靠力量以及祖国统一九个方面，做了新的概括，做出了这一理论是“当代中国的马克思主义”的判断。

由此可见，从党的十三大到十四大，以南方谈话为标志，邓小平理论走向成熟，党中央初步构建了建设有中国特色社会主义的理论体系。

党的十四大以后，第三代中央领导集体遵循邓小平的“政治交代”，在建立社会主义市场经济体制的深刻变革和应对世界格局剧烈变动的进程中，妥善处理改革、发展、稳定的关系，在各个领域取得了巨大成就。1997 年 2 月，邓小平与世长辞。面对前进道路上新的矛盾和困难，为了把建设有中国特色社会主义事业全面推向 21 世纪，全党需要在作为党的指导思想的旗帜问题上，有高度的自觉性和坚定性。是年召开的十五大，正式提出“邓小平理论”的概念，并对其历史地位、指导意义、科学体系和时代精神做了新的阐发，在党章中把它确立为“行动指南”。

由此可见，从党的十四大到十五大，邓小平理论内容在实践中进一步发展，党中央确立了“邓小平理论”的科学概念并将其确定为党的指导思想。

（2）邓小平开创新理论的基本特点。

从上述对邓小平理论形成过程的梳理中，可以感受到它的鲜明特点：

其一，理论和实践的积极互动。

1978年以来改革开放的实践，是理论发展的源泉。邓小平理论中每一个理论观点的提出和发展，都源于实践问题的需要或实践成果推动的背景，而非概念或名词演绎的结果，更非“拍脑袋”的产物。邓小平提出和推进“拨乱反正”，是在“文化大革命”结束后中国面临向何处去的关口所做的必然选择。他在十一届三中全会后提出“什么是社会主义、怎样建设社会主义”的这一首要的基本理论问题，也是改革开放初期回应姓“社”姓“资”争论的必然选择；他提出“建设有中国特色的社会主义”的命题，更是推进改革开放的重大思想。从中国特色社会主义形成的历史和逻辑相统一的进程看，是先有中国特色社会主义道路的开辟，再有中国特色社会主义理论的开创，这是符合马克思主义关于实践和理论关系的根本原理的。正如邓小平所说：“我们现在所干的事业是一项新事业，马克思没有讲过，我们的前人没有做过，其他社会主义国家也没有干过，所以，没有现成的经验可学。我们只能在干中学，在实践中摸索。”① 当起草党的十四大报告涉及邓小平功绩的评价时，邓小平提出，报告中讲他的功绩，一定要写得合乎实际，这绝不是谦虚的问题，因为“改革开放中许许多多的东西，都是由群众在实践中提出来的。……绝不是一个人的脑筋就可以钻出什么新东西来，是群众的智慧，集体的智慧。他的功劳是把这些新事物概括起来，加以提倡”②。

① 邓小平．邓小平文选：第3卷．北京：人民出版社，1993：258-259.

② 伟大的实践　光辉的篇章．人民日报，1992-10-24.

邓小平理论在其所形成过程中的阶段性成果，又立即转化为实践，取得巨大成功，并以其所经受的实践检验，争取了全党最大的共识，使之逐步被确立为党的“行动指南”。正因为如此，从拨乱反正开始，到邓小平理论被确立为党的“行动指南”，其间经历了20年时间，包括5年被提出命题，5年形成理论轮廓，5年构建理论体系，5年被确立为“行动指南”。其中对“什么是社会主义、怎样建设社会主义”这一理论主题的探索，经历了从1980年提出问题，到1987年党的十三大对发展道路（“怎样建设社会主义”）的初步回答（基本路线），直到1992年南方谈话才对社会主义本质（“什么是社会主义”）做了科学论断的历史进程。理论和实践的积极互动，体现了邓小平开创当代中国马克思主义的科学性和生命力。

其二，“破”与“立”的巧妙结合。

邓小平理论的开创，既总结了改革开放的新鲜实践经验，也总结了我国社会主义建设胜利挫折和其他社会主义国家兴衰成败的历史经验；既破除了对毛泽东的“两个凡是”，又确立了毛泽东和毛泽东思想的历史地位。邓小平理论之所以能实现马克思主义中国化的第二次飞跃，在于它纠正了毛泽东晚年的“左”的错误，即“搬用别国的模式，结果阻碍了生产力的发展，在思想上导致僵化，妨碍人民和基层积极性的发挥。我们还有其他错误，例如‘大跃进’和‘文化大革命’，这不是搬用别国模式的问题。可以说，从一九五七年开始我们的主要错误是‘左’，‘文化大革命’是极左”①。这里所说的“搬用别国模式”，就是指苏联的斯大林模式。这一模式把在特定历史条件下形成的强调国家所有制和指令性计划、限制商品生产、缺乏民主的体制绝对化，致使社会主义优越性没能得到充分发挥。邓小平从总结历史经验教训特别是对“文化大革命”教训的“破”入手，先匡正“什么不是社会主义”，从断言“贫穷不是社会主义”“没有民主就没有社会主义”“精神文明建设搞不好也不是社会主义”，到强调“两极分化不是社会主义”等，而逐步“立”起了过去没有完全搞清楚的对于“什么是社会主义”的认识。

---

① 邓小平．邓小平文选：第3卷．北京：人民出版社，1993：237.

对于被中国革命和建设实践证明为科学原理的毛泽东思想，包括毛泽东在探索中国社会主义建设道路过程中所积累的积极的思想成果，邓小平做出了鉴别，区分了“毛泽东思想”和“毛泽东的思想”，把毛泽东思想视为集体智慧的结晶，并把毛泽东晚年的错误从毛泽东思想中剔除出去。他强调：“我们搞改革开放，把工作重心放在经济建设上，没有丢马克思，没有丢列宁，也没有丢毛泽东。老祖宗不能丢啊！问题是要把什么叫社会主义搞清楚，把怎么样建设和发展社会主义搞清楚。”① 因此，无论是纠正毛泽东晚年的错误，还是坚持毛泽东思想，在“破”传统的社会主义模式和“立”全新的中国特色社会主义道路上实现了统一。

其三，理论的原始创新同实践的集成创新和再创新的有机统一。

邓小平理论的“立”，不是一般的对马克思主义和毛泽东思想的继承，而是根据新的时代条件做出了创新。创新包括原始创新、集成创新和继承借鉴基础上再创新，邓小平理论的创新，在理论和实践互动过程中，体现了这三个创新的有机统一。

把社会主义和市场经济结合起来，不仅是对马克思主义的创新，而且是对人类文明的创新，因为在所有传统的理论和实践中，市场经济是天然地建立在私有制基础之上的，而公有制则必然搞计划经济。其他重要的原始创新，如为改革开放和现代化建设提供立论根据的和平发展时代主题论和社会主义初级阶段论，以及社会主义本质论等，都是在马克思主义发展史上第一次提出的。

由于邓小平理论是从实践出发而不是从概念出发来回答时代课题的，因此其所推动的实践创新，是从实现现代化的经济运行机制切入，从经济运行机制与社会化大生产和开放世界的接轨，逼出经济体制乃至各方面体制包括政治体制改革，再逼出基本经济制度的变革。这一过程，既是“走一步，看一看”的渐进式改革，即由外围逼向核心的过程，也是集成创新的过程。它既有不断突破，又比较稳妥，因为它能较好地实现改革的力度、发展的速度和稳定的程度这三“度”的协调。邓小平在改革开放进程

① 邓小平．邓小平文选：第3卷．北京：人民出版社，1993：369.

中始终强调的是，既要大胆，又要稳妥，而不是畏首畏尾，或盲目蛮干，正如他所说："改革开放胆子要大一些，敢于试验，不能像小脚女人一样。看准了的，就大胆地试，大胆地闯。……没有一点闯的精神，没有一点'冒'的精神，没有一股气呀、劲呀，就走不出一条好路，走不出一条新路，就干不出新的事业。"① 邓小平所说的"闯"，其前提是事先要"看准"，事后要"总结经验"。

其四，个人创造与全党集体智慧的完美融合。

邓小平之所以成为邓小平理论的主要创立者，是因为他是新时期党在政治上和思想理论上的杰出代表，是党和人民群众集体智慧的概括者和总结者，特别是邓小平理论中主要科学论断的提出者，如作为邓小平理论精髓的解放思想、实事求是的思想路线，是邓小平恢复和发展起来的；"什么是社会主义、怎样建设社会主义"这一根本理论问题，是邓小平提出并且经过艰苦探索做出回答的；时代主题和我国所处社会主义初级阶段的新判断，是邓小平做出或加以概括的；"一个中心、两个基本点"的基本路线及基本思想，是邓小平明确确立起来的；其他如"发展才是硬道理""'三步走'发展战略""改革是中国的第二次革命""社会主义也可以搞市场经济""科学技术是第一生产力""一国两制，统一祖国"等崭新论断，都是邓小平创造性地概括出来的，乃至邓小平理论的主题——"建设有中国特色的社会主义"，也是邓小平首先提出来的。

然而，邓小平理论又是党的集体智慧的结晶，这不仅体现在一些重要理论观点是第二代领导集体成员提出或发挥的，而且体现在形成理论和构建理论体系的进程，事实上是由党的领导集体所推动的。邓小平一直重视党的集体领导的作用，在改革开放遇到姓"社"姓"资"质疑最重的时候，他始终坚持党对改革开放领导的重要性。1991 年初他在上海视察时，在同上海市负责同志的谈话中强调：改革开放"会有不同意见，但那也是出于好意，一是不习惯，二是怕，怕出问题。光我一个人说话还不够，我们党要说话，要说几十年"②。

---

① 邓小平．邓小平文选：第 3 卷．北京：人民出版社，1993：372.

② 同①367.

当然，我们也注意到，“邓小平理论”这一提法是在党的十四大开始逐步构建起来的，而把它在党章中确立为党的“行动指南”，则是在邓小平去世后的党的十五大。由此也可见邓小平理论形成过程中全党智慧的结晶。

其五，政治家和理论界的良性互动。

改革开放是在探索前人没有走过的新路，遇到争议不足为奇，但又不能让争议延误机遇，所以邓小平发挥了其作为第二代领导集体核心的政治权威作用，一言九鼎地提出“不争论”的论断，不仅为改革实践的推进赢得了时间，而且为理论探索提供了良好环境，促使绝大多数学者能在大方向上积极主动地为改革开放的战略思想提供理论支撑。从改革开放伊始，邓小平就对理论工作者寄予极大期望和抱有真挚信任。早在1979年理论工作务虚会上，他就指出：“实现四个现代化是一项多方面的复杂繁重的任务，思想理论工作者的任务当然不能限于讨论它的一些基本原则。我们面前有大量的经济理论问题，包括基本理论问题、工业理论问题、农业理论问题、商业理论问题、管理理论问题等等。……不过我并不认为政治方面已经没有问题需要研究，政治学、法学、社会学以及世界政治的研究，我们过去多年忽视了，现在也需要赶快补课。”① 甚至对于“四项基本原则”这一我们党历来坚持的政治问题，他也希望理论界能“根据新的丰富的事实作出新的有充分说服力的论证”，“写出并印出一批有新内容、新思想、新语言的有分量的”论著和教科书，他甚至称这还是一个“空白”。这意味着，只是从“历史的选择”来论证“四项基本原则”的“必要性”，并非是具有“充分性”的论证，而依据“目前的新形势”讲出其“新的意义”的“充分性”论证，还是得“费尽革命思想家心血的崇高的创造性的科学工作”②。

对实践标准讨论作为拨乱反正突破口的打开，对农村联产承包责任制和经济特区的辩护，对和平与发展的时代主题以及社会主义初级阶段的基本国情提供的论证，对市场为导向的改革的说理，对民主和法制的呼唤，

① 邓小平．邓小平文选：第2卷．北京：人民出版社，1994：180-181.

② 同①180.

对社会主义市场经济体系的构建，对中国走向全面开放乃至加入 WTO 的推进等，无不凝聚了理论界的智慧和心血。可以说，改革开放进程中思想解放的每一步，都离不开理论界的贡献。

2. 和平与发展两大战略问题：邓小平国际战略的意识形态基础

毛泽东提出的“三个世界”理论的局限性，是夸大了战争的现实危险性，高估了世界革命的形势，其主观原因在于固守关于经济、政治、战争和革命的传统意识形态。邓小平和平与发展战略思想的提出，调整了经济、政治、战争和革命关系上传统的意识形态，并进一步将视角转向人类的高度，是对“三个世界”理论的超越。

邓小平之所以能提出和平与发展是当代世界两大全球性战略问题的思想①，在意识形态中，既继承了毛泽东在“三个世界”理论中对世界政治格局划分超越社会主义与资本主义的视角，又进一步转换观察国际问题的视角，超越了关于经济、政治、战争、革命关系的传统思维方式。因此，“和平与发展时代主题”论是对“三个世界”理论的继承、发展和超越。

1977 年底，复出不久的邓小平，对战争问题做出了新的判断，即“可以争取延缓战争的爆发”。其理由是：从主观方面说，“我们有毛泽东同志的关于划分三个世界的战略和外交路线，可以搞好国际的反霸斗争”；从客观方面看，“苏联的全球战略部署还没有准备好。美国在东南亚失败后，全球战略目前是防守的，打世界大战也没有准备好”②。可见，邓小平以毛泽东“三个世界”理论为出发点，但以国际形势新变化为审视战争问题的客观依据，而得出了与毛泽东关于“战争迫在眉睫”观点不同的结论。在 1978 年党的十一届三中全会期间，邓小平进一步做出了“战争可以避免”的判断。他表示：“对于总的国际局势，我的看法是，争取比较长期的和平是可能的，战争是可以避免的。……一九七八年我们制定一心一意搞建

① 邓小平始终把和平与发展称为“问题”，党的代表大会报告把它概括为“当代世界主题”或“时代主题”。

② 邓小平. 邓小平文选：第 2 卷. 北京：人民出版社，1994：77.

设的方针，就是建立在这样一个判断上的。”① 这就改变了只要资本主义制度存在，战争就不可避免的传统意识形态。

80 年代上半叶，邓小平又根据 70 年代末以来国际形势的继续变化，在两次调整对战争问题判断的基础上，深入思考当代世界格局中的各种矛盾及其相互关系变化的状况和原因，逐步形成了和平与发展是当代世界两大全球性战略问题的观点。

在阐述和平与发展的必要性时，邓小平特别强调了美苏两家拥有的原子弹多，具有毁灭对手的力量，而一旦发生战争，也会给人类带来巨大的损失；强调了第三世界国家同发达国家的差距在扩大，这不仅使发展中国家面临着严峻局面，而且使发达国家在 80 年代面临的发展速度问题和再发展问题也不易解决，从而给世界经济的发展带来了障碍。在阐述和平与发展的可能性时，邓小平指出了第三世界反霸斗争的发展和第二世界力量的增强，使世界和平力量的增长超过了战争力量的增长，而美苏关系已经改善，东西方谈判也已取得实质性进展的事实；指出了世界经济相互依赖性增加，南南合作和南北合作渐渐开始成为共识，而科技革命为经济的发展带来巨大动力的事实。在对世界格局新变化做出上述实事求是判断的基础上，邓小平得出了当代世界既迫切需要又有可能解决和平与发展问题，因而当代全球性问题不再是战争与革命，而是和平与发展的结论，从而把毛泽东关于世界政治格局的理论，发展到和平与发展这一关于时代主题的理论。邓小平的这一系列论述，在意识形态上对“三个世界”理论的发展主要体现在：

其一，超越了关于经济政治关系的传统意识形态，把格局变动和主题演变的认识统一起来。邓小平在“三个世界”格局中，进一步看到“东西”和“南北”两个基本矛盾，并把东西问题概括为政治问题，其实质是和平问题；把南北问题概括为经济问题，其实质是发展问题。这样两大问题既覆盖全球，又涵盖政治、经济两方面，从而揭示出了当代全球战略性的问题。邓小平还认为两大问题的核心是南北问题即发展问题，这就突出

① 邓小平．邓小平文选：第 3 卷．北京：人民出版社，1993：233.

了经济问题在当代的重要性。他做出“战争可以避免”判断的根据之一，便是第二世界的强大，增强了和平的力量。他进一步断言：“如果下一个世纪五十年里，第三世界包括中国有一个可喜的发展，整个欧洲有一个可喜的发展，我看那个时候可以真正消除战争的危险。”① 他还经常强调，和平离不开发展，发展需要和平。邓小平超越了那种传统的将经济政治关系视为单向、线性关系的思维方式，才能在世界格局变化中揭示出当代世界的主题。

其二，超越了关于战争革命关系的传统思维方式，提出了当代全球战略问题和解决国际问题的新思路。邓小平虽然没有排除战争的危险，但他认为战争是可以避免的，由于战争条件的变化，靠战争来解决问题，对双方都不利，而且由于“世界新科技革命蓬勃发展，经济、科技在世界竞争中的地位日益突出，这种形势，无论美国、苏联、其他发达国家和发展中国家都不能不认真对待”②。

其三，把毛泽东从第二次世界大战后至70年代观察国际形势的视角进一步上升到“人类的高度”。邓小平在世界矛盾进一步变化的条件下，合乎逻辑地把视角由国家利益扩大到国家利益同现实的人类命运前途的统一。他认为，和平解决争端，才能对人民有所交代，南北关系也必须从人类高度来认识。从人类高度看问题，不等于否认斗争，只是改变了斗争的目标和方式。邓小平把反对霸权主义、维护世界和平、争取我国发展的良好国际环境作为我国外交战略的总方针，“谁搞和平，我们就拥护，谁搞战争和霸权，我们就反对”，而不再划定固定的敌我阵线，也不再视某一两个国家为特定的革命对象。这一外交战略的调整，也是邓小平从人类高度思考问题的体现。

3. 社会矛盾的复杂性思想：邓小平国内战略的意识形态基础

改革开放初期，邓小平关于社会主义社会矛盾问题，提出了诸多重要论断，对马克思主义的社会基本矛盾学说以及毛泽东关于社会主义社会基

① 邓小平. 邓小平文选：第3卷. 北京：人民出版社，1993：233.
② 同①127.

本矛盾的思想，有了重大发展，同时也提出了一些值得研究的重大课题。

早在1978年中共中央工作会议上，邓小平在《解放思想，实事求是，团结一致向前看》的讲话中，就明确指出：解放思想的目标，是“解决过去遗留的问题，解决新出现的一系列问题”，为此，需要“正确地改革同生产力迅速发展不相适应的生产关系和上层建筑”①。他在1979年党的理论工作务虚会上的讲话中，又说道：“关于基本矛盾，我想现在还是按照毛泽东同志在《关于正确处理人民内部矛盾的问题》一文中的提法比较好。……当然，指出这些基本矛盾，并不就完全解决了问题，还需要就此作深入的具体的研究。”② 可见，邓小平开辟中国特色社会主义道路，始终是以马克思主义社会基本矛盾学说为理论根据的，同时，他所阐发的一些重要论断，又发展了毛泽东关于社会主义社会基本矛盾的思想。

其一，强调以生产力为标准来看待社会基本矛盾的适应和不适应，既把握了社会主义社会基本矛盾和主要矛盾的统一，确立了社会主义的根本任务，又抓住了社会主义社会基本矛盾运动的规律，确定了改革的方向和途径。

邓小平纠正了毛泽东过分强调生产关系和上层建筑的反作用，以及脱离生产力发展的抽象的“公有化”和意识形态标准的失误，把生产力的发展置于社会基本矛盾运动的“重心”。党的十一届三中全会的两大功绩之一，其一是实现工作重心的转移，这是在正确认识我国社会基本矛盾所决定的主要矛盾基础上做出的决策，正如邓小平所说：“我们的生产力发展水平很低，远远不能满足人民和国家的需要，这就是我们目前时期的主要矛盾，解决这个主要矛盾就是我们的中心任务。”③ 其二是改革，这是在正确认识社会基本矛盾“不相适应”的基础上所做出的决策，正如邓小平所说，改革生产关系和上层建筑的最终目的，是要解放和发展生产力，同时只有解放和发展生产力，才能推动生产关系和上层建筑的不断完善。

其二，论证了社会主义条件下解放生产力的必要性，以及改革作为“第二次革命”的意义，深化了对社会主义基本矛盾运动绝对性的认识。

---

① 邓小平．邓小平文选：第2卷．北京：人民出版社，1994：141.

② 同①181-182.

③ 同①182.

邓小平纠正了我们过去“只讲在社会主义条件下发展生产力，没有讲还要通过改革解放生产力”的“不完全”认识，强调“应该把解放生产力和发展生产力两个讲全了”①。毛泽东的基本思想是，社会主义生产关系和上层建筑一旦建立，是保护和发展生产力的，而“不相适应”的方面，或者是旧社会遗留下来的意识形态或官僚主义作风，或者是“某些方面和环节”还不“完善”。这就否认了社会主义建立起来的生产关系和上层建筑在一定条件下“束缚”生产力发展的可能性，也就忽视了对所建立起来的体制进行改革的必要性。邓小平强调社会主义条件下还要“解放”生产力，则意味着他认识到，社会主义在一定历史条件下建立起来的经济基础和上层建筑，随着实践的发展，也可能变成“束缚”生产力发展的因素。

改革开放之初，邓小平以极大的政治勇气，揭露了党和国家领导制度中存在的“官僚主义现象，权力过分集中的现象，家长制现象，干部领导职务终身制现象和形形色色的特权现象”的弊端，认为它们“妨碍甚至严重妨碍社会主义优越性的发挥。如不认真改革，就很难适应现代化建设的迫切需要”②。他还揭示了产生这些弊端的两大根源，一是封建主义的影响，二是高度集权的管理体制。而后者是特定历史条件的产物，因为社会主义建设初期，需要通过高度集中的体制，以集中有限的人力、物力和财力来建立独立的国民经济体系和工业化体系；但与此同时，又形成了“社会主义制度和计划管理制度必须对经济、政治、文化、社会都实行中央高度集权的管理体制”的认识，而“这可以说是目前我们所特有的官僚主义的一个总病根”③。它已经不能适应现代化建设的需要。

邓小平还辩证地评价了我们的根本制度和具体制度，而它们统一在相对集中的权力结构中：一方面，同资本主义发达国家相比较，它在宏观决策和执行中具有高效率的比较优势；但另一方面，在民主法制建设脱节的条件下，它会产生官僚主义等弊端，使微观经济、行政管理等方面的效率，比不过发达资本主义国家。这就科学地揭示了社会主义基本矛盾既相

① 邓小平．邓小平文选：第3卷．北京：人民出版社，1993：370．
② 邓小平．邓小平文选：第2卷．北京：人民出版社，1994：327．
③ 同②328．

适应又相矛盾的具体表现。它说明，尽管社会主义根本制度是好的，但是没有好的具体制度的配套，就不能充分发挥社会主义的优越性。而对具体制度进行改革，不会改变社会主义的性质，而只能使社会主义根本制度的优越性得到更充分的体现。这就决定了改革的根本性质，既在某种意义上是革命，又是社会主义制度的自我发展和完善。

其三，对社会主义社会存在的两类矛盾和阶级矛盾问题，提出了诸多重要的思想，丰富和发展了毛泽东关于社会主义社会的社会矛盾的理论。

邓小平认为社会主义社会的主要矛盾和改革，决定了社会主义社会的各种矛盾将比以往更复杂，并且会带来许多新的社会矛盾，这些矛盾不能简单归结为阶级矛盾或两类矛盾，认为我们不能拘泥于以往的阶级斗争理论，而应从实际出发做新的研究。他指出："社会主义社会中的阶级斗争是一个客观存在，不应该缩小，也不应该夸大。实践证明，无论缩小或者夸大，两者都要犯严重的错误。至于整个社会主义社会历史时期是否始终存在某种阶级斗争，这里包括许多理论上和实践上复杂和困难的问题，不是只靠引证前人的书本所能够解决的，大家可以继续研究。总之，社会主义社会目前和今后的阶级斗争，显然不同于过去历史上阶级社会的阶级斗争，这也是客观的事实，我们不能否认，否认了也要犯严重的错误。"① 所谓阶级斗争既不能缩小，也不能夸大，但它的表现不同于以往社会的阶级斗争，是指社会主义各类社会矛盾中，有"带有阶级斗争性质的"，但大量的是"不具有阶级斗争性质的"。至于阶级斗争与敌我矛盾的关系，邓小平也没有简单地下断语，而是指出在阶级斗争中既有敌我矛盾，也有人民内部矛盾不同程度的反映。

邓小平还特别强调了利益分化所产生的社会矛盾。以往，我们从政治上强调了社会主义社会人民群众根本利益的一致性，并以此作为领导工作的基本思路。邓小平清醒地意识到，随着现代化建设确立为社会主义的根本任务，随着为解决社会基本矛盾而进行的改革的深化，社会利益一定会出现分化，群体利益的矛盾将会突出，使各种社会矛盾趋向复杂化。改革

① 邓小平. 邓小平文选：第 2 卷. 北京：人民出版社，1994：182.

开放刚起步时，他就提出："生产关系和上层建筑的改革，不会是一帆风顺的，它涉及的面很广，涉及一大批人的切身利益，一定会出现各种各样的复杂情况和问题，一定会遇到重重障碍。"①

其四，对解决复杂的社会矛盾，提出了一系列新的原则，如物质利益原则，发展社会主义民主、健全社会主义法制原则，"三不主义"原则等，超越了毛泽东关于用专政或批评与自我批评的方式来处理两类不同性质矛盾的原则，体现了现代国家治理的思想。

在经济生活中，邓小平提出了物质利益原则。他指出："不重视物质利益，对少数先进分子可以，对广大群众不行，一段时间可以，长期不行。……革命是在物质利益的基础上产生的，如果只讲牺牲精神，不讲物质利益，那就是唯心论。"② 他认为，讲物质利益，最根本的是代表人民的根本利益。为此，必须按照统筹兼顾的原则来调节各种利益关系，同时，也要引导社会成员树立正确的利益观，反对见利忘义、唯利是图。

在政治生活中，邓小平提出了发展社会主义民主、健全社会主义法制的原则。他指出，"为了保障人民民主，必须加强法制。必须使民主制度化、法制化，使这种制度和法律不因领导人的改变而改变"③。"现在我们要认真建立社会主义的民主制度和社会主义法制。只有这样，才能解决问题。"④ "要通过改革，处理好法治和人治的关系，处理好党和政府的关系。"⑤ "国家和企业、企业和企业、企业和个人等等之间的关系，也要用法律的形式来确定；它们之间的矛盾，也有不少要通过法律来解决。"⑥ 即使对政治斗争乃至处理敌我矛盾，邓小平也强调"一定要在法律范围内进行"。"要按照宪法、法律、法令办事，学会使用法律武器（包括罚款、重税一类经济武器）同反党反社会主义的势力和各种刑事犯罪分子进行斗争。这是现在和今后发展社会主义民主、健全社会主义法制的过程中要求我们必须尽快

① 邓小平．邓小平文选：第2卷．北京：人民出版社，1994：152.

②③ 同①146.

④ 同①348.

⑤ 邓小平．邓小平文选：第3卷．北京：人民出版社，1993：177.

⑥ 同①147.

学会处理的新课题。”①

在精神生活中，邓小平提出了“三不主义”的原则，即“不抓辫子、不戴帽子、不打棍子”，从而使党的“百花齐放，百家争鸣”的方针，能得以真正落实。

值得注意的是，邓小平上述关于社会主义的基本矛盾和社会矛盾的一系列新思想，基本上是在党的十一届三中全会前后提出来的。当时，改革开放正在起步，社会转型刚刚开始，经济体制还是计划经济，政治体制依然党政不分。但是，邓小平以他特有的政治敏锐性和深厚的马克思主义理论功底，展现了他对以市场化为导向的经济体制改革条件下社会矛盾的前瞻性的深刻思考。

邓小平关于社会主义社会基本矛盾和社会矛盾的思想，对于我们今天认识社会矛盾，全面深化改革，推进国家治理体系和治理能力现代化，具有重要的理论和实践价值，它给我们的启示是：

首先，在社会主义社会矛盾体系中把握社会矛盾的复杂性。

社会主义社会的矛盾，可分为社会基本矛盾、主要矛盾、阶级矛盾、两类矛盾以及各种社会矛盾五个层次，其中社会基本矛盾是其他一切社会矛盾的总根源，主要矛盾是基本矛盾的直接体现，阶级矛盾和两类矛盾是基本矛盾和主要矛盾的具体表现，而各种社会矛盾则是主要矛盾、阶级矛盾和两类矛盾在各领域的展开。在不同的社会形态和社会发展的不同阶段，根源于社会基本矛盾的主要矛盾、阶级矛盾和两类矛盾以及各种社会矛盾，呈现出不同的状况。不能把马克思对自由资本主义时期社会基本矛盾的具体表现，硬套到中国社会主义社会头上。而中国社会主义在发展进程中的不同历史时期，社会基本矛盾在不同层次的表现，也呈现出不同的状况；即使在改革开放的新时期，今天的社会矛盾与改革开放之初相比，也出现了很大差别。

准确把握社会主义社会特别是改革开放以来的社会矛盾，须转换思维方式，创新范畴概念，不能单纯以公有制还是私有制或者公有化程度的高

① 邓小平．邓小平文选：第2卷．北京：人民出版社，1994：371.

低，来判断社会基本矛盾的适应和不适应，不能把所有社会矛盾都归结为阶级矛盾或两类矛盾，不能用被简单化了的或“专政”或“民主”的方式来解决所有的社会矛盾，等等。

我们不能否认马克思的阶级分析法和阶级斗争理论的科学性及当代价值。马克思主义理论的中心结论是科学社会主义，抽掉阶级分析法和阶级斗争理论，就阉割了马克思主义的革命灵魂。今天，把阶级分析法作为分析各类社会矛盾的参照系之一，有利于解释资本和劳动关系的实质，更好地发挥资本的文明价值，而限制资本对人的异化的消极作用，有利于解释利益集团和利益藩篱的实质，更好地处理劳动与资本的关系。但是，我们又不能教条式照搬马克思的阶级分析法和阶级斗争理论，把它作为解释社会主义社会矛盾的唯一参照系，特别是基于社会主义发展进程中曾经犯过的“阶级斗争扩大化”的错误，今天更要在理论上梳理清楚阶级的存在和阶级斗争、人民和敌人、公民、国民等概念的关系，在实践上把握好阶级与阶层、利益群体、利益集团的关系。

在社会利益分化趋势越来越明显的今天，加强对阶层、群体、利益集团的分析，需要跳出仅仅以对物质生产资料占有为标准的误区，综合分析不同阶层、群体和利益集团对包括资本资源、公共资源、权力资源乃至信息资源在内的各种社会资源的占有以及分配状况，这样才能更全面客观地厘清它们在社会关系中的地位和作用。

其次，适应我国社会基本矛盾运动的变化，深化改革，推进社会发展。

习近平在中共中央政治局第十一次集体学习会上的讲话中指出：“坚持和发展中国特色社会主义，必须不断适应社会生产力发展调整生产关系，不断适应经济基础发展完善上层建筑。我们提出进行全面深化改革，就是要适应我国社会基本矛盾运动的变化来推进社会发展。社会基本矛盾总是不断发展的，所以调整生产关系、完善上层建筑需要相应地不断进行下去。”① 如果说改革开放是决定中国命运关键一招的话，那么今天完全可以

① 习近平：推动全党学习和掌握历史唯物主义.（2013-12-04）. http://news.xinhuanet.com/politics/2013-12/04/c-118421164.htm.

说，深化全面改革是决定中国梦能否实现的关键一招。而推进全面改革，需要在把握社会基本矛盾的变化和运动规律的基础上，形成大局思维。

深化改革的大局思维需要有危机意识。全面深化改革，是由生产关系和生产力、上层建筑和经济基础之间新的矛盾的积累而倒逼出来的。当前存在的诸如市场和政府、民主和法治、思想解放和意识形态控制、利益分化和公平正义、经济发展和生态保护之间等一系列矛盾，均是社会基本矛盾的具体表现，因此，必须通过改革来化解这些矛盾。由于利益藩篱的固化，使改革进入了攻坚期和深水区，如逆水行舟，不进则退，因此又必须以更大的政治勇气和智慧，不失时机深化重要领域改革，敢于啃硬骨头，敢于涉险滩，既勇于冲破思想观念的障碍，又勇于突破利益固化的藩篱。停顿和倒退是没有出路的，它只能使社会基本矛盾激化。

深化改革的大局思维需要有总体意识。改革的目标是构建系统完备、科学规范、运行有效的制度体系。但全面深化改革不等于改革的全面开花，而是要以社会基本矛盾运动规律为依据，围绕经济建设这一中心，以经济体制改革为主轴，在重要领域和关键环节改革上取得新突破，以此牵引和带动其他领域改革，推动生产关系同生产力、政治上层建筑和思想上层建筑同经济基础相适应，推动经济社会持续健康发展。为此，改革需要有正确方法论，即把“摸着石头过河”和“加强顶层设计”辩证统一起来。要更加注重改革的系统性、整体性、协同性，同时也要继续鼓励大胆试验、大胆突破。在社会利益日趋分化的状况下，在改革的具体方案设计或探索上，都不可能再追求“全民共识”，而是要努力寻求关于改革的最大公约数，达成基本共识，增强合力，减少阻力，形成强大推动力。同时，在推进全面改革时，要加强意识形态工作，以社会主义核心价值观来引领社会思潮，而绝不能在意识形态问题上犯颠覆性的错误。

深化改革的大局思维需要有自主意识。无论是发挥市场在资源配置中的决定性作用，还是深化政治体制改革，都要既吸收人类文明的成果，又发挥我们已有基本制度的比较优势。把其他国家的发展道路都看成是“邪路”，是“妄自尊大”；以西方道路和制度为标准来评价我们的改革，是“妄自菲薄”。要同时看到我们基本制度的优势和具体制度的弊端，而它们统一在相对集中的领导体制中，这才是辩证法，这样才能真正认识改革的艰难性。

最后，把推进国家治理体系和治理能力的现代化作为全面深化改革的总体角度。

国家治理体系和治理能力的现代化，是涉及上层建筑的国家制度和制度执行能力的集中体现。实现国家治理体系的现代化，需要把执政为民作为执政的最高检验标准，超越过渡时期的"专政"思维和"统治"思维，体现"人民主权"的原则。这需要有一整套能够保证这一原则实现的领导制度、体制和机制。一个政党在某一时期，因某一领袖人物的魅力，可能成就辉煌，但其衰落速度也可能是惊人的，究其原因，根源还在于缺乏体现"人民主权"的常态化的科学制度。正如邓小平所说："一个国家的命运建立在一两个人的声望上面，是很不健康的，是很危险的。不出事没问题，一出事就不可收拾。"① 我们应拓展人民知情、参与、表达和监督的各种渠道，对群众开放决策过程，制定与群众利益密切相关的法律法规，将不同群体的利益博弈机制纳入政府决策，让权力在阳光下运行。

实现国家治理能力的现代化，需要各级领导干部确立法治思维，善于运用法治方式领导工作，运用法治思维和法治方式化解矛盾。今天，政治安全依然是国家安全和社会稳定的核心，要把维护国家政治安全放在首位。但是，我们也要看到，各种社会矛盾的尖锐化，大部分是因为利益纠纷问题而引发的，很多不稳定因素，包括一些群体性事件的发生，都是因为侵权造成的。而我国经济社会的转型又恰好遇到网络时代，任何人对任何事情都可即时在网络上发表看法，这给社会治理乃至国家治理带来极大挑战。在这种状况下，更需要领导干部带头信仰法治、坚守法治，深刻认识法治精神的本质是"约束好公权，保护好私权"，从而把握自己手中权力的有限性。要处理好"维稳"和"维权"的关系，始终把维护人民群众合法权益放在首位，在法治轨道上寻求解决问题的方法，把群众合理合法的利益诉求解决好，完善对维护群众切身利益具有重大作用的制度，强化

① 邓小平．邓小平文选：第3卷．北京：人民出版社，1993：311.

法律在化解矛盾中的权威作用。

（四）对邓小平理论丰富发展的意识形态意蕴

1.“三个代表”重要思想的形成：从“要求”到“系统的科学理论”

江泽民2000年2月第一次提出“三个代表”，是把它作为党的建设的“要求”提出来的。2002年11月党的十六大确立了“三个代表”作为“重要思想”的历史地位。“三个代表”重要思想的形成，从历史进程看，从要求的提出到思想的形成，是从具体到抽象、再从抽象上升到具体的过程。从历史和逻辑的统一看，“三个代表”要求是“三个代表”重要思想的集中概括，而“三个代表”重要思想则是“三个代表”要求的具体展开。

（1）“三个代表”要求的提出是其“重要思想”形成的思维抽象环节。

2000年6月江泽民在全国党校工作会议上的讲话中，明确表示：“三个代表”要求是他“经过了长时期思考”才提出来的。这表明，在“三个代表”重要思想形成的从感性具体到思维抽象、再上升到思维具体的过程中，“三个代表”要求的提出，是其思维抽象的中间环节。

十一届三中全会以来，邓小平在开辟建设有中国特色社会主义道路的同时，提出了通过改革党和国家的领导制度、加强党的建设来加强党的领导的战略思想。1989年政治风波平息前夕，邓小平在决定自己辞去中共中央军事委员会主席职务时，对以江泽民同志为核心的党的第三代中央领导集体做出了如下的“政治交代”：一是坚持党的基本路线不动摇，二是党要加强自身建设以取信于民。邓小平的“政治交代”，实际上是向第三代中央领导集体提出了如何在坚持党的基本路线过程中开创党的建设新的伟大工程的历史课题，因而成为“三个代表”重要思想形成过程中的感性具体的历史起点。

从20世纪80年代末到世纪之交，国内外发生的若干重大事件，引起人们的强烈震动和思索：中国改革开放和现代化建设进入第十个年头的

1989 年，国民经济和人民生活水平都上了一个大台阶，为什么还会发生政治风波？为什么差不多同时苏联和东欧社会主义国家也发生了动乱，并且最后导致了剧变？1992 年邓小平的南方谈话和十四大的召开，把我国改革开放和现代化建设推进到了新的历史阶段，但是，在这以后，为什么“法轮功”现象滋生并逐步蔓延？为什么世纪之交国民党在台湾失去执政地位？其他一些国家曾长期执政的大党老党也失去了执政地位？

江泽民把对 1989 年以来国际国内所发生的重大事件的思考，同历史上一些大国大党兴衰的经验教训的总结联系起来。他以奥斯曼帝国曾经横扫欧亚，不可一世，但在经过文艺复兴和工业革命快速发展起来的西欧国家面前，最后不堪一击，分崩离析，以及当年中国的“康乾盛世”早已潜伏着落后于欧洲先进生产力、先进文化发展的危机，很快由盛而衰为例，来阐释由于对滚滚而来的世界进步大潮茫然无知而导致国家衰败的教训；以在古代人类文明史上做出过杰出贡献的古罗马帝国和我国历史上第一个统一全国的秦始皇，以及成就了“贞观之治”的唐王朝，最后都一朝覆亡为例，来阐释人心向背的重要性。

于是，在“长时期思考”的基础上，江泽民于 2000 年 2 月第一次对党的建设提出了“三个代表”要求。这表明，“三个代表”重要思想在其形成过程中，从感性的具体发展到了思维的抽象。

此后，江泽民不断对“三个代表”要求的内涵做出新的阐释。2002 年 5 月 31 日，江泽民在中共中央党校发表的为十六大的召开做思想理论准备的重要讲话中，论述了“三个代表”形成的历史条件、精神实质及在推进我国社会主义制度自我完善和发展过程中的历史作用。同年 11 月召开的十六大，对“三个代表”形成的时代背景、实践基础、现实依据，以及精神实质、历史地位、指导意义等，做了全面、系统的论述，并且阐明了贯彻“三个代表”重要思想的根本要求。至此，“三个代表”从治党的纲领发展为立党治国的纲领，从要求发展为“重要思想”，从而被确立为党的“行动指南”。

(2)“三个代表”重要思想是“三个代表”要求的具体展开。

从理论内容看，围绕建设中国特色社会主义的主题，“三个代表”要求创造性地回答了建设什么样的党、怎样建设党的问题，是“三个代表”重要思想的集中概括；而作为“系统的科学理论”的“三个代表”重要思想，则包含了对“什么是社会主义、怎样建设社会主义”问题的进一步回答，是“三个代表”要求的具体展开。

作为工人阶级的先锋队，共产党是为了实现工人阶级的历史使命、追求人类解放事业而诞生的。因此，国际共产主义运动问世以来，共产党的命运就同社会主义命运息息相关。这就规定了共产党自身的建设，必须围绕党的中心任务而展开，朝着实现社会主义和共产主义的总目标来加强。任何一项党的建设的纲领性要求的提出，都是为了推进社会主义事业的发展，同样，在社会主义事业发展遇到新的挑战和考验时，必然要求在党的理论和纲领上增添新的内容。

江泽民提出的“三个代表”重要思想，创造性地回答了马克思主义党建理论遇到的历史性课题：

其一，“三个代表”重要思想在坚持了马克思主义关于解放生产力、发展先进文化、最终解放全人类的理论原则和价值理想的基础上，深化了代表“先进生产力”、“先进文化”和“人民利益”的内涵：对“中国先进生产力”，强调代表它的“发展要求”，对“中国先进文化”，强调代表它的“前进方向”，对“中国最广大人民”，强调代表它的“根本利益”。其论述中，涉及确立先进生产力在社会进步中的地位、发展中国先进生产力的依靠力量和途径问题；涉及确立先进文化在社会进步中的地位、发展中国先进文化的内容和途径问题；涉及任何把握和处理中国最广大人民的长远和眼前利益、整体利益和不同群体利益的关系以及实现人民群众利益的机制问题，因而体现了对当今时代特征的深刻把握，以及对党的历史经验教训的深刻总结。

其二，“三个代表”重要思想把发展先进生产力和先进文化、实现最广大人民的根本利益作为整体，同党的先进性联系在一起，赋予党的性质以鲜明的时代特征，赋予党的纲领以鲜明的时代特点。它不仅提出了判断党的先进性的根本标准，而且揭示了如何认识党的先进性的方法论原则：在党的阶级性和时代性、指导思想和根本宗旨的统一中，考察党的先进性。在社会阶层结构乃至工人队伍本身出现了新的变化，而党的地位由领导人民夺取政权转变为在改革开放和社会主义市场经济条件下的执政党的今天，必然要求党奠定自己同所领导对象之间新的共同目标基础，并以此巩固自己的阶级基础和扩大自己的群众基础，从而明确了中国共产党不仅要始终成为中国工人阶级的先锋队，同时要成为中国人民和中华民族的先锋队。这就深化了对党的性质的认识。

江泽民提出的“三个代表”重要思想，对邓小平已经初步解决的关于“什么是社会主义、怎样建设社会主义”的问题，做出进一步的回答：

其一，提出了发展是党执政兴国第一要务的思想，为此必须坚持和深化改革，坚决冲破一切妨碍发展的思想观念，坚决改变一切束缚发展的做法和规定，坚决革除一切影响发展的体制弊端；必须团结一切为了祖国富强贡献力量的社会各阶层人们，鼓励他们的创业精神；必须尊重劳动、尊重知识、尊重人才、尊重创造；必须保护一切合法的劳动收入和合法的非劳动收入，放手让一切劳动、知识、技术、管理和资本的活力竞相迸发，让一切创造社会财富的源泉充分涌流，以造福于人民。这些思想，把党的执政地位的巩固和民富国强联系在一起，体现了党的命运同民族和人民命运的一致性。

其二，制定了一系列新的发展战略，如以建立现代企业制度为中心环节改革国有企业，在经济全球化态势下以更加积极的姿态走向世界、努力提高对外开放水平，科教兴国、可持续发展和西部大开发，以信息化带动工业化、以工业化促进信息化，全面建设小康社会，依法治国、建设社会主义法治国家，现阶段发展两岸关系、促进祖国统一大业完成的八项主张，在国际战略和外交工作中坚持原则性和灵活性的结合，加大反腐败斗争的力度，开展“三讲”教育，推进党的建设新的伟大工程，等等。同时，还把党在社会主义初级阶段基本路线具体化为经济、政治、文化三个方面的基本纲领。

其三，提出了一系列新思想、新观点、新论断，如理论创新和与时俱进是关系党的先进性的决定性因素，社会主义市场经济是社会主义经济体制改革的目标模式，公有制为主体、多种所有制经济共同发展是社会主义初级阶段的基本经济制度，新出现的社会阶层也是中国特色社会主义的建设者，实行按劳分配和按生产要素分配相结合，保护一切合法的劳动收入和合法的非劳动收入，建设社会主义政治文明，把依法治国与以德治国结合起来，先进文化是综合国力重要标志，中国先进文化是面向现代化、面向世界、面向未来的民族的、科学的、大众的社会主义文化，维护全人类的共同利益，树立互信、互利、平等、协作为核心的新安全观，积极推动世界多极化和国际关系民主化，我们是最低纲领和最高纲领统一论者，努力促进人的全面发展是建设社会主义新社会的本质要求，巩固党的阶级基础和扩大党的群众基础，改革和完善党的执政方式和领导方式，等等。

其四，提出了“三个代表”重要思想的本质在坚持“执政为民”，明确了在社会生活多样化的条件下加强党的领导的新思路：党的领导不是“代替一切”，而是“代表根本”；为了实现、维护和发展人民群众的“根本利益”，党要立足于妥善处理各种复杂的社会矛盾和利益矛盾，为“总揽全局、协调各方”，致力于形成“了解民情、反映民意、集中民智”的科学化、民主化的决策机制，扩大公民有序的政治参与，以及发展民主选举、民主决策、民主管理和民主监督制度。这些思想，把改革和完善党的领导方式和执政方式，以及建设社会主义政治文明联系在一起，体现了党的命运同人类文明进步命运的一致性。

由此可见，“三个代表”重要思想的形成，不仅仅是为了解决党的自身建设问题，它进一步解决了党作为代表与依靠力量之间的关系，明确了党在国家政治生活中的定位，把党建目标与三大文明要求紧密结合在一起，把党的命运与中华民族的命运紧紧地联系在一起，由此，“三个代表”重要思想，从治党纲领发展到了治国纲领。

2. “三个代表”重要思想的定位：中国特色社会主义的深化

（1）形成根据。

其一，看时代背景。20 世纪 90 年代以来，随着东欧剧变和苏联解体，两极对抗的格局终结了，但是，邓小平在 80 年代中叶概括的和平与发展的时代主题没有变。和平与发展仍然是当代世界最迫切需要解决的问题，维护和平，促进发展，是不可阻挡的历史潮流。当然，在时代主题不变的前提下，世界形势在三个方面发生了深刻变化：一是新科技革命日新月异，综合国力的竞争更加激烈；二是经济全球化的进程在加速进行；三是政治多极化的趋势在曲折发展。它们对中国共产党提出了新的挑战：在世界形势深刻变化的历史进程中，中国共产党能否始终走在时代前列，顺应时代潮流，从而为中华民族的振兴和社会主义在世界的振兴做出应有的贡献？

其二，看实践基础。十三届四中全会以来，邓小平所提出的改革、发展、稳定的大局没有变。然而，进入世纪之交，这一大局在每一个方面的具体表现，都发生了深刻变化：一是改革进入攻坚阶段，即在经济上涉及社会主义经济基础的主体部分，政治上要求政府的运作机制更多地与市场经济和国际接轨，更加规范、透明、高效和廉洁，要求进一步扩大社会主义民主，健全社会主义法制，推进决策的科学化和民主化，扩大公民有序的政治参与；二是发展进入关键时期，即建设更高水平的、比较全面的和比较平衡的小康社会；三是稳定面临新的矛盾，即社会经济成分、组织形式、就业方式、利益关系和分配方式日益多样化。它们对中国共产党提出了新的挑战：在应对国内外各种风险考验的历史进程中，中国共产党能否始终成为全国人民的主心骨，从而增强自己的阶级基础，扩大自己的群众基础，继续把全国人民的力量凝聚在自己的周围。

其三，看现实依据。中国共产党自成立以来，党的工人阶级先锋队的性质、为人民服务的宗旨和实现共产主义的最高纲领没有变。但是，历经领导人民革命、建设和改革的不同时期，党在地位、队伍和任务三个方面，都发生了深刻变化。中国共产党已经从领导人民为夺取全国政权而奋斗的党，成为领导人民掌握全国政权并长期执政的党；已经从受到外部封锁和实行计划经济条件下领导国家建设的党，成为对外开放和发展社会主义市场经济条件下领导国家建设的党。这给党提出了如何奠定自己同所领导的对象之间新的共同理想基础，以巩固党的执政地位的挑战。新党员的数量大幅度增加，干部队伍新老交替不断进行，一大批年轻干部走上领导岗位。这给党提出了如何使党在组织上既与时俱进，又保持它的纯洁性的挑战。党进入新世纪肩负着推进现代化、祖国统一和维护世界和平发展这三大历史任务，这与党在历史上所承担的领导革命战争、社会主义改造、进行阶级斗争的任务乃至启动改革开放的任务相比，所涉及的面更宽、关系更复杂，这对党的领导和建设也带来了新的考验。

（2）科学内涵。

其一，从“三个代表”要求看，它根据新的时代条件赋予“先进生产力”、“先进文化”和“人民利益”以新的内涵。

江泽民对发展生产力的依靠力量做出了新的判断，强调通过科技创新和制度创新实现生产力发展的跨越，体现了对中国先进生产力发展要求的深刻把握。他强调文化是综合国力的重要标志，使文化在社会进步中有了“本体”的地位；强调文化建设要把传统和未来、民族和世界、普及和提高结合起来，要树立自立、竞争、效率、民主法制和开拓创新意识，使文化建设具有丰富的内涵；强调繁荣先进文化、支持有益文化、改造落后文化、抵制腐朽文化，使文化建设有了切实的途径，体现了对中国先进文化前进方向的深刻把握。他强调党没有自己特殊的利益，要把最广大人民群众的切身利益实现好、维护好、发展好，以不断引导人民积极性主动性创造性的发挥，要正确反映并妥善处理各种利益关系，认真考虑和兼顾不同阶层、不同方面群众的利益，体现了对中国最广大人民的根本利益的深刻把握。这一切，都是对党的历史经验和教训的深刻总结，是对马克思主义的重大发展。可见，说“三个代表”重要思想背离了“老祖宗”，是错误的；说“老祖宗”历来就有“三个代表”重要思想，也是不科学的。

其二，从“三个代表”重要思想看，它在理论上开拓了马克思主义发展的新境界。

在历史唯物主义方面，提出了深化对社会发展动力理论的认识问题和对社会发展规律问题再认识的问题，正视传统马克思主义教科书所阐释的规律论所遇到的挑战，真正划清与机械决定论和非决定论的界限，借鉴自然科学的规律的新的认识成果，科学认识因生产力发展不同阶段对资源依赖的变化而带来的生产力发展要求的绝对性和相对性，及其对社会发展必然趋势的影响，科学认识人的需求在社会发展动力中的刺激作用、文化在社会发展动力中的引领作用和民主在社会发展动力中的推动作用，科学认识社会发展规律的客观性和人的活动的主体性、社会发展的合规律性与合目的性的关系，等等。

在马克思主义政治经济学方面，提出了深化劳动价值论和剩余价值论认识问题，正视社会主义基本经济制度的变化和社会主义阶级阶层关系的变化，将其实践成果上升到理论层面，科学认识市场经济同生产力发展水平、社会化大生产和所有制的关系，科学认识公有制的历史地位及实现形式，科学认识不同所有制的历史地位及相互关系，科学认识按劳分配和按要素分配的历史地位及相互关系，等等。

在科学社会主义方面，提出了对共产党在新的历史条件下的性质、作用和地位认识的丰富和发展问题，科学认识党的最低纲领和最高纲领的统一关系，科学认识人类文明的多样性、社会制度的取长补短和社会主义与资本主义的战略关系，科学认识社会的全面进步和人的全面发展的关系，科学认识马克思主义作为无产阶级的意识形态同人类共同价值的关系，等等。

（3）实践定位。

"为人民服务"的宗旨，是强调在新的历史条件下，中国共产党只有通过执政，才能继续为民。

在中国共产党执政特别是执政环境已经由计划经济转向社会主义市场经济、由外部封锁转向对外开放的条件下，"为人民服务"具有了新的内涵和外延。为了实现、维护和发展人民群众的"根本利益"，党要立足于妥善处理各种复杂的社会矛盾和利益矛盾，致力于形成"了解民情、反映民意、集中民智"的科学化、民主化的决策机制，扩大公民有序的政治参与，以及发展民主选举、民主决策、民主管理和民主监督制度，构建社会主义和谐社会。

中国共产党要通过实践"三个代表"重要思想而走在时代前列，需要把提高党的执政能力的思路集中到加强民主制度建设的轨道，以顺应世界民主化潮流，吸收人类政治文明的成果。这就需要反思过去实行民主集中制的经验和教训，加强党内民主建设，以党内民主带动人民民主，加强集体领导。

3. 科学发展观形成的实践根据：社会主义初级阶段阶段性特征

十六大以后党之所以提出科学发展观，其直接原因是"非典"。正是由于“非典”的冲击，暴露了我国经济发展和社会发展、城市发展和农村发展不够协调，特别是社会建设的诸多薄弱环节，于是，2003 年 7 月胡锦涛在全国防治非典工作会议上的讲话中，把发展问题第一次提到了“观”的高度，强调“我们要更好地坚持全面发展、协调发展、可持续发展的发展观”。8 月底在江西考察工作时，他又把这一发展观称为“科学发展观”。10 月召开的十六届三中全会则明确，树立科学发展观要“坚持以人为本”。至此，科学发展观的基本思想问世。

社会主义初级阶段阶段性特征的根本表现，是“黄金发展”与“矛盾凸现”的交织。

跨入新世纪，中国进入了“黄金发展期”，但同时也陷入了“矛盾凸显期”。概括地说，十大矛盾互相叠加。它们具体表现在：物质和经济层面，存在着经济做大与生产力水平总体不高和自主创新能力不强的矛盾，社会主义市场经济体制初步建立和影响发展的体制机制障碍依然存在的矛盾，人民生活总体上达到小康和贫富悬殊的矛盾，协调发展取得一定成绩和城乡、区域发展差距依旧的矛盾。政治层面，存在着民主政治不断发展和民主法制建设还不完全适应经济社会发展要求的矛盾，特别是因腐败问题没有根本好转而恶化了干群之间的矛盾。文化层面，存在着社会主义文化更加繁荣和社会主义先进文化的发展还不能满足人民精神需求以及人们思想活动多样化的更高要求的矛盾。社会层面，存在着社会活力显著增强和社会结构深刻变化带来的社会建设和管理新课题的矛盾。生态层面，存在着经济的快速发展和资源环境越来越受到制约的矛盾。国际层面，存在着对外开放日益扩大和国际竞争日趋激烈和风险增多的矛盾。

社会主义初级阶段的上述阶段性特征，表明我们正处在新的历史起点上。其一，中国全面参与经济全球化，给发展带来了新机遇新挑战。其二，工业化、信息化、城镇化、市场化、国际化的深入发展，给发展带来了新形势新任务。其三，随着社会生活的日趋多样化，人民群众更需要知情权、参与权、表达权、监督权。

要想化解社会主义初级阶段阶段性特征所表现出来的上述矛盾，正确评价这些矛盾，科学揭示其发展前景，就是科学发展观提出的实践依据。

4. 科学发展观的理论思考：几对关系的意识形态要义

（1）关于科学发展观与中国特色社会主义理论的关系。

科学发展观并非“不发展观”，也并不意味着党的工作中心又一次重大的战略转移，更不是纠正了所谓“过去错误的发展观”。我们还处在社会主义初级阶段，因而发展依然是硬道理，是第一要义。但由于社会主义初级阶段呈现出新的阶段性特征，因此需要强调更全面、协调和可持续的发展，以解决在高速发展中所积累和体制改革不彻底所潜伏下来的诸多矛盾，使发展更符合时代的潮流和人民的期待。

从社会主义初级阶段的阶段性特征上认识科学发展观的客观依据，才能深刻把握科学发展观的理论地位，即它是中国共产党几代人心血的结晶，其主题依然是建设中国特色社会主义；同时，它又通过深化对发展的认识而丰富了中国特色社会主义理论。从明确社会主义的目标来看，它把解放和发展生产力与逐步实现社会公平正义这两大任务有机地统一起来，要求继续增加全社会的物质财富，又更好地激发全社会的创造活力和促进社会和谐，并使这两大任务相互促进，贯穿于整个社会主义历史发展进程。从发展社会主义的路径来看，从邓小平的物质文明和精神文明的两手抓，到江泽民的物质文明、政治文明和精神文明三大文明建设，到科学发展观关于经济、政治、文化、社会四大建设，充分体现了历史进程和理论逻辑演进的统一。从实现社会主义的本质来看，它把实现社会公平正义，确定为社会主义制度的首要价值，以保证“消灭剥削，消除两极分化，最终达到共同富裕”的社会主义价值目标的实现。

（2）关于科学发展观与人的关系。

科学发展观强调其核心是以人为本，同样是立足于社会主义初级阶段的阶段性特征所得出的合乎逻辑的结论。正是因为城乡、地区、贫富、劳资、干群等利益矛盾的凸显，在发展观中更需要突出人的权利公平和社会进步的地位。把发展观的理念归纳为“以人为本”，一是为了在干部中确立发展的目的为了谁和发展的主体依靠谁的意识，二是用群众明白易懂的话语获得其政治认同，从而对各级政府的决策和执行能保持必要的压力。

因此，从社会主义初级阶段的阶段性特征这一现实出发，对科学发展观核心的解读，须注意：第一，明确这是对执政党的执政理念所提出的要求，因此，要把“为”和“以”统一起来，即不再是一般地把人民作为客体而加以服务的对象，而是一切工作以人民群众根本利益为出发点、落脚点；同时，尊重人民群众的主体地位，首先是保障其各项权益，在此基础上发挥其首创精神。第二，今天讲人民群众的根本利益，不仅是物质利益的实现，更要逐步强调文化、政治和社会各方面的权益，讲群众生活的改善，要强调生活质量的提高、发展机会的公平以及由此体现的幸福指数的上升，从而把社会进步和人的发展统一起来。

(3) 关于科学发展观与构建社会主义和谐社会的关系。

依据社会主义初级阶段的阶段性特征，应该看到，科学发展观本身是合规律性和合目的性的统一，而不仅仅是手段而已。同时，对和谐社会的构建，不能只是从理想出发，而只能从现实出发，以理想作为引导。这样，就需要区分“小社会”（与经济、政治、文化并列的社会学意义上的社会）和“大社会”（包含经济、政治、文化、社会在内的社会）。“小和谐社会”建设，强调的是以改善民生为重点的社会建设和社会管理，而“大和谐社会”建设的目标，则是“民主法治、公平正义、诚信友爱、充满活力、安定有序、人与自然和谐相处”。很明显，做这样的区分，有利于在建设社会主义和谐社会时确立科学理性的政策思想的指导，既着眼长远，又立足当前；既尽力而为，又量力而行。而这是贯彻科学发展观的必然要求。

只有认清社会主义初级阶段的阶段性特征，才能把握建设社会主义和谐社会的长期性和艰巨性，清醒认识科学发展、社会和谐，是发展中国特色社会主义的基本要求，做到以马克思主义的“人的自由全面发展”的理想为指引，加快推进“小和谐社会”的建设，致力于构建“大和谐社会”，从而在作风上更加察真情、讲实话、办实事、求实效。

(4) 关于科学发展观与继续解放思想的关系。

社会主义初级阶段发展到今天，长期形成的结构性矛盾和粗放型增长方式尚未根本改变，影响发展的体制机制障碍依然存在，收入分配差距拉大趋势未根本扭转，区域发展差距依然存在，统筹兼顾各方面利益难度加大；形式主义、官僚主义问题依然比较突出，民主法制建设既不完全适应经济社会发展的要求，也不完全适应人民政治参与积极性不断提高的要求；文化的发展还不能满足人民精神文化日趋旺盛的需求，人民思想活动的独立性、选择性、多变性、差异性明显增强，思想道德建设还存在诸多薄弱环节；社会活力显著增强，同时社会结构、社会组织形式、社会利益格局发生深刻变化，社会建设和管理面临诸多新课题；党如何实现科学执政、民主执政和依法执政的统一，处理好自己同人大、政协、政府和社会的关系，依然是严峻的课题。

从以上现实出发，在中国特色社会主义发展的新的历史起点上，继续解放思想，需要在转变发展方式、增强发展协调性，完善社会主义市场经济体制上下功夫；需要在深化政治体制改革，打破原有利益格局，扩大社会主义民主和公民政治参与，保障社会公平正义上下功夫；需要在使社会主义核心价值体系深入人心，并构筑社会底线价值观，同时提高国家文化软实力上下功夫；需要在保障和改善民生，推进社会体制改革，扩大公共服务，完善社会管理上下功夫；需要在建设生态文明上下功夫。归结起来，是要以转变不适应不符合科学发展观的思想观念为中心，来推进思想解放。

（五）习近平治国理政的战略思维和价值取向

1. 对党的十八大的定位：主线和新鲜经验

习近平在党的十八大后中共中央政治局第一次集体学习会上的讲话中提出："坚持和发展中国特色社会主义是贯穿党的十八大报告的一条主线。"他在新进中央委员会委员、候补委员学习贯彻党的十八大精神研讨班开班式上的讲话中又强调："党的十八大精神，说一千道一万，归结为一点，就是坚持和发展中国特色社会主义。"抓住这一主线，就能更深刻地认识十八大精神的要义。

习近平在十八届一中全会和中共中央政治局第一次集体学习会上，两次对十八大提出的新的历史条件下夺取中国特色社会主义新胜利必须牢牢把握的“八个必须”基本要求，做了重要评价：“我们党在坚持和发展中国特色社会主义实践中，先后形成了党的基本理论、基本路线、基本纲领、基本经验，党的十八大又提出夺取中国特色社会主义新胜利必须牢牢把握的‘八个必须’基本要求，这是对我们党坚持和发展中国特色社会主义新鲜经验的科学总结，用新的理论认识和实践经验进一步回答了坚持和发展中国特色社会主义这个重大问题，是我们党探索共产党执政规律、社会主义建设规律、人类社会发展规律取得的重大理论成果。”① 这些基本要求是“深刻总结60多年来我国社会主义建设特别是中国特色社会主义建设实践提出的，是最本质的东西，……表明我们党对中国特色社会主义规律的认识达到了新水平。”②

十八大提出的“八个必须”基本要求，既集中体现了坚持和发展中国特色社会主义这一十八大主线的精神要义，也是十八大最重要的理论创新成果。

习近平对“八个必须”的评价，包括诸多内涵：第一，其形成的理论逻辑，是党的基本理论、基本路线、基本纲领和基本经验的发展；第二，其形成的实践基础，是60多年来我国社会主义建设特别是中国特色社会主义建设的新鲜经验；第三，其实践价值，是进一步回答了坚持和发展中国特色社会主义的重大问题；第四，其理论地位，是探索共产党执政规律、社会主义建设规律、人类社会发展规律取得的重大理论成果，对中国特色社会主义规律的认识达到了新水平。给予十八大报告中这一思想如此高的评价，是习近平阐述十八大精神讲话中的唯一之处。尽管他没有用“重大理论创新”这一提法，但笔者认为，它确实是富有创新的理论成果。

从中国特色社会主义理论发展的逻辑看，十三大提出了社会主义初级

---

① 习近平．全面贯彻落实党的十八大精神要突出抓好六个方面工作．求是，2013（1）．

② 习近平．紧紧围绕坚持和发展中国特色社会主义　学习宣传贯彻党的十八大精神．人民日报，2012-11-19．

阶段“基本路线”，回答了怎样建设社会主义（“一个中心、两个基本点”）和建设一个怎样的社会主义（“富强、民主、文明的社会主义现代化国家”），并提炼了十一届三中全会以来党对社会主义再认识的十二个理论观点。十四大以邓小平南方谈话为指导，建构了包括发展道路、发展阶段、根本任务、发展动力、外部条件、政治保证、战略步骤、领导力量和依靠力量、祖国统一九个方面基本内容的建设有中国特色社会主义理论，表明党的“基本理论”的形成。到十五大，把邓小平理论确立为党的“行动指南”，同时阐述了建设有中国特色社会主义的经济、政治、文化的基本目标和实现这些目标的基本政策，从而构成社会主义初级阶段的“基本纲领”，使“基本路线”根据新的实践条件下在经济、政治、文化等方面得以展开。

2002 年的十六大和 2007 年的十七大，分别从 10 个方面总结了从 1989 年十三届四中全会到十六大这 13 年以及从十六大到十七大这 5 年的“基本经验”。十六大的总结是：（1）坚持以邓小平理论为指导，不断推进理论创新；（2）坚持以经济建设为中心，用发展的办法解决前进中的问题；（3）坚持改革开放，不断完善社会主义市场经济体制；（4）坚持四项基本原则，发展社会主义民主政治；（5）坚持物质文明和精神文明两手抓，实行依法治国和以德治国相结合；（6）坚持稳定压倒一切的方针，正确处理改革发展稳定的关系；（7）坚持党对军队的绝对领导，走中国特色的精兵之路；（8）坚持团结一切可以团结的力量，不断增强中华民族的凝聚力；（9）坚持独立自主的和平外交政策，维护世界和平与促进共同发展；（10）坚持加强和改善党的领导，全面推进党的建设新的伟大工程。十七大的总结是：（1）把坚持马克思主义基本原理同推进马克思主义中国化结合起来；（2）把坚持四项基本原则同坚持改革开放结合起来；（3）把尊重人民首创精神同加强和改善党的领导结合起来；（4）把坚持社会主义基本制度同发展市场经济结合起来；（5）把推动经济基础变革同推动上层建筑改革结合起来；（6）把发展社会生产力同提高全民族文明素质结合起来；（7）把提高效率同促进社会公平结合起来；（8）把坚持独立自主同参与经济全球化结合起来；（9）把促进改革发展同保持社会稳定结合起来；

(10) 把推进中国特色社会主义伟大事业同推进党的建设新的伟大工程结合起来。这些基本经验，既体现了党的基本路线、基本理论和基本纲领的内容，又根据21世纪的实践条件赋予了新的内涵。

而十八大概括的“基本要求”，是如下“八个必须坚持”：(1) 必须坚持人民主体地位；(2) 必须坚持解放和发展社会生产力；(3) 必须坚持推进改革开放；(4) 必须坚持维护社会公平正义；(5) 必须坚持走共同富裕道路；(6) 必须坚持促进社会和谐；(7) 必须坚持和平发展；(8) 必须坚持党的领导。

“八个必须”基本要求与前两次“基本经验”相比，共同点是都坚持了党的基本路线、基本理论和基本纲领，又都体现了与时俱进的精神。创新之处在于：

其一，从形式上看，“八个必须”基本要求的每一条，都充分体现了马克思主义与中国实际的结合，体现了邓小平理论指导下的理论创新；同时，它对每一个“必须坚持”，都在夺取中国特色社会主义新胜利中的地位做了定位：人民主体地位是价值立场，解放和发展社会生产力是根本任务，改革开放是必由之路，公平正义是内在要求，共同富裕是根本原则，社会和谐是本质属性，和平发展是必然选择，党的领导是事业核心。

其二，从内容上看，“八个必须”基本要求突出了人民主体地位，并强化了维护社会公平正义，走共同富裕道路和促进社会和谐的地位。凸显这四个“必须坚持”，既体现了科学发展观的核心立场，又反映了坚持和发展中国特色社会主义的历史必然性，同时也表达了中国特色社会主义理论体系的内在逻辑，即人民主体地位是至高无上的，社会主义相比较资本主义的优越性，根本上体现在它能更好地保障人民当家作主上，而人民对美好生活的向往，就是党的奋斗目标。把它作为第一条，反映了党更清晰地把握了无论是革命、建设和改革，都必须首先解决为了什么人和怎么为了人的出发点和落脚点的根本问题。而解放和发展社会生产力，以及改革开放，则是实现人民主体地位的手段和途径，或是外在要求。要真正实现人民主体地位，还需要有公平正义这一内在要求。而只有维护公平正义，才能真正达到共同富裕，而只有不仅在物质生活上而且在精神生活上达到了共同富裕，才能实现社会和谐。公平正义、共同富裕和社会和谐的实现，又从根本上体现了人民的主体地位。

总之，“八个必须”基本要求的概括，既是对当前我国经济社会发展中突出问题的反映，又是对干部群众普遍关注的热点问题的回应；既涉及统筹国内国际两个大局，又反映当今人类文明进步的潮流；既包含了马克思主义的世界观和价值观，又集中体现了当代中国马克思主义立场观点方法，因而是探索共产党执政规律、社会主义建设规律、人类社会发展规律取得的重大理论创新成果。

2. “四个全面”战略布局研究的重点：注重战略思维

习近平 2014 年 12 月在江苏考察工作提出“四个全面”时，并没有引起理论界的关注。他在 2015 年 2 月 2 日省部级领导干部专题研讨班上的讲话中把“四个全面”定位于“战略布局”后，才引起了人们的重视。《人民日报》2 月下旬发表系列评论员文章后，学习、研究和宣传“四个全面”战略布局的热潮得以兴起。学者从不同角度、以不同思路来认识、把握和阐释其内涵、价值及定位。较权威的有：其一，实践的“新创造”和理论的“新飞跃”（见《人民日报》2015 年 2 月系列评论员文章，“我们党治国理政方略与时俱进的新创造、马克思主义与中国实践相结合的新飞跃”）；其二，“战略思想”和“战略部署”（张德江在 2015 年第十二届全国人民代表大会第三次会议闭幕会上的讲话，“集中体现了以习近平同志为总书记的党中央治国理政、开创事业发展新局面的战略思想和战略部署，具有重大统领和指导意义”）；其三，“理论指导”和“实践指南”（习近平 2015 年 4 月 28 日在庆祝“五一”国际劳动节暨表彰全国劳动模范和先进工作者大会上的讲话，“为实现‘两个一百年’奋斗目标、实现中华民族伟大复兴的中国梦提供了理论指导和实践指南”）。

上述对“四个全面”定位的表述，涉及内涵、功能和时间等几重维度。其一，以内涵定位看：习近平自始至今，凡提到“四个全面”，均称为“战略布局”，因此它首先表现为实践的形态。其二，以功能定位看：这一实践形态无论在其形成过程中还是在其内容本身的阐述中，都包含了重要的战略思维，因而具有“理论指导和实践指南”的意义。其三，从时间定位看：习近平在庆祝“五一”国际劳动节暨表彰全国劳动模范和先进工作者大会上所言“为实现‘两个一百年’奋斗目标、实现中华民族伟大复兴的中国梦”极为重要，这不仅体现了“两个一百年”在实践上的连续性，更蕴含了这一战略布局的长远指导意义，以及它在理论上的上升空间。因此，对于“四个全面”战略布局，不能在时间上只定位于“全面建成小康社会”这一目标中，否则就会如同有人所言，2020 年或建党 100 周年达到这一目标，其历史作用也就完成了。正因为如此，“四个全面”战略布局的战略目标，应包含相互联系的“两个一百年”的目标。

由此，我们对习近平系列重要讲话特别是“四个全面”战略布局论述的研究，既应避免只是把它作为局部的工作要求，或全面建成小康社会奋斗目标的实践形态，而忽视其蕴含的战略思维，否则就会淡化其作为“理论指导和实践指南”的价值。同时，又应避免在缺乏对其形成的时代条件、历史根据、实践基础、理论主题等基本要素进行充分论证的情况下，把注意力引向对“新飞跃”等历史定位判断做概念演绎或文字游戏上。例如，从没有讲“全面”到突出“全面”两个字，从某一个“全面”到把“四个全面”作为一个整体。这种对所谓“新飞跃”的阐释，很可能陷入两个“话语陷阱”：其一，被认为“四个全面”战略布局的提出，只是“文字功夫”而已；其二，为以往存在的“邓小平的改革不全面”这一污蔑提供口实，似乎“全面”是“新飞跃”，便意味着以前不那么全面。

把研究和宣传“四个全面”战略布局的重点放在其战略思维上，可从两方面切入：一是“四个全面”战略布局形成根据中蕴含的战略思维，二是“四个全面”战略布局内容展开中体现的战略思维。把握了这两个重点的战略思维，才能真正认识其“理论指导和实践指南”的作用。

3. “四个全面”战略布局：形成根据中的战略思维

习近平系列重要讲话特别是“四个全面”战略布局的形成，有其深刻的现实、历史、世界和未来的价值取向，具体地说，实事求是的问题意识中体现了现实的根据，唯物史观的历史意识中体现了历史的逻辑，顺应且引领时代潮流的宏观视野中体现了世界的根据，人民群众的主体意识则体现了价值的根据。

（1）现实根据：实事求是的问题意识。

习近平 2014 年年末在全国政协举行的新年茶话会上的讲话中强调，“问题是时代的声音”，“推进党和国家各项工作，必须坚持问题导向”。他表示，“四个全面”战略布局的提出，“是当前党和国家事业发展中必须解决好的主要矛盾”。可以说，习近平在十八大后逐步形成的治国理政的战略思维，是以实事求是的问题意识为现实起点的。

习近平对形势的总体判断是：“当前，时和势总体有利，但艰和险在增多。”这清晰地表达了他一贯的实事求是的问题意识。这是我们既不至于“妄自菲薄”，也不至于“妄自尊大”的事实根据。这一总体判断，有三方面事实的支撑：

其一，中国比历史上任何时期都更接近于中国梦的实现。经过 30 多年的改革开放，中国的人均 GDP 已由“文化大革命”刚结束时的 190 美元（还不到当年国际通行标准的绝对贫困线的一半），大幅度提升到超过 7 000 美元，而经济总量已由 21 世纪初的第七位上升到 2010 年的第二位。

其二，中国尽管发生了历史性的变化，但仍是最大的发展中国家。总量上中国已是经济大国，但人均 GDP 刚达到中等收入国家水平，在世界排位仍处于中列（80 位到 100 位），况且还存在诸多结构性的矛盾，各方面体制也不完善，还不能说是强国。这一定位，决定了我们的内政必须坚持以经济建设为中心，国际战略坚持和平发展道路。

其三，中国的发展仍处于重要战略机遇期。中国以往的高速发展，除了依靠党的领导和基本路线外，还得益于“低成本、高性价比劳动力”，“加入 WTO 以后进出口贸易的出超”和“政府主导经济”三大红利。然而，由于劳动力成本的提高，西方发达国家在对华贸易上设置的“玻璃天花板”，以及政府权力边界不清带来结构转型缓慢乃至权力“寻租”的问题，使这三大“红利”的“成色”均开始减退，因此只能向改革去寻求发展的“红利”。

直面现实，习近平认为，我们党面对的改革发展稳定任务之重前所未有、矛盾风险挑战之多前所未有。它主要体现在三个方面：

其一，改革已进入"攻坚期"和"深水区"，如逆水行舟，不进则退。所谓改革进入"攻坚期"，是因为和30多年前改革起步时相比，渐进式改革所能扫除的外围障碍，基本上已不存在，当前改革已进入社会结构的核心。中国改革走的是"先易后难""从外围到核心"的渐进道路，即从经济运行机制切入，倒逼各方面体制改革，再逼出所有制等基本经济制度的改革，直至有了公有制实现形式的多样化以及多种所有制共同发展的突破。在实践探索中，既突破了苏联社会主义模式，又坚持了社会主义方向，而没有像戈尔巴乔夫那样从所谓政治"公开性和民主化"入手最终搞垮了共产党和社会主义，也没有像叶利钦那样搞"500天休克疗法"而导致"金融寡头经济"。然而，经过30多年的改革，好吃的肉都吃得差不多了，剩下的均是难啃的骨头，即市场和政府的关系、依宪治政等涉及体制和制度核心的问题。而国家治理体系和治理能力现代化的问题越来越凸显。所谓改革已进入"深水区"，是指一是存在思想观念的障碍，同改革开放初期相比，不仅依然存在经济上回到国有化和计划经济、政治上搞阶级斗争的"苏（联模式）教条"的争论，而且新增了照搬西方市场经济模式即经济上搞私有化、政治上搞多党制和三权分立的"洋教条"。二是存在利益固化的藩篱。改革开放打破了"大锅饭"体制，社会利益出现了分化，激发了竞争活力；然而，在利益分化进程中，由于体制不完善和价值观迷失，导致了利益的固化，甚至形成了藩篱，从而使社会活力被一定程度窒息。

其二，各种主客观原因造成的意识形态领域的问题趋于复杂。对于现实和改革方向的不同评价和导向，反映出背后的意识形态分歧，为此，习近平高度重视意识形态领域存在的问题。他指出，共产党的执政基础，包括物质和精神；一个政权的瓦解往往是从思想领域开始的。他强调，实现中国梦的奋斗历程中，在意识形态问题上我们绝不能犯颠覆性的错误。改革开放是从解决"贫穷不是社会主义"这一物质基础开始的，然而随着社会利益的分化乃至固化，某种程度上出现了精神危机从而影响到了共产党执政的精神基础。上述在改革开放问题上出现的"苏教条"或"洋教条"，往往以偏概全，攻其一点、不及其余，否定共产党执政的历史合法性或现实合法性。它们一旦同社会群体性事件结合，就会超出学术思潮范畴而形成社会思潮并进而影响到政治思潮。问题的严重性在于，一些党员干部由于理想信念不坚定，心里没有任何敬畏，行为没有任何底线，对大是大非问题态度暧昧。

其三，巩固党的执政地位，面临着精神懈怠、能力不足、脱离群众、消极腐败的四大危险，存在着领导水平和执政水平、组织建设状况和党员干部素质与实现党的奋斗目标之间存在的差距。更突出的是，许多党员甚至包括领导干部，在精神上“缺钙”，即没有理想信念，或者理想信念不坚定，从而得了“软骨病”，导致政治上变质、经济上贪婪、道德上堕落、生活上腐化。这又极大地损害了党的形象和党执政的精神基础。

(2) 历史根据：唯物史观的大跨度思维。

面对上述中国特色社会主义发展所面临的新的矛盾和问题，中国的出路何在？习近平很有定力地给出了“四个全面”战略布局，有其深刻的历史根据。他的大跨度的历史思维，具体体现在三个方面：

其一，社会主义的理论逻辑和历史逻辑：世界社会主义500年。习近平指出：“中国特色社会主义，是科学社会主义理论逻辑和中国社会发展历史逻辑的辩证统一，是根植于中国大地、反映中国人民意愿、适应中国和时代发展进步要求的科学社会主义。”社会主义发展经历了空想社会主义的产生和发展、科学社会主义的创立、列宁领导十月革命胜利并实践社会主义、苏联模式逐步形成、新中国成立后党对社会主义的探索和实践、改革开放和中国特色社会主义的开创与发展六个阶段。其历史经验和教训表明：社会主义的发展必须既避免资本主义的弊端，又摆脱苏联社会主义模式的束缚。总之，从人类历史的发展来看，一方面，社会主义理想代表了人类对文明的追求，科学社会主义从刚问世时被视为“幽灵”而发展到国际性运动以及制度的现实，体现了社会主义的生命力；另一方面，社会主义制度的发展，经历了曲折的过程，苏联模式已不适合时代的要求和中国的国情。按照这一历史逻辑，今天中国解决所有问题的出路，只能是坚持和发展中国特色社会主义，因为“中国特色社会主义，承载着几代中国共产党人的理想和探索，寄托着无数仁人志士的意愿和期盼，凝聚着千千万万革命先烈的奋斗和牺牲，凝聚着全国各族人民的奋斗和实践，是近代以来中国社会发展的必然选择，是历史和人民的选择”。

其二，中国特色社会主义和人类文明的关系：鞋子适合不适合自己的脚，只有穿了才知道。中国之所以要坚持和发展中国特色社会主义，也有中华文明发展的内在基因。习近平强调，博大精深的中华文化是中华民族的精神追求、精神基因、精神标识、丰厚滋养；优秀的传统文化是中华文明的突出优势、精神支撑和文化软实力。我们之所以既要积极借鉴人类文明有益成果和各国发展成功经验而不走封闭僵化的老路，又绝不照搬西方政治制度模式而走改旗易帜的邪路，是因为一般地说，每个国家和民族的历史传统、文化积淀、基本国情不同，其发展道路必然有着自己的特色。特殊地说，中国特色社会主义植根于中华文化沃土、反映中国人民意愿、适应中国和时代发展进步要求，有着深厚历史渊源和广泛现实基础。

其三，中国梦凝聚几代中国人的夙愿。中国之所以要坚持和发展中国特色社会主义，更是由近代以来中国发展跌宕起伏、人民斗争波澜壮阔的历史所决定的。鸦片战争以后，实现中华民族振兴的中国梦，凝聚了几代中国人的夙愿。中国人在苦难中觉醒和奋起，积极探索中国应该走什么样的道路、朝什么样的方向发展这个根本性问题，恰如“雄关漫道真如铁”；人们进行了很多尝试后，中国共产党领导人民，把马克思主义基本原理同中国实际结合起来，找到了实现民族独立和人民解放、国家富强和人民幸福的中国特色社会主义道路，正是“人间正道是沧桑”；这表明，坚持和发展这条道路，中国的明天一定“长风破浪会有时”。

上述大跨度的历史思维，决定了我们必须在坚持中国道路、理论和制度的基础上，确定解决中国所有现实问题的正确之道，因为这是中国在当今世界“安身立命、风雨前行的资格”，否则就只能成为外国的附庸。

（3）世界根据：引领时代潮流的宏观视野。

习近平不仅从历史的维度来寻找解决当代中国问题之道，还进一步从世界的维度来审视中国问题，把实现中国梦放到整个国际环境中来加以定位。这一世界意识的新的特点是，在中国和世界的互动中，思考中国发展的道路，而不仅仅是为中国的发展争取良好的国际环境。其顺应且引领时代潮流的宏观视野，具体体现在四个方面：

其一，对中国和世界关系的基本判断，这是我国国际战略的客观基础。这一总体形势的判断主要是：中国与世界的关系已经发生了历史性的变化，即中国不再是受列强欺凌的国家，也不再是封闭的国家，甚至也不再仅仅是借助对外开放来促进内部改革和发展的国家。

其二，对国际形势发展潮流的把握，即总体稳定但不确定因素增多，经济全球化、世界多极化、文化多样化、社会信息化持续推进，科技革命孕育新突破，全球性问题更加突出。经济全球化意味着中国必须进一步融入世界，世界多极化和文化多样化，意味着中国在政治体制和价值观构建上坚持中国特色的合理性，而社会信息化则意味着中国必须把国家治理体系和治理能力现代化作为全面改革和全面依法治国的总体目标，而把自上而下的专政、统治和管理纳入治理的轨道。这是顺应时代潮流的表现。

其三，对新的“机遇”和“命运共同体”的认识。邓小平在改革开放初期，强调要抓住西方发达国家资本和技术寻找新的出路的机遇而实行开放政策。今天，习近平强调，在抓机遇时要抢占制高点和主导权，同时，也要把中国的机遇变成世界的机遇，欢迎其他国家搭中国的“顺风车”。

其四，对世界文明多样性、发展道路多样化的“文明平等论”的尊重。

习近平世界视野的战略思维，既顺应了世界潮流，也体现了对世界潮流的引领；既坚持了中国道路，也反映出对人类文明成果（包括建设国家法治体系）的吸纳；既体现了不同制度和意识形态国家的相互借鉴、取长补短，又体现了对人类文明进步的推进。

（4）价值根据：人民群众的主体意识。

如果说，“四个全面”战略布局形成的前三个根据是以现实、历史和世界为维度的话，那么体现人民主体性，则作为价值目标定向的未来维度。正如习近平所说：“人心是最大的政治。推进党和国家各项工作，必须坚持问题导向，倾听人民呼声。”正因为如此，他明确表示，对于面对的艰难“不是没有掂量过。但我们认准了党的宗旨使命，认准了人民的期待”。习近平坚持人民主体地位的战略思维，具体体现在四个方面：

其一，党的奋斗目标：人民对美好生活的向往。习近平首次以总书记身份会见记者时，明确承诺把人民群众争取“更好的教育、更稳定的工作、更满意的收入、更可靠的社会保障、更高水平的医疗卫生服务、更舒适的居住条件、更优美的环境”等，作为党的奋斗目标。这体现了党的为人民服务宗旨在新的历史条件下的具体化。以往我们强调“高积累、低消费”，要求群众限制当下利益以服从长远利益，用所设定的远大目标来激励群众的政治积极性，这是特殊年代的特殊状况所决定的。今天，习近平把党的奋斗目标同人民群众的生活直接挂钩，体现了从满足群众当前利益以引导和激发其为长远目标而奋斗的积极性的战略思维。而且习近平所述的“美好生活”，把“更好的教育”放在首位，以“更优美的环境”压轴，更体现了当代条件下对于群众“美好生活”的“质”的提升。

这一价值取向，体现在习近平所阐述的党的奋斗目标中。他在十八大闭幕时同记者见面会上的讲话，掷地有声地承诺：人民对美好生活的向往，就是我们党的奋斗目标。而人民对美好生活的向往，包括期盼有更好的教育、更稳定的工作、更满意的收入、更可靠的社会保障、更高水平的医疗卫生服务、更舒适的居住条件、更优美的环境，孩子们能成长得更好、工作得更好、生活得更好。

其二，党的新鲜经验：发展中国特色社会主义的八项基本要求。习近平把十八大概括的夺取中国特色社会主义新胜利的八项基本要求，称为我们党在十六大和十七大概括的基本经验基础上形成的“新鲜经验”。其“新”意，首先在于把“坚持人民主体地位”放在首条，并把它作为党的执政标准；其次是列入“坚持公平正义”，并把它置于“共同富裕”和“社会和谐”前面，从而凸显它作为中国特色社会主义内在要求的地位，以及实现共同富裕和社会和谐的前提条件。

坚持人民的主体地位，也是党总结的中国特色社会主义的新鲜经验。习近平指出，党的十八大提出的“八个必须”基本要求，“是对我们党坚持和发展中国特色社会主义新鲜经验的科学总结”。它在延续十六大、十七大总结的“基本经验”的基础上，在第一条突出了坚持人民的主体地位，第四条强调了中国特色社会主义的内在要求是公平正义，极大地丰富了党的基本经验的内涵。没有人民的主体地位，没有公平正义，就不可能真正实现共同富裕和社会和谐。

其三，党的执政标准：以人为本、执政为民。习近平把以人为本、执政为民作为体现人民群众主体地位的标准，他强调，不仅要在社会建设中以改善“民生”为重点，更要在包括政治建设在内的广泛的社会生活中，保证人民平等参与、平等发展的权利（“民权”），以维护社会的公平正义。

面对新的发展要求和人民的新期待，以人为本、执政为民有了新的丰富内涵，那就是在满足群众物质生活的温饱和小康的基础上，保证人民平等参与、平等发展权利，维护社会公平正义。而这需要保证人民真正享有民主权利。这不仅要看人民是否在选举时有投票的权利，也要看人民在日常政治生活中是否有持续参与的权利；要看人民有没有进行民主选举的权利，也要看人民有没有进行民主决策、民主管理、民主监督的权利。保证和支持人民当家作主必须落实到国家政治生活和社会生活之中，需要我们坚持国家一切权力属于人民的宪法理念，最广泛地动员和组织人民依照宪法和法律规定，通过各级人民代表大会行使国家权力，通过各种途径和形式管理国家和社会事务、管理经济和文化事业，共同建设，共同享有，共同发展，这样才能使人民成为国家、社会和自己命运的主人。

其四，中国梦：国家富强、民族振兴、人民幸福。坚持人民主体地位的价值取向，体现在习近平对中国梦的阐述中。他强调，中国梦不仅是国家富强和民族振兴的梦，也是人民幸福的梦。而对于“人民”，他不仅强调了整体的概念，也注入了个体的意蕴，即中国梦，也是每个中国人的梦，是“让每个人获得发展自我和奉献社会的机会，共同享有人生出彩的机会，共同享有梦想成真的机会”①。

上述人民主体地位价值取向的四个具体表现，决定了中国未来发展的方向和举措，是要在“进一步解放思想、解放和发展生产力”的基础上，更多地体现“人民情怀”，以“进一步解放和增强社会活力”。这是“四个

---

① 习近平在中法建交50周年纪念大会上的讲话（全文）.（2014-03-28）. http://news.xinhuanet.com/world/2014-03/28/c_119982956.htm.

全面”战略布局形成的价值根据。

总之，“四个全面”战略布局，既不是概念演绎的结果，更不是文字游戏的产物，而是从我国发展现实需要中得出来的，从人民群众的热切期盼中得出来的，也是为推动解决我们面临的突出矛盾和问题提出来的。

4.“四个全面”战略布局：内容展开中的战略思维

（1）内政战略：治国理政的全局意识。

习近平治国理政的全局意识，主要体现在“一体两翼两手抓”。“一体”就是实现中国梦和全面建成小康社会；“两翼”就是全面深化改革和全面推进依法治国；“两手抓”就是一手抓意识形态，一手抓从严治党（含反腐败）。

其一，全面建成小康社会的战略思维，体现在把握历史继承性、话语优势和目标延伸等方面。

20世纪70年代末，邓小平在设计中国现代化的发展战略时，提出了“本世纪末实现小康之家”的奋斗目标，2002年十六大提出“本世纪头二十年，集中力量，全面建设惠及十几亿人口的更高水平的小康社会”，2007年十七大明确把“全面建成小康社会”作为2020年的奋斗目标，2012年十八大则提高了“全面建成小康社会”的标准。习近平把十八大提出的标准，纳入他所提出的实现中国梦的目标中，这体现了中国共产党对于奋斗目标的连续性的思维。习近平提出的“中国梦”概念，凝聚了几代中国人的夙愿，体现了中华民族的整体利益。实现中国梦，一要注意实干兴邦，避免空谈误国，二要注重把中国梦同各国各地区人民实现自己的梦想联系起来。这样，到中国共产党成立100年时全面建成小康社会，到新中国成立100年时建成富强、民主、文明、和谐的社会主义现代化国家的目标一定能实现。

习近平提出“中国梦”的概念，是一种易为群众接受的形象表达，确立了鼓舞人心的奋斗目标，昭示了党和国家的美好前景。把全面建成小康社会作为中国梦的第一个时间节点和“四个全面”战略布局的“战略目标”，体现了中华传统文化和老百姓喜闻乐见的话语优势，有利于凝聚人心。

尽管“四个全面”战略布局的战略目标是“全面建成小康社会”，但它只是最近期的阶段性目标，并不意味着“四个全面”战略布局只是为建成小康社会而形成的战略布局。习近平讲得很清楚：它对于“实现‘两个一百年’奋斗目标、实现中华民族伟大复兴的中国梦”都具有“理论指导和实践指南”作用。

其二，全面深化改革的战略思维，体现在确立勇气和智慧、把握总体角度以及坚持正确方向和方法论等方面。

改革开放是实现中华梦的关键一招，停顿和倒退没有出路，改革开放只有进行时、没有完成时。全面深化改革需要“更大的政治勇气和智慧”，不失时机深化重要领域改革，着力解决我国发展面临的一系列突出矛盾和问题，敢于啃硬骨头，敢于涉险滩。要突破“苏教条”和“洋教条”的思想观念障碍，需要有政治勇气；在社会结构的核心进行改革，要有自我革命的政治勇气。然而，要打破利益固化的藩篱，单有勇气还不够，更需要有智慧，即在打破原有利益格局的同时，去寻求关于改革的最大公约数，以增强合力，减少阻力，形成强大的推动力。

改革的总体角度是国家治理体系和治理能力的现代化，实现国家治理体系和治理能力的现代化，需要构建系统完备、科学规范、运行有效的制度体系，因而需要通过依法治国，来体现并巩固深化改革的成果，从而不仅进一步解放思想、解放和发展生产力，更需要打破利益固化的藩篱，以进一步解放和增强社会活力。

改革要坚持正确方向和方法论，在重要领域和关键环节取得突破，以牵引其他领域的改革。全面深化改革，不是以政治体制改革为重点，而是以经济体制改革为主轴，重点是处理市场和政府的关系，这本身是追求国家治理体系和治理能力现代化的构建内容。而政府定位涉及“责任清单”（必须做什么）、“权力清单”（能够做什么）和“负面清单”（不能做什么），这就牵涉包括政治体制改革在内的其他领域的改革。对这一方向的战略思维，既符合马克思主义的社会基本矛盾思想，又借鉴了改革开放的成功经验。全面深化改革要坚持“摸着石头过河”和“加强顶层设计”辩证统一的方法论。尽管改革开放之初由于进入的是“浅水区”，因而方法论的重点是“摸着石头过河”，而进入“深水区”后“石头”不那么容易“摸”了，但“摸着石头过河”的精神，即“自下而上”的“大胆试验、大胆突破”，依然需要，只不过要更强调“摸规律”，即注重提炼经验的边界条件，而不只是浅层次的“经验”推广。同时，由于要打破思想观念的障碍和利益固化的藩篱，因此还得注重改革的系统性、整体性和协同性，这就需要有“自上而下”的“顶层设计”。

其三，全面依法治国的战略思维，体现在把握总目标的完整性、内容的全面性以及在对象上突出重点等方面。

全面依法治国的总目标，是建设中国特色社会主义法治体系，建设社会主义法治国家。建设法治国家依仗法治体系，但是，不仅中国的历史传统只有法制而无法治，新中国成立后也存在缺乏社会主义法治的缺陷。法治是伴随着资本主义的发生、发展而逐步确立起来的，对中国而言，是一个“舶来品”。然而，如同社会主义市场经济的前置词“社会主义”是画龙点睛之笔，我们要建设的法治体系是中国特色社会主义的法治体系和社会主义法治国家，而非照搬西方的法治体系。我们要形成的完备的法律规范体系、高效的法治实施体系、严密的法治监督体系、有力的法治保障体系、完善的党内法规体系，都既要吸收人类文明的成果，又要体现中国特色和社会主义的价值目标，坚持中国共产党的领导、人民主体地位、法律面前人人平等、依法治国和以德治国相结合的基本原则。比如，我们把党内法规体系纳入国家法治体系，使党规源于宪法，又严于法律，这既体现了中国共产党领导的这一宪法原则，又体现了中国共产党的组织及成员必须承担比一般公民更高的责任。

全面依法治国的内容是全面的，即体现在立法、执法、司法和守法各个领域。坚持依法治国、依法执政、依法行政共同推进，法治国家、法治政府、法治社会一体建设；通过实现科学立法、严格执法、公正司法、全民守法，促进国家治理体系和治理能力现代化。

贯彻全面依法治国需要抓住领导干部这一“关键少数”。因为无论是立法、执法、司法还是守法，依法治国的重任，首先是作为少数的领导干部必须承担的，而且从实际情况看，无法可依、有法不依、违法不究、执法不严、司法不公等现象的存在，主要的问题还是出在少数领导干部身上。因此，抓住领导干部这一“关键少数”，便抓住了全面依法治国的“牛鼻子”。如果每一个重大举措的出台，都不分重点、不讲特点，一律鼓吹“从娃娃抓起”，无疑是开错了“大人生病、小孩吃药”的“药方”。

其四，全面从严治党的战略思维，体现在从治标到治本以理顺民心的决策思路等方面。

全面深化改革和全面推进依法治国，还需要理顺民心。改革需要增加动力资源，而这一资源只能来自民心。在全面从严治党的领域，习近平十八大后重点抓“两手”，一手是通过群众路线教育实践活动来解决形式主义、官僚主义、享乐主义、奢靡之风的“四风”问题，一手是通过“拍苍蝇”“打老虎”抓反腐败。有人说，这只是“治标”之举。其实，这两方面的消极因素，既违背党的性质和宗旨，又是当前群众深恶痛绝、反映最强烈的问题，因而成为损害党群、干群关系的重要根源，严重影响党和政府的“公信力”。而要获得从严治党的各种动力资源，先得理顺民心。这就是为什么习近平在坚持“老虎、苍蝇一起打”的同时，把整治“四风”这一“治标”作为加强党的建设的突破口、把开展群众路线教育实践活动作为切入点的缘由。因此，先从治标切入，是必要的，这是以“空间换时间”的战略。正如习近平所说，“四风”问题解决好了，党内其他一些问题解决起来也就有了更好条件。而且，通过抓“四风”问题和反腐败，也能为完善制度这一“治本”之举找出问题之所在，以便确定方向和路线图，而不至于照搬“多党制”和“三权分立”那一套。

全面从严治党的最终目标，是以制度治党、管权、治吏，但当前通过拔“烂树”、治“病树”、正“歪树”，使干部受到警醒、警示、警戒而“不敢腐”，是必要的，在这一基础上，通过完善制度，使干部“不能腐”，再配以理想信念教育而达到“不想腐”的理想境地，才是治标和治本相结合的战略思维。当然，解决“四风”问题和惩治腐败，并非党的建设的全部内容和最终目标，而是要通过解决“四风”问题和惩治腐败的“治标”，逐渐深入到制度建设的“治本”，以形成“四风”不能死灰复燃的制度保障。正如习近平所说：作风问题具有反复性和顽固性，必须经常抓、长期抓，特别是要建立健全促进党员、干部坚持为民务实清廉的长效机制，制定新的制度，完善已有的制度，废止不适用的制度。

其五，贯彻“四个全面”战略布局，需要厘清思路，提供意识形态领域的安全保障。

无论是全面深化改革还是全面推进依法治国，总目标都是“完善和发展中国特色社会主义制度”，因此我们绝不能犯颠覆性的错误，而必须加强意识形态工作。习近平对意识形态领域中存在的问题把得“准”，强调意识形态工作要抓得“狠”，而对“中心工作和意识形态工作、远大理想和现实目标、党性和人民性、正面宣传和舆论斗争、总结经验和改革创新、中国特色和国际比较、全党动手和部门负责”七方面的辩证关系的阐述，又很“稳妥”。

习近平指出：经济建设是党的中心工作，意识形态工作是党的一项极端重要的工作，因为党的群众基础、执政基础包括物质和精神两方面，一个政权的瓦解往往是从思想领域开始的，因此我们必须牢牢掌握意识形态工作的领导权、管理权、话语权；宣传思想工作的环境、对象、范围、方式发生了很大变化，但巩固马克思主义在意识形态领域的指导地位，巩固全党全国人民团结奋斗的共同思想基础根本任务没有变；要坚持党性和人民性统一，把体现党的主张和反映人民心声统一起来，宣传思想工作必须讲党性，要坚持党管媒体原则不动摇；正面宣传关键是提高质量和水平，增强吸引力和感染力，同时不能放弃舆论斗争，在大是大非政治原则问题上，必须增强主动性、掌握主动权、打好主动仗，敢抓敢管，敢于亮剑；要总结宣传思想工作的丰富经验，但更加需要理念、手段和基层工作的创新；中国特色社会主义既有深厚历史渊源和广泛现实基础，但也需要我们创新对外宣传方式，加强话语体系建设，增强在国际上的话语权；宣传思想部门必须守土有责、负责、尽责，同时必须全党动手，对牵涉大是大非的政治原则问题，不能含糊其词、退避三舍。

（2）国际战略：坚定不移走和平发展道路。

中国坚持走和平发展道路，有其历史的必然性。从中国的历史看，这不仅是对中华优秀文化传统中“和谐”理念的传承和发展，也是从近代以来的苦难遭遇中所得出的必然结论，因为中国人民怕的就是动荡，求的就是稳定，盼的就是天下太平；更是对新中国成立以来中国外交艰辛探索的继续。从世界近现代历史发展的规律看，西方帝国的崛起所带来的弱肉强食的灾难，并不是人类共存之道，穷兵黩武更无法带来美好世界。

中国坚持走和平发展道路，又有其未来的和现实的必要性。从未来看，这是中国实现民族振兴的中国梦的必然要求，也是中国共产党和社会主义中国“不称霸”的价值观的体现。从现实看，走和平发展道路不仅有利于为中国的全面深化改革和全面推进依法治国争取宽松的外部环境，更是中国承担大国责任的必然要求。而经过改革开放30多年，不仅中国的发展离不开世界，而且世界的发展也离不开中国了，这就需要中国学会做一个大国，使内政和外交更加协调，在最大程度上争取被世界认可。

中国坚定不移走和平发展道路，今后要承担作为一个大国的责任，这就是倡导人类命运共同体意识，在实践中同舟共济，权责共担，增进人类共同利益。中国要以更加积极的姿态参与国际事务，发挥负责任大国的作用，推动国际秩序和国际体系朝着公正合理的方向发展。随着中国国力的不断增强，将在力所能及的范围内承担更多的国际责任和义务，坚定不移地做和平发展的实践者、共同发展的推动者、多边贸易体制的维护者、全球经济治理的参与者。

中国对内坚持科学发展、和谐发展，对外坚持和平发展，两个方面是密切联系、有机统一的。世界繁荣稳定是中国的机遇，中国发展也是世界的机遇。这就需要中国高举和平、发展、合作、共赢的旗帜，努力扩大同各方利益的汇合点，在与各国良性互动、互利共赢中开拓前进。和平发展道路能不能走得通，很大程度上要看我们能不能把世界的机遇转变为中国的机遇，同时也取决于能否把中国的机遇变为世界的机遇，让其他国家也来“搭”中国的“顺风车”。习近平提出的“一带一路”和“亚投行”，就是体现两个机遇辩证统一的战略举措。

作为世界上最大的发展中国家，中国不可能依赖世界其他任何力量来实现现代化，否则只能成为发达国家的附庸而失去自己的独立性。但是现在的世界是开放的世界，闭关自守也是不可能实现发展的。在经济全球化的条件下，无论是经济、政治、文化还是社会的竞争，都不可能是“零和”博弈，要么共赢（但赢面有大小），要么互损。改革开放初期，中国的对外开放主要是吸收外国的资金和技术来帮助自身发展，但即使那时，这种帮助也不是单方面的，因为外国因投入资金和技术拿去了丰厚的利润。今天，随着中国在经济上的体量越来越大，我们在开放发展中，更需要以争取合作发展和互利共赢为目标。

在经济上，我们要积极参与国际经济技术合作，不断优化投资环境、开放市场，按照通行的国际经贸规则，扩大市场准入，依法保护合作者权益，同时更多地走出去；要积极应对经济全球化带来的机遇和挑战，通过深化合作促进世界经济强劲、可持续、平衡增长；要坚持权利和义务相平衡，积极参与全球经济治理，推动贸易和投资自由化便利化，建立开放、公平、规范的多边贸易体制，通过磋商协作妥善处理经贸摩擦，反对各种形式的保护主义，决不做损人利己、以邻为壑的事情；要继续以自己的发展促进地区和世界的发展，在实现本国发展的同时兼顾对方特别是发展中国家的正当关切；要倡导人类命运共同体意识，同舟共济而不是同舟共“挤”，权责共担，增进人类共同利益。

在政治、文化和社会发展上，我们要积极借鉴人类文明有益成果和各国发展成功经验。譬如在应对危机和风险治理、鼓励政治参与、改善社会结构、促进生态优化等方面，其他国家有许多经验可资借鉴，但借鉴不等于照搬，照搬别人的经验与做法而导致本国陷入危机的情况，过去和现在都屡见不鲜，教训是十分惨痛的。在中国特色社会主义的政治发展中，我们既要坚持和巩固中国特色社会主义根本政治制度，充分发挥我国社会主义政治制度的优越性，又要积极借鉴人类政治文明有益成果，但绝不照搬西方政治制度模式。中国要继续加强中华文明与世界不同文明间的交流，不断增进相互了解和相互包容，既积极推动中华文化走向世界，又以更加开阔的视野和博大的胸怀对待他国文化，积极吸收、借鉴世界其他国家和民族优秀文明成果，增强中华文化的国际影响力和辐射力，使不同文明在竞争比较中取长补短，在求同存异中共同发展，共同促进人类文明繁荣进步。

推动建设和谐世界是中国走和平发展道路的必然要求。而所谓“和谐世界”，其前提是“不同而和”。世界文明本身具有多样性，各国发展模式也是多样化的。当今世界，不同社会制度既有竞争又有合作，不同历史文明可以相互借鉴、相互交流。因此，我们将继续在国际关系中弘扬平等互信、包容互鉴的精神，推动国际关系民主化，尊重和维护世界文明多样性和发展道路多样化，尊重和维护各国人民自主选择社会制度和发展道路的权利，反对各种形式的霸权主义和强权政治，坚持国家不分大小、强弱、贫富一律平等，不干涉别国内部事务，不把自己的意志强加于人。同时，我们也向世界庄严承诺，中国永远不干涉别国内政，永远不称霸，永远不搞扩张，将始终是维护世界和平、促进共同发展的坚定力量。中国坚持走和平发展道路，绝不等于屈服于任何外来压力，放弃我们的正当权益，牺牲国家的核心利益。任何外国不要指望我们会拿自己的核心利益做交易，不要指望我们会吞下损害我国主权、安全、发展利益的苦果。因此，中国需要加强国防和军队现代化建设，其目的是维护国家主权、安全、领土完整，保障国家和平发展。中国奉行防御性的国防政策，而不是搞军备竞赛，不对任何国家构成军事威胁。同时，中国走和平发展道路，我们希望其他国家也都走和平发展道路，只有各国都走和平发展道路，各国才能共同发展，国与国才能和平相处。

始终不渝走和平发展道路的中国，必将为世界和平与发展做出更大贡献。更好地把科学发展、和谐发展、和平发展结合起来的中国，在不断让广大人民群众享受到和平发展带来利益的同时，能不断夯实走和平发展道路的物质基础和社会基础，从而为实现中国梦赢得主动，赢得优势，赢得未来。

四、中国道路的形成发展及意识形态底蕴

党的十八大报告指出："道路关乎党的命脉，关乎国家前途、民族命运、人民幸福。"中国革命道路的选择和现代化道路的选择，都围绕着探索民族复兴道路这一中国近现代历史任务而展开。中国特色社会主义道路的选择有其客观依据，它的形成具有世界意义。中国特色社会主义道路的开辟，是理论与实践互动的选择结果，而既非根据"社会主义"概念做理论演绎或设计的结果，也非仅仅是中国传统文化中的"实用理性"的产物。中国特色社会主义道路选择的世界意义，并非是证明"中国模式"的"普世价值"，而是证明了人类文明发展道路特别是现代化道路的多样性。只有通过马克思主义的理论自觉不断丰富中国特色社会主义道路的理论特色，才能增强道路自信，提升与当代世界不同文明对话的话语权。

（一）中国道路的选择与自信

1. 理论实践互动：中国道路的开辟

马克思曾经说过："理论在一个国家实现的程度，总是取决于理论满

足这个国家的需要的程度。”① 这个论断蕴含了道路选择重要性的思想。所谓满足需要，包含两个层面的问题：是否能够满足需要？如何才能满足需要？这两个问题是紧密联系在一起的：只有解决如何满足需要的问题，即把理论具体化为道路的选择，解决实践中存在的问题，才能表明这一理论是能够满足需要的。

（1）道路选择：发展的必要性和实践的可能性的统一。

中国特色社会主义道路的选择，既不是根据斯大林所谓的“五种社会形态”线性更替这一人类历史发展的“普遍规律”推演出来的，也不是对马克思的“社会主义”概念做理论演绎、根据马克思关于未来社会主义制度特征阐述的普遍性设计出来的，亦非有的学者所谓的是邓小平运用“摸着石头过河”这一中国传统的“实用理性”的产物。中国特色社会主义道路的开辟，是理论与实践互动的选择结果，是马克思主义基本原理与中国国情相结合的产物。

面对马克思的经典和苏联的经验所没有遇到的社会主义现代化建设的新问题，邓小平强调了解放思想的必要性：“一个党，一个国家，一个民族，如果一切从本本出发，思想僵化，迷信盛行，那它就不能前进，它的生机就停止了，就要亡党亡国。”② 他认为：“不解放思想不行，甚至于包括什么叫社会主义这个问题也要解放思想。”③ 这实际上要求突破以往斯大林模式对历史发展线性规律“普遍性”的阐释及其在实践中的演绎。他在指导改革开放的实践中，始终强调要走出一条新路，必须“抓住机遇”，并且要有闯的精神，“冒”的精神，勇于探索，大胆试验。这体现了邓小平关于不要从社会主义概念出发进行脱离实践标准的演绎，不要根据所谓预设好的“规律”进行实践，而是根据实践发展的必要性及其提供的可能性进行道路选择的思想。

然而，不能把邓小平对于道路选择的思想，解释为仅是所谓中国传统文化中的“实用理性”思维方式，并以讹传的邓小平所说的“摸论”（所

① 马克思，恩格斯．马克思恩格斯文集：第1卷．北京：人民出版社，2009：12.

② 邓小平．邓小平文选：第2卷．北京：人民出版社，1994：143.

③ 同②312.

谓“摸着石头过河”）来印证之。查阅《邓小平文选》三卷，并无这一原话，而只是人们对邓小平思维方式的某种阐释，这是需要澄清的。

改革开放之初，对于社会主义现代化建设，在马克思的经典中没有具体论述，而苏联的经验不仅不适合中国，且其弊端在新科技浪潮面前已暴露无遗。因此，中国没有任何现成的现代化理论和经验可以直接借用，这就需要先抓住可能有的机遇（可理解为所谓“石头”），做大胆探索。但这并不意味着邓小平不要理论指导和总体设计。因为邓小平在对现代化道路的探索中同时强调，要有马克思主义理论的指导。他经常说，我们所说的解放思想，是指在马克思主义指导下打破习惯势力和主观偏见的束缚，研究新情况，解决新问题。同时，他还强调，要不断总结经验，并上升到理论。他时常告诫，实践中的“闯”和“冒”，要建立在求实的基础上，看准了的，就大胆地试，大胆地闯，在这一过程中，不断地总结经验，对的就坚持，不对的赶快改，新问题出来抓紧解决。

在十一届三中全会召开前的拨乱反正过程中，邓小平提出了“走出一条中国式的现代化道路”，并领导我们党开始在各项实际工作中正本清源，有步骤地解决新中国成立以来许多历史遗留问题，科学地阐述许多从实践中提出的理论和政策问题。十一届三中全会以后，改革开始起步，在实践中农民创造了家庭联产承包责任制，城市企业进行了下放自主权的改革试点，并且创办了经济特区。经过三年实践，1981 年党的十一届六中全会做出的《关于建国以来党的若干历史问题的决议》，总结了上述经验，初步概括出适合我国国情的社会主义现代化建设的正确道路的要点。至 1982 年党的十二大，邓小平才正式提出“建设有中国特色的社会主义”的命题。可见，邓小平对中国特色社会主义道路的开辟，并非靠的是不讲方向或没有理论的“实用理性”，而是建立在总结实践经验基础上的创新。

(2) 历史必然：中国特色社会主义道路开创的客观条件。

苏东剧变使世界社会主义运动遭受严重挫折后，与西方多数思想家预言科学社会主义将被历史所“终结”，以及社会主义阵营内许多人惊慌失措不同，邓小平的预言是：“一些国家出现严重曲折，社会主义好像被削弱了，但人民经受锻炼，从中吸收教训，将促使社会主义向着更加健康的方向发展。”[①] 邓小平的这句话，不仅有马克思主义理论的底气，更有社会主义实践新探索的勇气。他对差不多同时发生的中国1989年政治风波与苏东剧变的不同结局做了比较，得出的结论是，“不坚持社会主义，不改革开放，不发展经济，不改善人民生活，只能是死路一条。……如果没有改革开放的成果，‘六·四’这个关我们闯不过”[②]。

当世界社会主义运动遭遇时代挑战时，邓小平早在苏东剧变十年前，就率先引导党和国家逐渐摆脱了斯大林社会主义模式的影响，探索了社会主义发展的新道路。他把科学社会主义的理论逻辑与中国社会发展的历史逻辑统一起来，赋予科学社会主义以鲜明的中国特色、时代特色和实践特色。其实质是突破斯大林的社会主义模式，破除了对社会主义教条式的理解和乌托邦式的幻想，把中国的发展纳入当代开放世界的视野，体现出了社会主义发展道路的多样性。

中国之所以能在社会主义国家中率先成功地突破苏联模式，具备苏联东欧社会主义国家所没有的独特条件，使中国特色社会主义道路得以开创，具有历史的必然性。

其一，中国共产党拥有实事求是、群众路线、独立自主的优良传统。

早在革命战争年代，中国共产党就曾经抵制过苏联共产党和共产国际的不正确干预，反对过“唯共产国际指示是从”的教条主义。毛泽东提出了马克思主义中国化的思想，并且把实事求是确立为党的思想路线，其实践的成功，深刻地影响了整整一代共产党人的思维方式。因此，当“文化大革命”结束“两个凡是”出台后不久，邓小平就明确表示它不符合马克思主义。1977年7月邓小平复出后，更是强调要把毛泽东思想当作科学体系来看待，并把毛泽东思想的精髓概括为“实事求是、群众路线、独立自主”。这很快得到广大干部特别是老一辈革命家的认同。于是，尽管仍遇到思想阻力，但邓小平领导并支持的真理标准大讨论，顺利地为中国共产党重新恢复和确立解放思想、实事求是的思想路线，奠定了思想基础和群

① 邓小平. 邓小平文选：第3卷. 北京：人民出版社，1993：383.
② 同①370-371.

众基础。

1978 年 12 月 13 日，在原定中共中央工作会议闭幕式上，邓小平做了题为《解放思想，实事求是，团结一致向前看》的讲话。出席中共中央工作会议的代表一致要求会议推迟两天结束，以学习讨论邓小平的这一重要讲话，并公认这篇讲话精神应该成为十一届三中全会的主旨。随后召开的十一届三中全会得以顺利做出把党和国家工作重点从阶级斗争转移到现代化建设上来的决策，从而实现了政治路线的拨乱反正。

其二，“文化大革命”充分暴露了“左”倾错误的危害和计划经济体制的弊端。

新中国成立初期，在短缺经济状态下，高度集中的计划经济对于集中必要的人力、物力和财力，以恢复国民经济并建立独立国民经济体系是必要的，其所获得的成功，也使计划经济体制得以延伸到所有领域。与此同时，东西方冷战的国际格局所造成的中国的封闭状态，使计划经济的弊端被掩盖了；而中国共产党进行政治动员和意识形态控制的强大力量，也转移了人们对这些弊端的不满。毛泽东则把经济遇到的困难，归结为没有始终把阶级斗争作为主要矛盾来抓，以致发动了“文化大革命”。到“文化大革命”后期，毛泽东也对混乱局面迟迟不能结束感到不安，开始采取措施稳定局面，包括重新启用被打倒的邓小平。邓小平复出后，着手“全面整顿”，意图以此解决各方面问题。但毛泽东担忧可能因此而否定“文化大革命”，于是，发动了“批邓、反击右倾翻案风”运动，“全面整顿”被迫停止，全国再次陷入混乱。

“文化大革命”是“左”倾指导思想的集中表现，它使中国的计划经济体制的潜力基本耗尽，与世界科技革命和现代化发展的潮流背道而驰，与发达国家的差距越拉越大，甚至于在现代化程度上被包括中国台湾和香港在内的“亚洲四小龙”抛在后面。

中国共产党和中国人民正是在痛定思痛中，抓住了这一“凤凰涅槃”的机遇，突破了苏联的社会主义模式。正如邓小平所说：“没有‘文化大革命’的教训，就不可能制定十一届三中全会以来的思想、政治、组织路线和一系列政策。……因为有‘文化大革命’作比较，‘文化大革命’变成了我们的财富。"[①] 因为它彻底暴露出"旧的那一套经过几十年的实践证明是不成功的"。"过去我们搬用别国的模式，结果阻碍了生产力的发展，在思想上导致僵化，妨碍人民和基层积极性的发挥。……中国社会从一九五八年到一九七八年二十年时间，实际上处于停滞和徘徊的状态，国家的经济和人民的生活没有得到多大的发展和提高。这种情况不改革行吗?"[②]"如果现在再不实行改革，我们的现代化事业和社会主义事业就会被葬送。"[③]

其三，时代主题的变化对中国的发展提出了挑战并提供了机遇。

从 20 世纪 60 年代开始，世界经济关系的发展变化，深刻地影响了世界政治关系的演变，原有两大阵营对抗的格局出现了大动荡、大分化、大改组。70 年代开始，美国在越南战争失败后全球战略由攻转守，而苏联进攻性战略也没有完全部署好，使东西方的冷战涌来了一股缓和和发展的潮流。1977 年底，刚复出的邓小平敏锐把握世界形势的新变化，做出了"可以争取延缓战争的爆发"[④] 的判断，摆脱了我们较长时间以来对于战争"迫在眉睫"的忧患，为全党工作重心的转变做了外部环境方面的思想准备。在 1978 年底的党的十一届三中全会上，邓小平进一步做出了"战争是可以避免的"判断。它改变了我们过去强调战争不可避免的看法，为以经济建设为中心找到了国际环境的客观依据。

进入 20 世纪 80 年代初，邓小平在两次调整战争问题判断的基础上，深入地探讨了当代世界面临的主要问题。1984 年他将其概括为和平问题和南北问题。1985 年他对这两大问题做了进一步说明："现在世界上真正大的问题，带全球性的战略问题，一个是和平问题，一个是经济问题或者说发展问题。和平问题是东西问题，发展问题是南北问题。概括起来，就是东西南北四个字。南北问题是核心问题。"[⑤] 这两大问题，既覆盖了全球，又涵盖了政治、经济等领域，而且都关系到人类的命运，解决这两大问

---

① 邓小平. 邓小平文选：第 3 卷. 北京：人民出版社，1993：272.
② 同①237.
③ 邓小平. 邓小平文选：第 2 卷. 北京：人民出版社，1994：150.
④ 同③77.
⑤ 同①105.

题，不仅对整个世界来说有迫切的必要性，而且具有现实的可能性，因而成为当代世界的主要矛盾。

相对于战争与革命，和平与发展的时代主题对社会主义提出了新的历史课题：当今的世界是开放的世界，社会主义的中国需要也有可能用新的方式处理与资本主义国家的战略关系，以争取较长时间的和平环境，使中国更好地融入世界经济发展潮流之中，并通过学习和利用资本主义来发展社会主义，以利于中国尽快实现现代化目标和提高人民的物质文化生活水平。

其四，第一代领导集体对社会主义建设道路的探索提供了宝贵经验。

新中国成立初期，“因为我们没有经验，在经济建设方面，我们只得照抄苏联，特别是在重工业方面，几乎一切都照抄苏联，自己的创造性很少。这在当时是完全必要的，同时又是一个缺点，缺乏创造性，缺乏独立自主的能力”①。1956 年苏共二十大后，毛泽东多次强调：“最近苏联方面暴露了他们在建设社会主义过程中的一些缺点和错误，他们走过的弯路，你还想走？过去我们就是鉴于他们的经验教训，少走了一些弯路，现在当然更要引以为戒。”② 为此，他发表了《论十大关系》等重要讲话，试图“找到自己的一条适合中国的路线”，其中包括以农业为基础，以工业为主导，以农业、轻工业、重工业为序发展国民经济的总方针以及一整套“两条腿走路”的方针，在政治上共产党和民主党派“长期共存，互相监督”，文化上“百花齐放，百家争鸣”，等等。20 世纪 50 年代末 60 年代初，毛泽东反思了“大跃进”和人民公社化运动的经验教训，产生了社会主义可以区分为“不发达”和“比较发达”的阶段，要重视商品交换和价值规律的作用等思想火花，甚至认为在社会主义经济占优势的条件下“可以消灭了资本主义，又搞资本主义”③。

在这一探索中，第一代领导集体其他成员也做出了积极的贡献。如刘少奇提出要按经济办法管理经济，允许多种经济成分并存。陈云提出

① 毛泽东．毛泽东文集：第 8 卷．北京：人民出版社，1999：305．

② 毛泽东．毛泽东著作选读（下册）．北京：人民出版社，1986：720-721．

③ 毛泽东．毛泽东文集：第 7 卷．北京：人民出版社，1999：170．

“三个主体、三个补充”，即国家经营和集体经营是主体，一定数量的个体经营是补充；计划生产是主体，在国家计划许可范围内按市场变化自由生产是补充；国家市场是主体，一定范围内国家领导的自由市场是补充等。

尽管上述思想有的没能付诸实施，有的在实施过程中因复杂的国际国内形势而被迫中断，但它们为新时期开创中国特色社会主义提供了宝贵经验和理论准备。

其五，中国具有打破高度集中的计划经济体制的独特的历史和现实条件。

新中国成立后逐步形成的计划经济体制，其后经历了多次“放”和“收”的政策调整，且由于中国发展太不平衡，因此并未如苏联东欧国家那样绝对固化，中央统一计划的商品远远低于苏东国家，地方政府的权力则远远高于苏东国家。中国原来商品经济比较发达的沿海地区，拥有商业文化传统，一旦市场调节口子有所松动，很快就会突破计划经济的藩篱。改革开放前，中国70%以上人口是农民，计划经济使他们难以解决温饱问题，中国行政层级又多，使农村成为计划经济的薄弱环节。这些都成为中国走向市场取向改革的有利条件。

中国的现代化建设缺乏资金、技术和管理经验，而中国的香港、澳门、台湾实现经济起飞后，拥有上述优势。在这三地和众多海外华人中，也拥有大量的实行市场经济体制的成功经验和人才。对这些优势的利用，使我们能够在改革开放刚起步时，就做出在毗邻港澳台的深圳、珠海、汕头、厦门建立经济特区的决策。

同东欧国家相比，中国与苏联从20世纪50年代末起，就因意识形态和国家利益问题闹翻，中国已脱离“以苏联为首的社会主义大家庭”。这样，在70年代末，中国摆脱苏联社会主义模式，就不再存在苏联压制的问题，而且在干部群众中也不存在这一方面意识形态的障碍。

（3）鲜明人格：邓小平开辟新道路开创新理论的主观条件。

在马克思那里，人是历史活动的主体，离开了人，就不存在任何历史活动。因而所谓历史规律，就是人的活动的规律。具体的历史变化总有多种可能性，人们可以在多种可能性中进行选择。这样，历史发展是不依任何个人的意志为转移的，但历史选择又离不开人的意志的作用。而当历史的发展处在十字路口、面临多种道路选择时，“伟人”与“常人”的作用就有了区别：伟人先于常人敏锐把握历史发展大趋势（必然性），科学揭示这一趋势的实现条件，勇于反映大多数人的利益，又善于抓住机遇（偶然性）而进行实践探索。因此，我们既可以说“伟人”顺应了时代潮流，也可以说“伟人”改变了历史进程。

邓小平就是这样的“伟人”。我们可以说邓小平“不仅改变了中国人民的历史命运，而且改变了世界的历史进程”①，也可以说是历史选择了这样的邓小平。而历史之所以选择了邓小平，使之成为中国特色社会主义道路的开创者和邓小平理论的创立者，同邓小平的主观条件，即他鲜明的思维特征和领导风格是密切相关的。作为曾经的第一代领导集体的核心成员，在邓小平的精神中不仅保留着毛泽东确立的实事求是思想路线、群众路线和独立自主的基因，而且在他的思维中也保留着以往社会主义建设道路探索正反两个方面经验教训的记忆；“文化大革命”中受到的迫害，使他不仅对“左”倾错误的危害深恶痛绝，更能直击高度集中的经济政治体制的弊端；年轻时到欧洲寻找救国救民真理和“文化大革命”前经常出国的经历，使他具有世界眼光，能敏锐把握中国在世界中的位置；一生中“三落三起”的坎坷经历，使他练就了百折不挠、无私无畏的顽强性格和临危不惧、处事不惊的政治家气魄。在百废待兴和实现历史转折的年代，特别需要他这样的鲜明人格。具体而言有以下几个方面：

其一，思想敏锐，尊重实践的思维方式。

党的十一届三中全会后推行的很多改革措施，如家庭联产承包责任制、企业下放自主权和创立经济特区等，都引起了很大争议：它们在马克思主义经典和以往社会主义实践中，都没有出现过，而它们对于实现现代化又是必不可少的，是社会主义性质的吗？于是，邓小平调整了把社会主

① 习近平．在纪念邓小平同志诞辰110周年座谈会上的讲话．人民日报，2014-08-21．

义和现代化视为内在冲突的思维方式，把这一矛盾归结为社会主义传统观念和现代化实践的矛盾，这样，其解决的出路，就不是用社会主义传统观念来裁剪现实，而是用实践来检验和发展观念。于是，“什么是社会主义、怎样建设社会主义”作为邓小平开辟新道路的关键问题，凸显了出来。1980年邓小平多次强调，对这一问题也要“解放思想”和“再认识”，这就为十二大提出“建设有中国特色的社会主义”的命题，奠定了思想基础。

如同邓小平所开创新道路创立新理论的关键词“中国特色社会主义”的确立一样，改革开放每一个重大新举措的推出和理论新突破，都是源于邓小平对实践中提出问题的敏锐把握和对实践经验的深刻总结。对“什么是社会主义、怎样建设社会主义”的争论，他经常说，“要让事实来说话”，“我们改革开放的成功，不是靠本本，而是靠实践，靠实事求是”①，而不屑于无谓的争论。

对于1989年政治风波和苏东剧变的冲击，不少人存在害怕改革开放走了资本主义道路的心理。邓小平又敏锐地抓住改革究竟是姓“社”还是姓“资”的这一核心问题，强调进一步解放思想。1991年春节他在视察上海时，以金融“是现代经济的核心。金融搞好了，一着棋活，全盘皆活”为题，引出计划和市场“两者都是手段”的思想，并“希望上海人民思想更解放一点，胆子更大一点，步子更快一点”②。1992年年初视察南方时，他又一次对全国发出了解放思想的号召，不要离开“三个有利于”标准抽象地争论姓“资”姓“社”，关键问题，仍然是“计划多一点还是市场多一点，不是社会主义与资本主义的本质区别。……计划和市场都是经济手段”③。邓小平南方谈话把中国改革开放推向了新的历史阶段。

邓小平对实践的尊重，还体现在崇尚实干、行动果断上。他要求领导干部“看准了的，就大胆地试，大胆地闯。……对的就坚持，不对的赶快

---

① 邓小平．邓小平文选：第3卷．北京：人民出版社，1993：382．

② 同①366－367．

③ 同①373．

改”①。他常说，“马克思主义是很朴实的道理”，批评“电视一打开，尽是会议。会议多，文章太长，讲话也太长，而且内容重复，新的语言并不很多”的形式主义现象，并且断言“形式主义也是官僚主义”②。

邓小平表达思想的方式，颇具个人特点，使用的是非常朴实的语言，如“发展才是硬道理”“改革开放是决定中国命运的一招”“稳定是压倒一切的”“黄猫、黑猫，只要捉住老鼠就是好猫”，等等，而不是抽象的理论术语。这些蕴含着深刻思想的朴实话语，在社会急剧转型期，发挥了巨大的动员能力和激励作用。

其二，尊重群众，热爱人民的价值立场。

由于人民群众是实践的主体，因此邓小平又强调尊重实践就必须尊重人民群众。尊重群众首先要尊重群众的利益和愿望，邓小平把生产力标准落实到群众利益标准上，以人民“拥护不拥护”“赞成不赞成”“高兴不高兴”“满意不满意”“答应不答应”，作为党的全部工作的出发点和归宿。于是，实事求是中的实践标准，就具体体现为生产力标准和群众利益标准的统一。

尊重群众还要尊重群众在实践中的创造。人民群众在改革开放和现代化建设中创造的新鲜经验，为新的理论提供了深厚的实践基础。邓小平多次表示，改革开放中许许多多东西，都是由群众在实践中提出来的，他个人的功劳是把这些新事物概括起来，加以提倡与推广。邓小平还把发扬民主、尊重群众同解放思想联系在一起，强调“民主是解放思想的重要条件”，“宪法和党章规定的公民权利、党员权利、党委委员的权利，必须坚决保障，任何人不得侵犯”③。

尊重实践和尊重群众的统一，是邓小平的一贯思想。早在1962年关于“包产到户”的争论中，他就表达了这样的观点：“生产关系究竟以什么形式为最好，恐怕要采取这样一种态度，就是哪种形式在哪个地方能够比较容易比较快地恢复和发展农业生产，就采取哪种形式；群众愿意采取哪种

① 邓小平．邓小平文选：第3卷．北京：人民出版社，1993：372．

② 同①381．

③ 邓小平．邓小平文选：第2卷．北京：人民出版社，1994：144．

形式，就应该采取哪种形式，不合法的使它合法起来。”① 可见，所谓邓小平的“猫”论，是反映了尊重群众愿望、概括群众的实践创造并加以提倡的立场和方法。

尊重群众首先必须热爱人民。这是唯物史观、马克思主义政治立场和价值观的基本要求。正如邓小平自己所说，“我荣幸地以中华民族一员的资格，而成为世界公民。我是中国人民的儿子，我深情地爱着我的祖国和人民。”

其三，独立自主，充满自信的领导风范。

邓小平作为毛泽东领导的反对苏联大国沙文主义的主将，对苏联社会主义模式的认识，有着比别人更深刻之处。早在1980年，邓小平就直言不讳地批评过斯大林模式：“苏联搞社会主义，从一九一七年十月革命算起，已经六十三年了，但是怎么搞社会主义，它也吹不起牛皮。”② 他还指出：“社会主义究竟是个什么样子，苏联搞了很多年，也并没有完全搞清楚。”③ 通过对苏联社会主义模式的反思，邓小平指出：“在革命成功后，各国必须根据自己的条件建设社会主义。固定的模式是没有的，也不可能有。”④ 中国对苏联模式的突破，体现出社会主义发展道路的多样性，给社会主义注入了新的生机和活力。

当然，在率先突破苏联模式的同时，凭借老一辈革命家的丰富阅历，邓小平对于“西化”道路的危害，有着深刻的警醒。早在改革开放之初，他就一针见血地指出西方某些势力要求中国照搬西方民主制度的要害，是建立一个完全附庸于西方的资产阶级共和国，而“如果我们不坚持社会主义，最终发展起来也不过成为一个附庸国，而且就连想要发展起来也不容易”⑤。

邓小平强调“走自己的道路，建设有中国特色的社会主义”，建立在对中国制度自信的基础上。他说：“社会主义国家有个最大的优越性，就是干一件事情，一下决心，一做出决议，就立即执行，不受牵扯。我们说

① 邓小平．邓小平文选：第1卷．北京：人民出版社，1994：323.
② 邓小平．邓小平文选：第2卷．北京：人民出版社，1994：250.
③ 邓小平．邓小平文选：第3卷．北京：人民出版社，1993：139.
④ 同③292.
⑤ 同③311.

搞经济体制改革全国就能立即执行，我们决定建立经济特区就可以立即执行，没有那么多互相牵扯，议而不决，决而不行。就这个范围来说，我们的效率是高的，我讲的是总的效率。这方面是我们的优势，我们要保持这个优势，保证社会主义的优越性。”①

其四，目光远大，胸襟开阔的个性特征。

中国特色社会主义理论得以创立的时代背景，是和平与发展，而邓小平之所以能敏锐意识到这是当代世界的两大战略性问题，是与他所具有的宽阔的世界眼光所分不开的。他曾经说过：“‘文化大革命’时有个‘风庆轮事件’，我跟‘四人帮’吵过架，才一万吨的船，吹什么牛！一九二〇年我到法国去留学时，坐的就是五万吨的外国邮船。”② 正因为有这种世界眼光，使邓小平敢于承认我们的不足，勇于提出要“大胆吸收和借鉴人类社会创造的一切文明成果，吸收和借鉴当今世界各国包括资本主义发达国家的一切反映现代社会化生产规律的先进经营方式、管理方法”③。

邓小平对第二次世界大战后新科技革命的发展趋势及对世界形势的影响，也有敏锐的把握，他说：“世界形势日新月异，特别是现代科学技术发展很快。现在的一年抵得上过去古老社会几十年、上百年甚至更长的时间。”④ 从而强调不以发展的眼光来看待马克思主义和社会主义，不是真正的马克思主义和社会主义。科学技术的这种发展，使当今世界成为开放的世界，中国的发展离不开这样的世界，因此，我们需要重新调整社会主义与资本主义的关系，而在国际交往领域，不以意识形态和社会制度划线，而是把国家主权和利益放在首位。这使中国得以打破封闭的状态，而真正融入人类文明发展的潮流之中。

邓小平的开阔胸襟，还体现在他对毛泽东以及自己的评价中。毛泽东晚年又一次打倒了他，但他坚持强调毛泽东思想这个旗帜丢不得。他还认为：“我自己能够对半开就不错了。但有一点可以讲，我一生问心无

① 邓小平. 邓小平文选：第3卷. 北京：人民出版社，1993：240.
② 同①367.
③ 同①373.
④ 同①291.

愧。……我是犯了不少错误的，包括毛泽东同志犯的有些错误，我也有份，只是可以说，也是好心犯的错误。不犯错误的人没有。不能把过去的错误都算成是毛主席一个人的。”① 这些评价，充分体现了邓小平对人、对事、对己的唯物主义态度，反映了他胸襟宽阔的伟人品格。而这对于在开创中国特色社会主义道路时，既否定毛泽东晚年错误，又稳定住政治大局，尽可能把对改革开放有疑虑的干部群众带进改革开放的大潮，是至关重要的。

总之，正如习近平在纪念邓小平诞辰 110 周年座谈会上所指出的：“邓小平同志之所以能够为祖国和人民建立彪炳史册的功勋，就在于他看清了世界和中国的发展大势，深刻了解中国人民和中华民族的深沉愿望，把握住中国发展的历史规律，紧紧依靠党和人民建立了前所未有的历史性伟业。”

2. 和平发展：中国道路选择的世界视野

在人类文明发展史上，一个大国崛起，往往伴随血腥和战争。而中国特色社会主义道路的内涵之一，是坚持走和平发展道路。这是根据世界文明发展的潮流和当今时代的主题所做的战略抉择，是根据中国现实国情所做出的战略决定，也是发展起来的中国所要承担的负责任大国的国际义务的需要，因而不仅具有历史的必然性，而且具有现实的必要性。

（1）中国选择和平发展道路的历史必然性。

中国走和平发展道路，是中华民族固有文化基因的表现，也是中国近现代历史发展的必然选择。

其一，这是对中华民族优秀传统的传承和发展。从历史上看，中华民族历来是爱好和平的民族。中华民族在长期共同生活和农耕社会的实践中，形成了同其他民族交往平等相待、求同存异、崇尚和平、和睦相处的民族性格。这一民族性格，积淀在中国传统文化中，形成了“和”的文化精神。它以“天人之和”为逻辑起点，从个体到“天下”，逐渐演绎出个人的“身心之和”，人际关系的“人伦之和”，社会关系的“秩序之和”，

---

① 邓小平．邓小平文选：第 2 卷．北京：人民出版社，1994：353.

以及民族之间的“协和万邦”的思想。无论是儒家宣扬的“己所不欲，勿施于人”，道家主张的“以柔克刚”，乃至墨家强调的“兼爱”“非攻”，都体现了这一精神。甚至专攻兵法的孙子，也启示统治者和军人：“是故百战百胜，非善之善者也；不战而屈人之兵，善之善者也。”这成为中华民族爱好和平的精神来源。这一民族精神，是我们选择和平发展道路的历史根源。

其二，这是中国人民从近代以来的苦难遭遇中得出的必然结论。1840年鸦片战争以后，中国屡遭西方列强包括后来崛起的日本军国主义野蛮入侵和奴役，逐步沦为半殖民地半封建社会，加上封建统治腐朽无能，国家战乱不已，人民饥寒交迫，中国人民和中华民族遭受了世所罕见的深重苦难。因此，实现民族独立、人民解放和国家富强、人民富裕，成为中华民族近现代的两大历史性任务。要实现这两大任务，就必须对中国社会进行根本变革，其目标就包含了对和平的追求。中国人民对战争带来的苦难有着刻骨铭心的记忆，深知和平弥足珍贵，十分珍惜和平安定的生活。中国人民怕的就是动荡，求的就是稳定，盼的就是天下太平。

其三，这是新中国成立以来特别是改革开放以来经过艰辛探索和不断实践逐步形成的体会和认识。中国的和平发展道路来之不易。新中国成立以后，在世界处于社会主义和资本主义两大阵营对抗的冷战和美苏两极主宰世界的状况下，我们也始终高举和平的旗帜，坚持独立自主的和平外交政策。20世纪50年代，我们提出并奉行了和平共处五项原则，在第三世界国家中赢得了广泛的声誉。当然，我们曾经对战争的危险性做出过过于严峻的判断，也高估了世界革命的形势，因而在一段时间里，以意识形态和社会制度划过线，形成过支援世界革命的方针和四处出击的外交。但即使在那时，我们也从没有向世界搞过军事扩张，特别是在20世纪70年代初，毛泽东在提出“三个世界”理论的同时，向世界庄严承诺：中国永远不称霸，中国是维护世界和平的坚定力量。因此，走和平发展道路，是对新中国成立以来奉行独立力自主外交政策的坚持和发展。

(2) 中国坚持和平发展道路的现实必要性。

中国坚持走和平发展道路，更是中国人民根据时代发展潮流和自身根本利益做出的战略抉择。

其一，这是根据世界文明发展的潮流和当今时代的主题所做的战略抉择。

从历史上看，千百年来，大国的崛起往往都是和征伐杀戮紧密相连的。20世纪上半叶爆发的两次世界大战，都是由列强争夺霸权、妄图重新瓜分世界而引起的，并且都打破了原有的国际格局。然而，正是由于对两次世界大战历史教训的刻骨铭心的记忆，加上第二次世界大战后新科技革命对世界格局和时代主题演变产生的深刻影响，使世界人民和各国大多数政治家坚信，依靠武力对外侵略扩张最终都是要失败的，弱肉强食不是人类共存之道，穷兵黩武无法带来美好世界，人民已不愿被卷入涂炭生灵的战火中。正如邓小平在20世纪80年代初就指出的："第三世界的人口占世界人口的四分之三，是不希望战争的。……美国人民、苏联人民也是不支持战争的。……还要看到，世界新科技革命蓬勃发展，经济、科技在世界竞争中的地位日益突出，这种形势，无论美国、苏联、其他发达国家和发展中国家都不能不认真对待。由此得出结论，在较长时间内不发生大规模的世界战争是有可能的，维护世界和平是有希望的。"① 解决和平和发展问题，对于人类共同命运来说，既具有迫切的必要性，又具有现实的可能性。当代世界，求和平、促发展、谋合作已成为各国人民的共同愿望。中国坚持走和平发展道路，表明中国作为国际社会的重要一员，顺应时代发展的潮流，争取和平的国际环境发展自己，又以自己的发展促进世界的和平，从而不仅走出一条实现民族复兴的新路，而且为实现世界各国和谐相处、全球经济和谐发展、不同文明和谐进步的美好前景发挥积极作用。这已成为中国坚持走和平发展道路的崇高目标。

其二，这是根据中国现实国情和实现中华民族伟大复兴这一中国梦的自身要求所做出的战略决定。特别是进入21世纪以来，中国综合国力、国际竞争力、国际影响力迈上一个大台阶，我们比历史上任何时期都更接近中华民族伟大复兴的目标，中国同世界的关系也发生了历史性变化。但

---

① 邓小平．邓小平文选：第3卷．北京：人民出版社，1993：127．

是，我国人口多，底子薄，发展很不平衡，人均国内生产总值还只位居世界各国和独立经济体的中列，作为世界上最大的发展中国家的国际地位并没有变，中国面临的发展任务还很艰巨，伴随着快速发展和改革深化而凸显出来的各种社会矛盾，还得要靠深化改革和扩大开放来加以化解。中国因此需要较长时期的稳定和平的国际环境，以使我们能够集中精力处理发展和改革问题。实现中华民族伟大复兴的中国梦，是中国人民的根本利益之所在。和平发展是中国国家战略的一部分，是中国国家发展战略和方向在对外领域的自然延伸。

其三，这是发展起来的中国承担负责任大国的国际义务和确立国际形象的需要。当前的国际形势总体稳定，但不确定的因素也在增多，世界仍然很不安宁。我国的安全问题，正面临传统安全威胁和非传统安全威胁的交织之中。面对这一新的状况，中国以积极负责的态度致力于人类和平与发展的崇高事业，积极推动建设持久和平、共同繁荣的和谐世界，充分表明中国是从世界人民的根本利益出发处理问题的，是在兼顾中国人民和世界人民共同利益的基础上决定中国的发展道路的。随着中国综合国力迅速提升，在国际事务中发挥的作用日趋明显，国际上人们注视中国的目光也变得越来越复杂。把中国的事情办好，是我们的首要责任，与此同时，中国应以更加积极的姿态参与国际事务，在应对人类面临的共同挑战中勇于承担责任，推动国际秩序和国际体系朝着公正合理的方向发展。中国坚持和平发展道路，有利于树立良好的国际形象，从而在世界范围内争取新的人类文明发展道路的“话语权”。

(3) 始终不渝走和平发展道路的新思维。

中国坚持走和平发展道路，加强了同各国的交流合作，深化了同各方利益的融合，推进了与各方关系的发展，推动了全球治理机制的变革，促进了世界的和平与发展，在和平发展道路上取得了一系列新的显著成就，为我国改革发展稳定争取了有利的国际环境，中国的自身实力和影响力在不断增强。因此，尽管今后我国的和平发展会面临不少困难和新的挑战，我们没有任何理由改变，只能更坚定地走和平发展道路。要始终不渝走好和平发展道路，我们需要有新的思维。

其一，继续坚持开放发展、合作发展、共赢发展的发展理念。

中国对内坚持科学发展、和谐发展，同对外坚持和平发展，是有机统一的。世界繁荣稳定是中国的机遇，中国发展也是世界的机遇。和平发展道路能不能走得通，很大程度上要看我们能不能把世界的机遇转变为中国的机遇，同时把中国的机遇转变为世界的机遇，这就需要努力在世界上扩大同各方利益的汇合点，在中国与各国良性互动、互利共赢中开拓前进。

其二，奉行独立自主和平外交政策需要处理好三个层面的关系。

在国家间关系层面，中国需要坚持在和平共处五项原则基础上同各国发展友好合作。对于发达国家，中国要加强战略对话，拓宽合作领域，妥善处理分歧，推动建立长期稳定健康发展的新型大国关系；对于周边国家，中国要巩固睦邻友好，深化互利合作，努力使自身发展更好地惠及周边国家；对于发展中国家，中国要按照平等互利、讲求实效、形式多样、共同发展的原则，拓宽合作领域，提高合作效果，同时支持扩大发展中国家在国际事务中的代表性和发言权。

在多边事务层面，中国将继续支持联合国、二十国集团、上海合作组织、金砖国家等发挥积极作用，推动国际秩序和国际体系朝着公正合理的方向发展。

在公共外交层面，中国将继续推进同各国政党和政治组织的友好往来，加强人大、政协、地方团体、民间团体的对外交流，加强各种人文交流，增进中国人民和各国人民的相互了解和友谊，夯实国家关系，发展社会基础。

其三，更多承担推动建设持久和平、共同繁荣的和谐世界的国际责任。

世界文明本身具有多样性，各国发展模式也是多样化的。当今世界，不同社会制度有竞争又有合作，不同历史文明可以相互借鉴、相互交流。因此，我们将继续在国际关系中弘扬平等互信、包容互鉴的精神，推动国际关系民主化，尊重和维护世界文明多样性和发展道路多样化，尊重和维护各国人民自主选择社会制度和发展道路的权利，反对各种形式的霸权主义和强权政治，坚持国家不分大小、强弱、贫富一律平等，不干涉别国内部事务，不把自己的意志强加于人。中国要以更加积极的姿态参与国际事务，发挥负责任大国作用，推动国际秩序和国际体系朝着公正合理的方向发展。随着中国国力的不断增强，将在力所能及的范围内承担更多的国际责任和义务，坚定不移地做和平发展的实践者、共同发展的推动者、多边贸易体制的维护者、全球经济治理的参与者。

中国要继续加强中华文明与世界不同文明间的交流，不断增进相互了解和相互包容，既积极推动中华文化走向世界，又以更加开阔的视野和博大的胸怀对待他国文化，积极吸收、借鉴世界其他国家和民族优秀文明成果，增强中华文化的国际影响力和辐射力，使不同文明在竞争比较中取长补短，在求同存异中共同发展，共同促进人类文明繁荣进步。对于国际上有人别有用心鼓吹“中国威胁论”，需要我们“精心做好对外宣传工作，创新对外宣传方式，着力打造融通中外的新概念新范畴新表述”①。尽管中国是一头已经醒了的狮子，但这是一只和平的、可亲的、文明的狮子。虽然中国是个“大块头”，但两千多年前中国的先人就认识到“国虽大，好战必亡”的道理。中国梦是要实现国家富强、民族复兴、人民幸福，这与世界各国人民追求和平发展的美好梦想是相通的。中国的发展和强大“给世界带来的是和平，不是动荡，是机遇，不是威胁”②。中国愿意为世界各国提供共同发展的机遇和空间，“欢迎大家搭乘中国发展的列车，搭快车也好，搭便车也好，我们都欢迎”③。中国的发展，是世界和平力量的壮大，是传递友谊的正能量，是世界经济繁荣的助推器。

中国要坚持反对各种形式的霸权主义和强权政治，同时，也向世界庄严承诺，中国永远不干涉别国内政，永远不称霸，永远不搞扩张，将始终是维护世界和平、促进共同发展的坚定力量。中国坚持走和平发展道路，绝不等于屈服于任何外来压力，放弃我们的正当权益，牺牲国家的核心利益。任何外国不要指望我们会拿自己的核心利益做交易，不要指望我们会

---

① 习近平在全国宣传思想工作会议上强调　胸怀大局把握大势着眼大事　努力把宣传思想工作做得更好. 人民日报，2013-08-21.

② 习近平接受拉美三国媒体联合书面采访. 人民日报，2013-06-01.

③ 习近平在蒙古国国家大呼拉尔发表重要演讲. 人民日报，2014-08-23.

吞下损害我国主权、安全、发展利益的苦果。同时，中国走和平发展道路，我们希望其他国家也都走和平发展道路，只有各国都走和平发展道路，各国才能共同发展，国与国才能和平相处。

3. 比较优势：对中国政治制度的自信和自觉

邓小平探索中国政治体制的改革之道，对中国政治制度的优势和改革的必要性，有诸多辩证论述。深入挖掘其内涵，可以看出中国道路中政治制度方面的比较优势。

（1）制度比较优势自信和体制弊端自觉的统一。

邓小平提出政治体制改革任务伊始，就表明是要发挥社会主义制度的优越性，而不是改变社会主义制度。这一方向的明确，并非是从“社会主义高于资本主义发展阶段”的概念出发演绎出来的，而是源于对我们制度比较优势认识的基础上所形成的制度自信以及对体制弊端的自觉意识。

一方面，邓小平对中国作为社会主义国家的制度优越性有充分的自信。邓小平多次强调：“社会主义国家有个最大的优越性，就是干一件事情，一下决心，一做出决议，就立即执行，不受牵扯。……就这个范围来说，我们的效率是高的，我讲的是总的效率。这方面是我们的优势，我们要保持这个优势，保证社会主义的优越性。”① 这一优势，在以下几方面有充分体现。

政党制度方面，一党领导和多党合作，能确保大政方针和长远规划制订的统一性、稳定性和连续性。由于中国疆域广阔、人口众多、民族复杂、地区差异极大，历史上缺乏民主传统，现实又需要集中精力加快现代化建设，因此需要有一个政党成为领导核心。而多党合作，可团结各阶层力量，较充分地满足各阶层群体政治参与的要求；多党对执政党的监督，也有利于中国共产党自身的建设。

权力结构方面，“议行合一”的人民代表大会制度，体现了国家权力的统一，保证了决策和执行的高效率。其他国家机关（行政、检察、审判

① 邓小平．邓小平文选：第3卷．北京：人民出版社，1993：240．

机关）同人民代表大会的关系，不是并列的、相互制衡的关系，而是从属于并接受人民代表大会的监督。这样，可以有效促进政府成为真正的“责任政府”，特别是在面对重大挑战和机遇时能够做出及时有效的反应。人民代表大会不设议会党团，也不以界别开展活动，有助于统筹兼顾各方利益，降低社会内部不同利益集团之间的利益交换成本，从而实现人民利益的最大化。

人才制度方面，逐步形成了独特而又完整的人才培养与选拔制度和机制，使人才能适应长期发展目标的需要，涌现出一大批现代化建设的领导人才。

另一方面，邓小平对我们的具体制度中存在的弊端严重妨碍社会主义制度优越性的发挥有充分自觉的意识。党的十一届三中全会后，邓小平以极大的政治勇气揭露了党和国家领导制度的弊端，那就是“官僚主义现象，权力过分集中的现象，家长制现象，干部领导职务终身制现象和形形色色的特权现象”。他认为，它们“妨碍甚至严重妨碍社会主义优越性的发挥。如不认真改革，就很难适应现代化建设的迫切需要，我们就要严重地脱离广大群众”①。

对于上述五种弊端，邓小平一一列举了它们的表现并分析了危害，如他列举了官僚主义的24种表现和危害；指出权力过分集中的现象，是在加强党的一元化领导的口号下，不适当地把党的领导变成了个人领导；认为家长制现象是使个人高度集权，使个人凌驾于组织之上，组织成为个人的工具；干部领导职务终身制同我们没有妥善的退休解职办法有关系；而形形色色的特权现象，就是在法律和制度外寻求政治经济权力。

邓小平深刻挖掘了上述弊端的两大根源，一是都带有封建主义色彩，二是具体制度的高度集权，而这两者又存在着内在的关系。“旧中国留给我们的，封建专制传统比较多，民主法制传统很少。解放以后，我们也没有自觉地、系统地建立保障人民民主权利的各项制度，法制很不完备，也很不受重视。”“我们进行了二十八年的新民主主义革命，推翻封建主义的

① 邓小平．邓小平文选：第2卷．北京：人民出版社，1994：327.

反动统治和封建土地所有制，是成功的，彻底的。但是，肃清思想政治方面的封建主义残余影响这个任务，因为我们对它的重要性估计不足，以后很快转入社会主义革命，所以没有能够完成。”而这又“同我们长期认为社会主义制度和计划管理制度必须对经济、政治、文化、社会都实行中央高度集权的管理体制有密切关系。……这可以说是目前我们所特有的官僚主义的一个总病根”①。

总之，邓小平辩证地评价了我们的基本制度和具体制度，它们统一在相对集中的权力结构中：一方面，它们在现代化建设中体现出在宏观决策和执行方面所具有高效率的比较优势；但另一方面，在民主法制建设脱节的条件下，会产生官僚主义等弊端，使微观经济、行政管理等方面的效率，低于发达资本主义国家。

(2) 明确政治体制改革目标和稳妥推进实施步骤的统一。

基于上述对基本制度和具体制度的辩证评价，邓小平对于政治体制改革的目标和步骤，提出了辩证的思路，即确定政治体制改革的长远目标和当下切入点，并把这两者及其实践探索有机结合起来。

一方面，是长远目标和近期目标的区分与统一。

在改革开放不同阶段，邓小平都谈到过政治体制改革的目标，但强调的侧重点有所不同。

党的十一届三中全会后，针对过去党和国家领导制度的弊端，邓小平提出的改革目标是：“充分发挥社会主义制度的优越性，加速现代化建设事业的发展。……要在经济上赶上发达的资本主义国家，在政治上创造比资本主义国家的民主更高更切实的民主，并且造就比这些国家更多更优秀的人才。”② 在经济、政治和人才三个方面都超过资本主义，是邓小平追求的总体的长远目标。

党的十二届三中全会确定以发展商品经济作为经济体制改革的导向后，直到十三大召开前夕，基于对经济体制改革遇到阻碍的忧虑，邓小平对于把政治体制改革提到议事日程更为急迫，提出了具体的近期目标或目

① 邓小平. 邓小平文选：第2卷. 北京：人民出版社，1994：332、335、328.

② 同①322.

的。在不同场合，他谈到过三个目标或目的，如“消除官僚主义，发展社会主义民主，调动人民和基层单位的积极性”，“调动群众的积极性，提高效率，克服官僚主义”①。“第一，巩固社会主义制度；第二，发展社会主义社会的生产力；第三，发扬社会主义民主，调动广大人民的积极性。”②“第一个目标是始终保持党和国家的活力。……第二个目标是克服官僚主义，提高工作效率。……第三个目标是调动基层和工人、农民、知识分子的积极性。”③

这些目标或目的的表述有所不同，但贯穿其中的关键词是：保持活力，消除官僚主义，提高效率，发展民主，调动积极性，发展生产力，最终巩固社会主义制度和党的领导。这些关键词相互连接，其切入点，是解决发展经济所遇到的微观体制效率不高和活力不够的问题；而只有消除官僚主义，才能提高效率，这就需要调动人民群众的积极性；而调动人民群众的积极性，除了发展民主外，“最中心的环节，还是发展生产力，提高人民的生活水平。生产力发展了，人民积极性调动起来了，社会主义国家的力量就增强了，社会主义制度就巩固了”④。

可以说，邓小平关于政治体制改革的长远目标，是创造比资本主义更优越的制度，近期目标，是适应经济体制改革的需要，解决体制的活力和效率问题。而这两者的统一，是发展社会主义民主，调动人民群众的积极性。

另一方面，是推进改革的坚定性和突破口选择的慎重性的统一。

改革开放之初，邓小平在提出政治体制改革三个长远目标时，对其艰难性有充分的估计，因而他一方面态度很坚定，另一方面又强调研究和探索，而不是急于求成，“时间有的可以短些，有的要长些，但是作为一个社会主义大国，我们能够也必须达到”⑤。

邓小平之所以对政治体制改革持比较谨慎的态度，不仅是因为他意识到既需要对具体制度进行根本性变革，又需要维护根本制度，而且是因为

① 邓小平．邓小平文选：第3卷．北京：人民出版社，1993：177.

②④ 同①178.

③ 同①179-180.

⑤ 邓小平．邓小平文选：第2卷．北京：人民出版社，1994：322.

他充分估计到改革肯定导致利益分化，并产生新的社会矛盾，即“生产关系和上层建筑的改革，不会是一帆风顺的，它涉及的面很广，涉及一大批人的切身利益，一定会出现各种各样的复杂情况和问题，一定会遇到重重障碍”①。1986年他在推进党政分开时，更是谨慎地表示：“这个问题太困难，每项改革涉及的人和事都很广泛，很深刻，触及许多人的利益，会遇到很多的障碍，需要审慎从事。我们首先要确定政治体制改革的范围，弄清从哪里着手。要先从一两件事上着手，不能一下子大干，那样就乱了。国家这么大，情况太复杂，改革不容易，因此决策一定要慎重，看到成功的可能性较大以后再下决心。”② 他特别强调，对于政治体制改革，“不能认为只要破字当头，立就在其中了”③。直到在改革开放13年后的南方谈话中，他还认为：“恐怕再有三十年的时间，我们才会在各方面形成一整套更加成熟、更加定型的制度。”④

为此，邓小平对于政治体制改革突破口的选择，采取了审慎的态度。改革开放之初，鉴于“文化大革命”对社会主义民主和法制的破坏，他确定从健全社会主义法制着手，来推进社会主义民主的发展。他明确提出：“为了保障人民民主，必须加强法制。必须使民主制度化、法律化，使这种制度和法律不因领导人的改变而改变，不因领导人的看法和注意力的改变而改变。”⑤ 他还认为，解决社会利益分化的矛盾，需要靠法制，而不能只靠“批评和自我批评”的方法，他指出：“国家和企业、企业和企业、企业和个人等等之间的关系，也要用法律的形式来确定；它们之间的矛盾，也有不少要通过法律来解决。”⑥ 即使对政治斗争乃至处理敌我矛盾，邓小平也强调“一定要在法律范围内进行”。“要按照宪法、法律、法令办事，学会使用法律武器（包括罚款、重税一类经济武器）同反党反社会主义的势力和各种刑事犯罪分子进行斗争。这是现在和今后发展社会

① 邓小平．邓小平文选：第2卷．北京：人民出版社，1994：152.
② 邓小平．邓小平文选：第3卷．北京：人民出版社，1993：176-177.
③ 同①336.
④ 同②372.
⑤ 同①146.
⑥ 同①147.

主义民主、健全社会主义法制的过程中要求我们必须尽快学会处理的新课题。”①

在80年代中期确立商品经济作为经济体制改革的方向后，党政不分的体制阻碍了经济体制改革的深化，为此，邓小平决定政治体制改革从党政不分“开刀”。他认为这是“解决党如何善于领导的问题。这是关键，要放在第一位。第二个内容是权力要下放，解决中央和地方的关系，同时地方各级也都有一个权力下放问题。第三个内容是精简机构，这和权力下放有关”②。之所以从党政不分切入，是因为直接关系到“调动群众积极性，提高效率，克服官僚主义”的改革近期目标，又关系到“巩固党的领导”的改革长远目标，因为党如果干预太多，反而会削弱党的领导。

从20世纪80年代的改革实际进程来看，邓小平把健全法制和党政分开确定为政治体制改革的主要内容，事实上抓住了政治制度完善的根本问题，打通了政治体制改革的近期目标和长远目标，既是积极的，又是稳妥的。

（3）吸收人类文明成果和为世界做出贡献的统一。

邓小平认为，要突破过去的僵化体制，既需要学习和借鉴世界各国包括资本主义国家的文明成果，又要坚持自己的道路，并通过中国道路对世界做出贡献。

一方面，吸收人类文明成果和自主决定政治发展道路的统一。

改革开放伊始，邓小平就提出，对于政治体制改革，“需要认真调查研究，比较各国的经验，集思广益，提出切实可行的方案和措施”③。在南方谈话中，他对这一思想做了更集中明晰的表达：“社会主义要赢得与资本主义相比较的优势，就必须大胆吸收和借鉴人类社会创造的一切文明成果，吸收和借鉴当今世界各国包括资本主义发达国家的一切反映现代社会化生产规律的先进经营方式、管理方法。”④ 这里讲的“管理方法”，应该

① 邓小平．邓小平文选：第2卷．北京：人民出版社，1994：371.

② 邓小平．邓小平文选：第3卷．北京：人民出版社，1993：177.

③ 同①336.

④ 同②373.

包括党和国家的领导制度和方法。

然而，考虑到历史文化、现实国情和实现任务的不同，邓小平反复告诫，“不能搬用西方那一套所谓的民主，不能搬用他们的三权鼎立，不能搬用他们的资本主义制度”，而“要根据社会主义国家自己的实践、自己的情况来决定改革的内容和步骤”①。也就是走自主的政治发展道路。

当然，邓小平并不是从社会主义民主和资本主义民主的抽象概念出发，来阐述走自主道路的必要性的，也没有把反对封建专制主义中形成的反映人类文明成果的理念制度，都当成资本主义的“专利”，而是从中国实际和实践发展的需要，即如何发挥自己优势出发，来确定思路的。例如，对于“三权分立，多党竞选”，他说：“我们并不反对西方国家这样搞，但是我们中国大陆不搞多党竞选，不搞三权分立、两院制。我们实行的就是全国人民代表大会一院制，这最符合中国实际。如果政策正确，方向正确，这种体制益处很大，很有助于国家的兴旺发达，避免很多牵扯。”对于“普选”，他也并不认为是资产阶级的专利，“大陆在下个世纪，经过半个世纪以后可以实行普选”。但是，“因为我们有十亿人口，人民的文化素质也不够，普遍实行直接选举的条件不成熟”。总体上他认为：“有些事情，在某些国家能实行的，不一定在其他国家也能实行。我们一定要切合实际，要根据自己的特点来决定自己的制度和管理方式。”②

对于走自主道路的必要性，邓小平又是从如何避免不良后果来考虑的。从国内来看，“中国正处在特别需要集中注意力发展经济的进程中。如果追求形式上的民主，结果是既实现不了民主，经济也得不到发展，只会出现国家混乱、人心涣散的局面。……中国人多，如果今天这个示威，明天那个示威，三百六十五天，天天会有示威游行，那末就根本谈不上搞经济建设了。……如果我们现在十亿人搞多党竞选，一定会出现‘文化大革命’中那样‘全面内战’的混乱局面”③。从国外来看，他洞察西方某些势力要中国照搬西方制度的要害，是建立一个完全附庸西方的国家，正如

① 邓小平. 邓小平文选：第3卷. 北京：人民出版社，1993：241.

② 同①220、220-221.

③ 同①284-285.

他所说："如果我们不坚持社会主义，最终发展起来也不过成为一个附庸国，而且就连想要发展起来也不容易。"①

另一方面，体现社会主义的内在要求和对世界做出贡献的统一。

在邓小平的视野中，中国要实行政治体制改革，并非是屈服外来压力或接受外国政要教训的结果，而是中国社会主义自身发展的内在要求。

早在党的十一届三中全会召开的前夕，为打破思想僵化局面，邓小平提出了"民主是解放思想的重要条件"的论断，为此，他强调"当前这个时期，特别需要强调民主。因为在过去一个相当长的时间内，民主集中制没有真正实行，离开民主讲集中，民主太少"②。改革开放以来，他一直强调这样的观念：没有民主就没有社会主义。

在一个开放的、中国与世界的关系越来越密切的时代，邓小平坚持走自主政治发展道路，还包含了他对人类负责、对世界做贡献的价值意蕴。他多次对西方政界人士说，中国共产党在改革中坚持领导地位，不是有什么私利，而是考虑到如果没有中国共产党的领导和社会主义方向，中国可能会发生动乱甚至内战，而"一打内战就是各霸一方，生产衰落，交通中断，难民不是百万、千万而是成亿地往外面跑，首先受影响的是现在世界上最有希望的亚太地区。这就会是世界性的灾难。所以，中国不能把自己搞乱，这当然是对中国自己负责，同时也是对全世界全人类负责"③。

（二）中国道路的世界意义和道路界限的辩证性

中国特色社会主义道路的开辟，既是适合国情的选择，也是顺应时代潮流和特征的选择，因而它不仅对于中华民族的伟大复兴具有重大意义，而且也具有世界意义。如果我们把视角定位于民族复兴道路的探索这一中国近现代历史的根本任务，把革命和改革都视为手段而不是目的本身，那

① 邓小平．邓小平文选：第3卷．北京：人民出版社，1993：311．

② 邓小平．邓小平文选：第2卷．北京：人民出版社，1994：144．

③ 同①361．

么，中国特色社会主义道路给人们展示的世界意义，无疑应该是提供了不同于资本主义现代化道路选择的可能性，并由此证明了人类文明发展道路的多样性而非单一性。

1. 中国道路对人类文明的贡献

（1）评价对人类文明贡献的尺度和方法论。

讨论中国道路的世界意义，前提是尺度和方法论问题，它涉及一个重要的理论问题：对于世界而言，人类文明进步和发展道路是走向多样化，还是趋于单一化？认为人类文明进步和发展道路趋于单一化的，有两种理论表现，其背后的观念基础，是两种绝对普遍主义。

一种“绝对普遍主义”的观念，是从所谓的“理性的绝对普遍性”出发，把资本主义在依靠工业化、社会化大生产和商品经济而实现现代化的发展进程中所形成的生产关系和政治法律制度，当作人类文明的绝对形式，并把适应资本主义发展需要而形成的自由、平等、博爱等价值观，当作先验的“普世价值”。马克思早就揭示了把资本主义文明的历史合理性上升为绝对普遍性的意识形态的“虚幻性”，指出“资产阶级，由于开拓了世界市场，使一切国家的生产和消费都成为世界性的了”，“由于一切生产工具的迅速改进，由于交通的极其便利，把一切民族甚至最野蛮的民族都卷到文明中来了”①。于是，本来在资本主义发展进程中所产生的具有反对封建专制主义意义的制度及价值观，便被宣扬成具有了“绝对普遍性”。但是，由于其一，欧洲资本主义原始积累的条件，今天后发国家并不可能具备；其二，资本主义所带来的人的异化的弊端，正需要有新的社会制度来加以扬弃。因此，资本主义的现代化道路和价值概念，绝不是任何民族在任何时候都能够通行和必须通行的所谓人类共同的“康庄大道”。如果动辄以渗透着西方价值观的理论话语来诠释中国经验，甚至要求以此来规范中国道路，改革中国制度，其实质是西方中心主义的表现。

另一种“绝对普遍主义”的观念，是斯大林对马克思主义的教条主义

---

① 马克思，恩格斯．马克思恩格斯选集：第1卷．北京：人民出版社，1995：276.

诠释，它从所谓“物质的绝对普遍性”出发来解释历史发展规律，认为历史规律是自然的物质运动所决定的，因而历史规律是如同“自然规律”一样，是“线性”的，而且每一阶段都有固定的生产力、经济基础和上层建筑。这种“绝对普遍主义”否认了人的主体性、选择性，以及历史的丰富性、多样性，阉割了马克思主义的具体性和它的活的灵魂。马克思并不是从“物质”这一所谓的普遍概念出发，演绎出所有国家和民族存在共同的发展道路，也不是通过对世界绝大部分国家历史发展的经验考察，归纳出人类发展的共同道路，并把它概括为历史发展的普遍规律的。马克思是从人的实践活动出发，从西欧资本主义自身矛盾运动的特殊性切入，来论证资本主义必然被社会主义取代的必然性的。由于资本主义生产的社会化及其所带来的世界市场，造就了人类发展的“世界历史性”，使马克思对资本主义的批判具有了普遍性意义。

由此可见，在马克思恩格斯那里，人类文明的发展道路是多样性的。但是，由于资本主义现代化所带来的“世界历史性”，使得各国必须走现代化道路，这具有共同性；而这一现代化道路又必须摒弃资本主义现代化进程中的弊端，这也是人类文明发展的必由之路，同样具有共同性。至于通过什么样的道路实现现代化，各个国家和民族应该根据时代潮流和国情条件加以选择。中国特色社会主义道路的选择，证明了马克思主义这一基本思想的正确性，也是其具有世界意义的根本体现。而如果按照“绝对普遍主义”所说的社会形态发展具有线性的单一性的话，既无法解释今天中国所走的道路为什么是中国特色社会主义而不是中国特色资本主义，也无法回答当代世界文明、制度和发展道路的多样性，更无法回应当代世界和中国面临的一系列重大问题。

而随着中国特色社会主义实践经验的丰富和理论表达的清晰，随着世界两极格局终结后多极化趋势的出现，中国共产党的国际战略思维，越来越明显地朝着主张多样化的方向发展。党的十五大第一次提出了“要尊重世界的多样性”的观念，其根据是：“当今世界是丰富多彩的。各国都有权选择符合本国国情的社会制度、发展战略和生活方式。”党的十六大重申了“维护世界多样性”的理念，并主张：“世界上的各种文明、不同的社会制度和发展道路应彼此尊重，在竞争比较中取长补短，在求同存异中共同发展。”党的十七大对维护世界多样性的理念做了具体化，即在“政治上相互尊重、平等协商”，“经济上相互合作、优势互补”，“文化上相互借鉴、求同存异”，“安全上相互信任、加强合作”，“环保上相互帮助、协力推进”。党的十八大进一步强调：“尊重世界文明多样性、发展道路多样化，尊重和维护各国人民自主选择社会制度和发展道路的权利，相互借鉴，取长补短，推动人类文明进步。”“倡导人类命运共同体意识，……同舟共济，权责共担，增进人类共同利益。”

（2）中国道路对人类文明发展的主要贡献。

其一，中国特色社会主义的成果，为世界社会主义事业注入了新的活力，为不发达国家的发展提供了新的经验。

邓小平在谈到中国改革的意义时曾经指出：“我们的改革不仅在中国，而且在国际范围内也是一种试验，我们相信会成功。如果成功了，可以对世界上的社会主义事业和不发达国家的发展提供某些经验。”① 正因为如此，习近平对邓小平做了如此评价：“邓小平同志的贡献，不仅改变了中国人民的历史命运，而且改变了世界的历史进程。”② 美国汉学家傅高义也评价邓小平是20世纪对世界影响最大的伟人，因为“他领导人口将近占世界四分之一的国家，走新的道路，中国变得与世界关系密切，成为全球大国。在改善这么多人生活水平方面，20世纪中有任何其他领导人比他做得更多吗？在20世纪，有哪个领导者对世界历史产生这样巨大而又持久的影响力”③？

中国特色社会主义道路的成功开辟和不断拓展，破除了对社会主义教条式的理解和乌托邦式的幻想，克服了苏联社会主义模式僵化的弊端。它既坚持了社会主义方向，又把中国的发展纳入当代开放世界的视野。当中国的“文化大革命”结束之时，几乎所有社会主义国家所实施的苏联模式的发展战略和计划体制的缺陷已暴露无遗，在同西方国家的经济竞争中已

① 邓小平．邓小平文选：第3卷．北京：人民出版社，1993：135.
② 习近平．在纪念邓小平同志诞辰110周年座谈会上的讲话．人民日报，2014-08-21.
③ 美国汉学家：20世纪，邓小平对世界影响最大．新民晚报，2014-08-22.

全面处于劣势。现实迫使人们重新思考，究竟什么是社会主义、怎样建设社会主义，而其焦点，在于重新认识计划与市场的关系。在改革之初，邓小平就提出："社会主义同资本主义比较，它的优越性就在于能做到全国一盘棋，集中力量，保证重点。缺点在于市场运用得不好，经济搞得不活。"① 正是以这种认识为起点，中国逐步突破苏联模式，开辟了中国特色社会主义道路。

邓小平指出："在革命成功后，各国必须根据自己的条件建设社会主义。固定的模式是没有的，也不可能有。"② "每个国家的基础不同，历史不同，所处的环境不同，左邻右舍不同，还有其他许多不同。别人的经验可以参考，但是不能照搬。"③ 中国特色社会主义对世界的贡献，最重要的是展现了社会主义发展道路和现代化道路的多样性。

其二，中国特色社会主义的成就，促进了世界和平和发展事业。

在经济上，由于中国特色社会主义道路的开辟，中国短时间里解决了占世界 1/5 人口的贫困问题，这本身就是对世界和平和发展事业的无可比拟的贡献。而中国在解决自己的发展问题的时候，始终是把它与时代特征和世界大势联系在一起，从而影响了世界的发展。邓小平高度关注世界和平与发展问题，提出"应当把发展问题提到全人类的高度来认识，要从这个高度去观察问题和解决问题"。改革开放以来，中国共产党始终强调中国特色社会主义是主张和平的社会主义，我们在发展中利用了世界和平与发展的机遇、经济全球化和世界多极化的机遇，也提出要把中国的机遇变成世界发展的机遇，并在这一方面做出了不懈的努力。

在政治上，随着中国特色社会主义的发展壮大，我们在世界上承担的责任也越来越大。中国始终坚持既不干涉他国内政，又尽力主持公道，我们秉持中国和所有发展中国家的命运是共同的信念，在国际事务中不称霸，不欺负别人，反对任何形式的霸权主义，维护世界和平，为世界建立公正的经济和政治秩序做出了重要贡献。

---

① 邓小平. 邓小平文选：第 3 卷. 北京：人民出版社，1993：16-17.

② 同①292.

③ 同①265.

其三，中国特色社会主义道路的选择，为人类文明的发展提供了新的资源。

苏东剧变之后，国际共产主义运动处于低潮，马克思主义“过时论”、社会主义“失败论”、资本主义“历史终结论”、民主社会主义“救中国论”沉渣泛起。中国特色社会主义的成功实践，雄辩地证明上述理论和思潮的荒谬与错误，冲击了“西方中心论”构建的话语体系，为发展中国家实现现代化开辟了一条新路，提供了历史经验借鉴。

在人类社会漫长的文明发展史中，西方资本主义文明只是人类文明特定阶段的一种形式，不是永恒的形式，更不是绝对普遍的唯一形式。将西方资本主义现代化模式和发展道路视为人类文明模式和现代化道路的“典范”或者“样板”，是欧洲中心主义的表现。从德国古典哲学家黑格尔的“世界历史理论”到美籍日裔学者弗朗西斯·福山的“历史终结论”，都秉承欧洲文明是人类文明的核心和最终归宿的“话语逻辑”。在黑格尔看来，世界精神是以民族精神的形式实现其自由的历史的，世界历史的发展和人类文明的前进方向就是从东方走向西方，从东方各国（只是知道“一个人是自由的”）到希腊罗马（知道“一部分人是自由的”）再到日耳曼（知道“一切人是自由的”），而日耳曼世界的最高阶段是普鲁士的君主立宪国家，这是世界历史和人类文明发展的顶峰。而德国社会学家马克斯·韦伯则将资本主义与新教伦理联系起来，又把资本主义与现代化社会联系起来，成为解释现代化的所谓范式性理论。就连日本明治维新之后的崛起，在“欧洲中心论”的话语体系中也被解释成是所谓日本“脱亚入欧”使然。这种理论解释不仅进一步强化了西方国家的优越感和西方文化的话语霸权，同时也打压了包括中国在内的许多东方社会以及其他发展中国家的自尊心和自信心。

而西方民主政治各种模式的形成，大体上都伴随着资本的扩张，因其“不光彩”的历史，要在曾经受过资本主义侵略和剥削的中国进行复制，是不可思议的。中国近现代历史告诉我们，当西方列强打开中国大门后，它们的目标非常清晰，就是把中国变成它们可以任意宰割的势力范围，成为掠夺廉价原料和劳动力以及推销其商品的方便之地，而并非是帮助东方世界诞生一个足以同西方列强抗衡的资本主义现代化强国。这也就是毛泽东所发人深省地提出的，中国许多仁人志士都很虔诚地拜西方为师，而为什么先生老是欺负学生的根本原因。邓小平因其丰富的历史阅历，对此有深刻的直觉，早在改革开放之初，就一针见血地点出照搬西方模式的要害，即“如果我们不坚持社会主义，最终发展起来也不过成为一个附庸国，而且就连想要发展起来也不容易”①。

西方的经济政治制度，是在反对封建专制主义制度中产生的，有其历史进步意义，在资本主义国家也有现实的基础。但是，其历史和现实的局限性也是显而易见的，它并不适合所有国家。在不少输入西方道路和模式的国家中，不仅没有成功解决原有的社会矛盾和问题，反而造成经济结构畸形和社会政治动荡，并且很容易受到国际经济危机的冲击。英国《每日电讯报》曾经评选过全球社会风险最高的20个国家和地区，大多数都是照搬西方模式的国家和地区。况且，迄今为止人类历史上代价最为惨重的两次世界大战和两次严重的经济危机，都起源于西方制度的诞生地欧洲和发扬地北美。就是曾经被视为资本主义发展“典范”的美国和“老巢”的欧洲，自2008年以来爆发了严重的金融危机，并且引发实体领域的经济危机，资本主义的发展模式和现代化道路在西方世界受到广泛的质疑。

西方有些资产阶级政治家把西方模式作为实现经济繁荣的必要前提，把亚洲和中国台湾作为“取得巨大经济成就的民主社会”的范例，诱使其他发展中国家照搬西方模式。对此论调，英国《金融时报》网站发表戴维·皮林的文章认为其论据不足，因为“除了日本是被美国侵略者强加民主以外，其他经济体在独裁统治下与形成民主制度后的发展同样迅速……韩国是在成为中产阶级国家后才变得多元化的，人们也可以说经济成就产生了民主，而不是反其道行之……菲律宾有一些民主的表现，但在经济上却令人失望。新加坡按照‘自由之家’的评级仅仅是‘部分自由’，却拥有亚洲最高的人均收入”②。

---

① 邓小平．邓小平文选：第3卷．北京：人民出版社，1993：311.

② 英媒称希拉里敲打中国论据不足 讲话缺少准确性.（2012－07－13）．http://www.chinanews.com/gj/2012/07-13/4030777.shtml.

20世纪以来人类社会的历史发展事实证明，一些发展中国家由于选择了适合自己国情的社会主义发展模式和道路，取得了发展的巨大成功。随着中国的崛起，“历史终结论”的提出者弗朗西斯·福山最近也有所反省，他在2009年接受日本《中央公论》杂志采访时承认：“客观事实证明，西方自由民主可能并非人类历史进化的终点。随着中国崛起，所谓‘历史终结论’有待进一步推敲和完善，人类思想宝库需为中国传统留有一席之地。”① 总之，中国特色社会主义的崛起雄辩地证明：一个不同于资本主义的新世界是完全可能的。

2. 中国道路界限的绝对性和相对性

党的十八大报告指出：“在改革开放三十多年一以贯之的接力探索中，我们坚定不移高举中国特色社会主义伟大旗帜，既不走封闭僵化的老路、也不走改旗易帜的邪路。”对于两个“不走”，有人不解：只有中国特色社会主义道路才是正路？而质疑来自两个方面：其一，既然我们要“积极借鉴人类政治文明的有益成果”，又怎能把其他国家走的路都说成是“邪路”？其二，既然“不能用改革开放后的历史时期否定改革开放前的历史时期”，又怎能把改革开放前走的路称为“老路”？习近平在十八大后中共中央政治局第一次集体学习会上的讲话中提出：“坚持和发展中国特色社会主义是贯穿党的十八大报告的一条主线。”抓住这一主线，就能回应上述不解和质疑，从而理解十八大报告提出的“理论自信”，是建立在理论自觉基础上的。

（1）提升中国道路的理论特色以增强道路自信。

要确立中国特色社会主义的道路自信，不仅需要以中国已成为第二大经济体等经验事实为根据，更需要理论的自觉反思，以提升中国特色社会主义的理论特色。没有这种理论的自觉反思，或者可能使自己陷入西方中心主义而妄自菲薄，或者可能使自己陷入斯大林的教条主义而妄自尊大，而这两者都不可能确立道路自信。

---

① 高擎真理的火把——记中国社科院世界社会主义研究中心．光明日报，2011-12-02.

中国特色社会主义的道路、理论和制度的关系，同“三个自信”的关系，是有区别的。道路、理论和制度的关系，有两个层面，一是形成关系，二是功能关系。从形成关系看，道路的选择决定了制度的形成和完善，道路的开辟决定了理论的创新。从功能关系看，道路是实现途径，理论是行动指南，制度是根本保障。这两个关系统一于实践，是客观的关系。

由于“三个自信”是对实践发展必然要求的自觉反映，属于观念形态的东西，因而在“三个自信”中，理论自信对于道路自信和制度自信而言，是思想基础。坚持什么样的道路和制度，涉及政治信念和立场问题。而立场坚定取决于思想清醒，思想清醒则取决于理论彻底。我们的理论在面对道路和制度在选择与坚持中所产生的社会热点、理论难点和思想疑点的时候，只有提供科学的理论思维和正确的价值导向，更准确地揭示实际问题、更深刻地批判社会矛盾、更科学地把握未来价值，使这一理论真正具有解释力，中国特色社会主义道路和制度才能避免走老路或邪路的干扰和诱惑。只有通过马克思主义的理论自觉不断丰富中国特色社会主义道路的理论特色，才能增强道路自信。

所谓中国特色社会主义的道路自信，是坚信我们选择的道路，既符合时代特征又适合中国国情，相对于资本主义创造的现代文明，具有新的优势，其独特性中蕴含着丰富人类文明大道的重要价值；同时，这一道路在选择中所经历的艰难曲折、所取得的辉煌成就、所积累的宝贵经验，能使我们保持攻坚克难的精神状态。所谓中国特色社会主义的理论自信，是坚信我们所开创的理论，坚持了马克思主义对资本主义现代性批判精神和人的解放的指导原则，是科学性、价值性的统一，具有相对于其他现代化理论的比较优势；同时，这一理论的实践性和开放性的特质，使它具有应对当代中国和世界各种新挑战的能力。所谓中国特色社会主义的制度自信，是坚信我们在道路选择和理论指导下形成的基本制度，是我国发展成就的制度化体现，相对于其他国家的政治制度，同样具有比较优势；同时，这一制度总体上有利于促进经济发展，有利于保障社会公平正义、民族团结和社会进步。

所谓在道路问题上的理论自觉，一是要对我们所处的历史方位有清醒的理论把握，二是要反思我们在道路发展和制度形成中的不足和弊端，并自觉吸收其他道路和制度中形成的有利于人类文明发展的共同成果。

党的十八大报告指出：我国仍处于并将长期处于社会主义初级阶段的基本国情没有变，人民日益增长的物质文化需要同落后的社会生产之间的矛盾这一社会主要矛盾没有变，我国是世界最大的发展中国家的国际地位没有变。这“三个不变”，就是对中国特色社会主义所处历史方位的清醒的理论把握。

党的十八大报告对于我们工作中还存在的许多不足和前进道路上的困难，做了充分揭示，反映出强烈的忧患意识。中国发展遇到诸多瓶颈，如能否处理好政府和市场的关系、加快发展方式转型，使经济平稳发展；能否缩小收入差距、切实改善民生，使社会能公平发展；能否发展民主政治、遏止严重腐败，使政治稳定发展；能否加大自然生态系统和环境保护力度，使民族能永续发展；能否驾驭和其他发达资本主义国家同样存在的结构性矛盾，使中国能和平发展；等等。突破这些瓶颈以化解各种风险，必须深化各个领域的改革，构建系统完备、科学规范、运行有效的制度体系。通过彰显政治勇气和智慧，增强体制改革的自觉性，以完善市场经济体制，健全民主政治体制，创新文化发展体制，构建社会建设体制，建立生态文明体制，这样才能使中国特色社会主义道路日趋完善，并且使对这一道路的理论阐释更具自信。

（2）提出两个“不走”的必要性和道路界限的绝对性。

关于两个“不走”，并非十八大的“创新”。早在党的十七大召开后的第二年，在纪念十一届三中全会30周年大会上，胡锦涛就代表中央宣示了这一政治立场：“我们要始终坚持党的基本路线不动摇，做到思想上坚信不疑、行动上坚定不移，决不走封闭僵化的老路，也决不走改旗易帜的邪路，而是坚定不移地走中国特色社会主义道路。”

改革开放进入30个年头后，中国发生了急剧的社会转型，过去封闭的、单一的社会结构，已被开放的、多元的社会结构所取代。这就决定了人们的思想活动乃至价值观的多样化。然而，社会矛盾的凸显，不仅成为制约社会进步的瓶颈，而且对中国特色社会主义道路的政治认同产生了冲击。各种社会思潮与社会矛盾中的不同利益的纠结，使不少人对中国道路及其发展前景的基本价值导向，产生了迷茫。某些社会思潮则利用这些迷茫，对中国特色社会主义道路提出质疑，其中有两种思潮特别值得我们注意：一种是认为中国当前产生的社会矛盾特别是贫富分化和腐败，都是中国特色社会主义带来的，是国有企业的经济垄断和党的权力的政治垄断造成的，因而“只有民主社会主义才能救中国”。另一种则认为这么多的社会矛盾，都是改革开放和市场经济带来的，如贫富分化是“两极分化”的表现，“两极分化”是剥削造成的，而实质上是私有制的多种所有制则是剥削的根源；同时，腐败是社会上的资产阶级与党内资产阶级搞交换的产物，因而主张发展多种经济成分、市场经济、以民为本、民主政治和中华文化，“实质是反社会主义”，而只有在经济上强化国有制和计划经济，政治上搞阶级斗争，才是出路。问题的复杂性在于，上述社会思潮，都以现实的社会矛盾为依据，因而具有极大的迷惑性，极易“干扰”部分干部群众的政治认同。

由此，正处在新的历史起点上的中国，在强调坚持和发展中国特色社会主义的同时，点出这两个“不走”，是非常有必要的：

其一，有助于在政治生活领域保证国家的正确发展方向。

改革开放运用资本和市场的力量而获得巨大成功，但必须深入思考中国社会进一步前进的方向在哪儿？是不是人人都成为资本和商品的奴隶？马克思提出的人的解放的目标，是否应该成为最高的奋斗理想？况且，在融入经济全球化进程中，中国亟须解决如何维护自己的独立性而不至于成为西方附庸的问题。因此，非常明确地表达中国共产党的基本政治价值，并使之体现在我们的指导思想、基本制度和思想文化各方面，是非常必要的。

中国特色社会主义道路，与“封闭僵化的老路”和“改旗易帜的邪路”之间，存在明确的界限。中国特色社会主义道路，既摆脱了经济上高度集中、政治上高度集权、文化上高度同一、社会上高度统一而缺乏活力和效率的斯大林社会主义模式，又没有照搬西方以个人主义为基础、盛行商品拜物教甚至货币拜物教，而且以强权建立起不公平的国际经济政治秩序的现代化模式。坚持中国道路的自主性，可以避免成为西方发达国家的附庸。中国特色社会主义道路在价值目标、基本内容和实践途径等方面，都与西方资本主义的现代化道路，有着本质的区别。

在这里，特别要厘清"不走封闭僵化的老路"与对改革开放前后"两个30年不能相互否定"的关系问题。对"两个30年不能相互否定"的命题，不能做片面的解读。因为中国特色社会主义道路，就是在否定前30年中逐步形成的"左"的指导思想、愈来愈僵化的体制以及"文化大革命"的前提下，才得以开创的。正如邓小平所说："可以说，从一九五七年开始我们的主要错误是'左'，'文化大革命'是极左。中国社会从一九五八年到一九七八年二十年时间，实际上处于停滞和徘徊的状态，国家的经济和人民的生活没有得到多大的发展和提高。这种情况不改革行吗？"① 党的十一届六中全会通过的《关于建国以来党的若干历史问题的决议》中，对"文化大革命"已彻底否定。彻底否定"文化大革命"，是否定"文化大革命"的"理论和实践"，而不等于全盘否定"文化大革命"的"十年历史"，更不等于否定前30年。如果混淆这两个概念，打着"不能否定前30年"的旗号而为以往"左"的指导思想、僵化体制甚至"文化大革命"辩护，并以此来否定改革开放，是错误的。没有对"文化大革命"的否定，就没有中国特色社会主义道路的开辟。

其二，有助于在文化生活领域促进精神的健康发展。

任何文化都具有认识世界、传承文明、创新理论、资政育人和服务社会的功能，都会直接或间接、自觉或不自觉、完全或部分地在为一定利益关系的合理性或不合理性做论证，就必然有不同的思维方式和价值导向。在这一情况下，党明确提出自己的政治方向，可以在回答社会热点、理论难点和群众疑点时，提供科学的理论思维和正确的价值导向，从而引领各种社会思潮，以推进思想文化健康发展。

---

① 邓小平．邓小平文选：第3卷．北京：人民出版社，1993：237．

其三，有助于在日常生活领域维护社会稳定。

人们思想的独立性、选择性、差异性、多变性的增强，是社会进步的体现。人民当家作主的社会，应该容纳不同声音；面对各种社会矛盾，群众也需要有不同情绪的宣泄以释放压力。然而，由于社会生活的急剧变化，使个人对价值观的判断和选择，处于极不稳定的状态，造成有些人在表达权使用上的非理性状况，从而会对转型期必要的社会稳定产生冲击。因此，社会既需要尊重和包容多样化、差异性价值观，也需要扩大社会认同和增进思想共识，凝聚共同的价值追求，以发挥其在社会转型中维护社会稳定的精神导向功能。

（3）中国道路与其他道路界限的相对性。

党的十八大报告和习近平在中共中央政治局第一次集体学习时的讲话中强调：我们要真正做到“既不妄自菲薄、也不妄自尊大，扎扎实实夺取中国特色社会主义新胜利”。没有理论自信，是“妄自菲薄”；但理论自信又应该建立在理论自觉的基础上，缺乏反思和批判精神的“理论自信”，将导致“妄自尊大”。所谓在道路问题上的理论自觉，就是以发展视野和辩证思维来看待中国特色社会主义道路与两个“不走”之间基本界限的相对性。

其一，用发展视野看待道路界限的动态性和历史性。

首先，中国特色社会主义是在实践中逐步形成和完善的。对于包括社会主义在内的“四项基本原则”，邓小平在1979年理论工作务虚会上指出，这是我们党历来所坚持的，“但是这些原则在目前的新形势下却都有新的意义，都需要根据新的丰富的事实作出新的有充分说服力的论证”。“这决不是改头换面地抄袭旧书本所能完成的工作，而是要费尽革命思想家心血的崇高的创造性的科学工作。”为此，我们要写出“有新内容、新思想、新语言的有分量的论文、书籍、读本、教科书来，填补这个空白”①。这表明，社会主义不是凝固僵化的，而是不断发展的。例如，中国的经济运行机制，经历了从计划经济到计划经济为主、市场调节为辅，再到有计划的商品经济，再到国家调控市场、市场引导企业，再到计划经济和市场调节相结合，再到社会主义市场经济等的发展变化；中国特色社会主义的基

① 邓小平．邓小平文选：第2卷．北京：人民出版社，1994：179-180、180．

本经济制度，经历了从公有制到公有制为主体、其他所有制为补充，再到公有制为主体、多种所有制经济共同发展的发展变化；中国特色社会主义的治国思路，经历了从民主的制度化、法律化到依法治国的发展，制度内容上逐步扩大到基础群众自治制度，再到国家治理体系和治理能力的现代化等发展变化；中国特色社会主义的文化建设，经历了从精神文明到先进文化建设，再从社会主义核心价值体系到社会主义核心价值观培育的发展变化；中国特色社会主义的总体布局，经历了从物质和精神“两个文明”到经济、政治、文化三大建设，再从经济、政治、文化、社会“四位一体”到加上生态“五位一体”的发展变化；等等。

其次，中国特色社会主义还在发展中。胡锦涛多次说过：党的先进性和党的执政地位都不是一劳永逸、一成不变的，过去先进不等于现在先进，现在先进不等于永远先进；过去拥有不等于现在拥有，现在拥有不等于永远拥有。习近平在中共中央政治局第一次集体学习时的讲话中指出：中国特色社会主义制度是特色鲜明、富有效率的，但还不是尽善尽美、成熟定型的。中国特色社会主义事业不断发展，中国特色社会主义制度也需要不断完善。这表明，在道路问题上的基本理论界限不是凝固不变的，因而我们对这些界限的认识，应该具有历史性。

当下，我们还需要审时度势地认识政治体制改革的紧迫性。一是顺应世界潮流，不仅以经济规模，而且以民主建设成就，争取国际话语权，并推进国际关系民主化和和谐世界的建设；二是把握我国发展新要求和人民群众新期待。随着社会群体利益的不断分化，群众不再满足物质生活水平的提高，而是更多要求社会公平正义和保障民主权利。满足群众享受更多民主权利的需要，已成为中国社会进步的当务之急。中国的政党制度和人民代表大会制度形成的相对集中性的权力结构，应该坚持；而对于如何在党内以及国家机关之间，形成比较妥善的决策权、执行权和监督权之间既相互协调又相互制约的权力结构，又是需要努力通过改革加以探索的。政治生活要体现“人民主权”原则，需要有一整套能够保证这一原则实现的领导制度、体制和机制。一个政党在某一时期，因某一领袖人物的魅力，可能成就辉煌，但其衰落速度也可能是惊人的。究其原因，根子还在于缺乏联系党和群众的常态化的科学制度。正如邓小平所说："一个国家的命运建立在一两个人的声望上面，是很不健康的，是很危险的。不出事没问题，一出事就不可收拾。"①

其二，用辩证思维看待道路界限的绝对性和相对性。

列宁曾经说过："马克思和恩格斯的唯物主义辩证法无疑地包含着相对主义，可是它并不归结为相对主义，这就是说，它不是在否定客观真理的意义上，而是在我们的知识向客观真理接近的界限受历史条件制约的意义上，承认我们一切知识的相对性。"② 中国特色社会主义有其质的规定性，划清它与其他道路的界限，有其必要性。但不能把这一规定性和必要性绝对化。

首先，中国道路与"封闭僵化的老路"和"改旗易帜的邪路"的界限，不是绝对对立的，而是在对立中有统一的关系。

中国特色社会主义道路既是对斯大林模式的否定，又是对新中国成立后社会主义革命和建设积极成果的继承。中国的"第一次革命"（含新民主主义革命和社会主义改造），为中国特色社会主义道路的开辟，提供了政治前提、制度基础（如人民代表大会制度、中国共产党领导的多党合作和政治协商制度、民族区域自治制度以及公有制的确立）和物质基础（如独立的国民经济和工业化体系的形成）。以毛泽东为代表的党中央第一代领导集体对社会主义建设道路的探索（如1956年提出的"以苏为鉴"的战略思考），为中国特色社会主义道路的开辟和理论的开创，提供了宝贵经验和理论准备。体现毛泽东思想立场、观点和方法的活的灵魂（实事求是、群众路线、独立自主），为中国特色社会主义理论体系的开创，提供了思想渊源。这表明，中国特色社会主义凝结了几代中国共产党人带领人民不懈探索实践的智慧和心血。正是在这个意义上，我们说，"不能用改革开放后的历史时期否定改革开放前的历史时期"。"不走封闭僵化的老路"，不等于全盘否定改革开放前30年取得的积极成果，更不等于说，继承前30年社会主义建设道路探索中形成的宝贵思想资源以及毛泽东思想活

---

① 邓小平．邓小平文选：第3卷．北京：人民出版社，1993：311.

② 列宁．列宁专题文集·论辩证唯物主义和历史唯物主义．北京：人民出版社，2009：43.

的灵魂，就是“走封闭僵化的老路”。

中国特色社会主义道路既避免走资本主义现代化道路或民主社会主义道路，又借鉴了资本主义在现代化的历史进程中的文明成果，如自由、民主、人权的价值理念以及权力制衡、依法治国的制度选择。这些都是近代资本主义在反对封建专制主义过程中逐步明确和形成的，它体现了人类文明的价值，其中也包含无产阶级和劳动人民长期斗争的成果，而并非资产阶级的专利。当然，如何保障自由、民主和人权，如何实行依法治国和权力制衡，资本主义各国都有其自身历史发展的逻辑，其制度设计和实现路径也是不同的。中国自然不能照搬西方制度，但又必须借鉴和吸收西方资本主义所创造的人类文明的成果，同时避免它们存在的弊端。“不走改旗易帜的邪路”，是指不照搬西方的现代化模式，而不等于全盘否定资本主义的现代化，不等于把自己的发展理念和途径与其他现代化国家完全对立起来，更不等于拒绝学习蕴含在其他道路中反映人类文明的积极成果。

其次，中国道路与“封闭僵化的老路”和“改旗易帜的邪路”的界限，不是非此即彼的，而是存在不同类型的“中间地带”。

中国道路与斯大林模式和西方现代化模式，在各自领域都不是绝对“周延”的。在迄今人类历史发展和当今世界范围内，就意识形态而言，不是只有马克思主义和反马克思主义的“两军对垒”，还存在更广阔的“中间地带”，即“非马克思主义”。就基本经济、政治制度而言，世界上也存在着诸多既不同于中国，也有别于典型西方资本主义经济、政治制度的国家。即使在中国，“改革开放没有完成时，只有进行时”，我们还在创造各种新的经济和政治发展的形式，必定会丰富中国道路。

由此，我们对“不走改旗易帜的邪路”，也不能做片面的解读，即把其他国家所走的道路都视为“邪路”，而把中国特色社会主义道路看成是当今世界唯一的“人间正道”。应该承认，如同习近平所指出的，“中国特色社会主义，是科学社会主义理论逻辑和中国社会发展历史逻辑的辩证统一”，资本主义发达国家的现代化道路也是欧洲近代资产阶级思想文化和其社会发展历史逻辑的辩证统一，这些国家的道路选择有其历史的必然性和合理性。说“不走改旗易帜的邪路”，是指如果我们照搬西方的现代化道路和制度模式，则是“走了邪路”。

提出道路界限的相对性，至少有三个好处：一是，有利于使我们的理论和实践能继续创新和与时俱进，而不至于因理论僵化而束缚自己的思想和实践；二是，有助于我们在思想文化领域，切实做到“在尊重差异中寻求思想共识，在包容多样中扩大社会认同”，而不至于因理论僵化而导致马克思主义丧失在社会生活中的话语主导权；三是，更自觉地“统筹兼顾”国内意识形态工作与对外宣传工作，扩大中国特色社会主义的影响，而不至于造成在国际舞台上“中国话语”的孤立，影响中国“软实力”的提升。

（三）“中国梦”：中国道路拓展的意识形态表达

2012年11月29日，新一届中央领导集体在国家博物馆参观《复兴之路》展览时，习近平首次提及“中国梦”。自此，干部群众围绕着“实现中国梦”展开广泛议论，学界也对“中国梦”进行了深入思考。“中国梦”作为一个通俗话语，背后的意蕴是中国道路的拓展。理解这一意蕴，需要正视一个前提，即“中国梦”生成逻辑是什么？需要厘清一个外延，即中华民族伟大复兴的梦和每个中国人的梦是什么关系？

1.“中国梦”的生成逻辑

“中国梦”的生成，具有历史积淀、现实根据、文化基因和意识形态的逻辑。“中国梦”的生成是历史发展的必然，贯穿中华民族的“昨天”、“今天”和“明天”；作为一种意识形态的具体表达，“中国梦”受到社会存在的制约，是对人及其生活实践的重视；“中国梦”是对中国特色社会主义实践探索的概括和凝练，回应了中国现实问题；“中国梦”是“梦”文化在当代中国的新诠释，能更大程度地实现“形而下”的物质期盼和“形而上”的理想追求的结合；“中国梦”话语体系的背后，折射着执政态度与执政理念，以期在国际上搭设合作对话的平台，在国内凝聚话语共识。

（1）“中国梦”生成的历史积淀：历史发展的必然。

1840年鸦片战争，中国沦为半殖民地半封建社会以来，“民族独立”“人民解放”的梦想，吸引着一代又一代仁人志士奋起抗争。洋务派的“富强梦”、维新派的“宪政梦”、革命派的“共和梦”，都凝聚了国人追梦的决心和勇气。中国共产党成立以后，担负起这一神圣使命，最终实现了民族独立和人民解放。因此，“中国梦”贯穿中华民族的“昨天”、“今天”和“明天”。“中国梦”的提出不仅是对过去历史的深刻回顾，而且也是对现实繁荣昌盛的生动写照，顺应历史发展的潮流，更是对未来发展的热切期盼，展现人民为梦想奋斗的决心和勇气。正如习近平所说，中华民族的“昨天”是“雄关漫道真如铁”，“今天”是“人间正道是沧桑”，展望“明天”一定是“长风破浪会有时”。

（2）“中国梦”生成的现实依据：当代中国意识形态话语寻求最大公约数的具体表达。

自改革开放以来，中国经济腾飞，人们生活水平得到显著提高，在物质需求得到一定满足的基础上，人们对生命意义和生存价值有了更多的追求。“中国梦”的提出，反映着社会发展变化的历史必然趋向，符合社会发展规律和中华民族发展的需要，反映了广大人民群众的迫切愿望，体现了社会历史发展客观必然性和人民群众主观选择的统一。它充分整合了大众话语，搭建了政治生活领域和日常生活领域、公共领域与私人领域的话语桥梁，使人感受到自身价值与国家命运的内在联系，是对意识形态话语进行的创造性转换。同时，它可以在国际上与“美国梦”“欧洲梦”等世界话语搭建对话的平台，不仅可以吸收外来文化，丰富和滋养中国的民族文化，而且还能让世界各族人民都看到“中国梦”的民族特色、文化内涵、价值取向，在比较和开放的氛围中凸显优势，彰显中国人的民族精神。

（3）“中国梦”生成的文化基因：对中国传统文化中追求“梦想”的精神的当代诠释。

中国传统文化中对“梦”的阐释极为丰富。“中国梦”中的“梦”并非生理上的睡梦，而是精神上的追求和抱负。潜伏在中华民族内心深处的梦想，始终是凝聚和激励中华民族绵延发展的不竭精神动力。事实上，梦想只有成为一种清晰的思想意识和坚定的理想信念时，才能走上向现实转化的道路。

2. 整体与个体之间："中国梦"的意识形态意蕴

（1）问题的提出和判断的澄清。

习近平把中华民族复兴伟业以"中国梦"这一概念而确立为中国共产党的意识形态，引起海内外学者对其内涵的不同解读和阐释，特别是在作为国家和民族整体梦和作为公民个体梦之间的关系上。有学者在强调国家和民族的"伟大复兴"即"'中国梦'的深刻内涵"的同时，认为中国梦"不是哪一个人、哪一部分人的梦想"，"不是成就哪一个人、哪一部分人"。也有学者认为，"中国梦""既强调实现中华民族伟大复兴，也强调每个人的福祉，或者说既强调整体，也强调个体，这是"中国梦"能够直抵人们内心深处、产生巨大感召力的关键所在。"① "中华民族的梦想和我们每个人的命运息息相关，而我们每个人具体的梦想是'中国梦'的真切展开。……如果中国不发展，普通人实现梦想的机会就会更小；同时如果没有普通人为梦想而作的坚实的努力，就不可能有中国的进步和繁荣。"② 对"中国梦"不同意蕴的诠释，也一定程度上反映在翻译中。人们最初把"中国梦"译为"China Dream"，以后又改译为"Chinese Dream"，以与"American Dream"相对应。

对于习近平主席对奥巴马总统所说的中国梦"与包括美国梦在内的世界各国人民的美好梦想相通"的判断，国内外均有不同反应。国内有学者认为："'美国梦'在本质上强调个人奋斗，主张通过努力工作创业，就可以得到梦想的一切。'中国梦'则推崇'国家好，民族好，大家才会好'，弘扬了伟大的爱国主义精神，彰显了社会主义集体主义传统。"③ "'美国

① 安人和. 中国梦，人民的梦——访省社科院邓小平理论研究所所长王彦坤研究员. 河北日报，2013-03-30.

② 李庆英，张记合. "中国梦"是历史自觉，是责任担当. 北京日报，2012-12-03.

③ 周显信，卞浩瑄. "美国梦"的特色及其对"中国梦"的启示. 探索，2013 (2).

梦’的核心是实现个人的价值，即通过个人奋斗实现美国倡导的自由、民主核心价值观。……‘中国梦’是建立在爱国主义与集体主义基础上的，‘中国梦’的核心是实现集体或整体的价值。”① 以上对两个“梦”的评价，基于同一个“事实判断”，即认为“美国梦”强调的是个人梦，而“中国梦”强调的是国家梦。

厘清“中国梦”所蕴含的“整体-个体”的关系，有助于我们更好地理解“中国梦”与包括美国在内的世界各国人民的梦何以是又在何种意义上是相通的，以准确把握“中国梦”的意识形态意蕴，并寻求实践“中国梦”的更广泛的动力资源。而在这一问题上首先需要澄清的是，把“中国梦”和“美国梦”的本质区别界定为是“国家梦”还是“个人梦”，并不准确。

首先，“美国梦”并非仅仅是个人梦。马丁·路德·金是如此谈论他的“美国梦”的：“我梦想有一天，在佐治亚州的红色山冈上，昔日奴隶的儿子能够同昔日奴隶主的儿子同席而坐，亲如手足。……我梦想有一天，我的四个儿女将生活在一个不是以皮肤的颜色，而是以品格的优劣作为评判标准的国家里。……如果美国要成为伟大的国家，这一点必须实现。”这表达的是社会整体的梦。作为自由派的美国前总统约翰·肯尼迪的弟弟罗伯特·肯尼迪在马丁·路德·金遇刺后的演说中说：“在美国我们需要的不是分裂；在美国我们需要的不是仇恨；在美国我们需要的不是暴力行动或无法无天，而是友爱、智慧和彼此间的同情，以及对于那些在我们的国家中仍承受痛苦的人的一种正义感，无论他们是白人还是黑人。”且不论其实质究竟如何，在国家和公民的关系上，他们所说的“美国梦”，也是美国人整体的梦。

其次，说“中国梦”仅仅就是国家梦，也不完全符合习近平对这一概念的阐发。他强调，“实现中华民族伟大复兴的中国梦，就是要实现国家富强、民族振兴、人民幸福”。由此，“中国梦”既是国家和民族的梦，也是人民的梦。

---

① 李抒望. 对“中国梦”的几点解析. 社科纵横，2013（4）.

当然，在国家、民族和人民三个层面上阐释“中国梦”，还不足以厘清“整体-个体”的关系，因为在这里，“人民”依然是集合概念。由此，还需要深入个人与国家的关系中，来对“中国梦”的内涵做进一步的辨析。

(2)“中国梦”和“美国梦”比较的相异和相通。

既然问题是由“中国梦”同“美国梦”关系的争议中所引出，那我们不妨比较“中国梦”同“美国梦”，在个体与整体关系领域内，有哪些相异之处，又有哪些相通之处。

首先，看相异性。“中国梦”与“美国梦”确有不同之处。“中国梦”强调国家富强和民族振兴对于人民幸福带来的意义，而“美国梦”则更强调国家如何保障个人奋斗的价值。这一相异是由各种因素决定的。从历史传统看，中国的政治结构基本是大一统的家国传统，这一文化基因一直影响着中国近现代历史的发展和道路的选择；而美国则是后殖民地形成的移民社会。从近现代历史任务看，中国救亡图存和民族复兴的任务压倒一切，而美国立国后作为联邦制国家，不断开发和向外拓展是其根本任务。从意识形态看，在中国，无论新民主主义革命，还是新中国成立后的社会主义革命和建设，为了集中必要的人力、物力和财力，更为了实现共产主义的长远目标，始终强调集体主义；而美国立国、开发和拓展，其根本精神是凸显个人主义的价值。从现实状况看，中国在社会转型中突破了原有价值体系，但基于社会主义市场经济和民主法治的价值体系并未完全确立起来，个人主义、拜金主义却开始泛滥并蔓延；而美国立国以来同以私有制为基础的市场经济和民主体制相适应的价值观，则基本稳定。

其次，看相通性。“中国梦”在强调国家梦和民族梦对于人民幸福梦的价值的同时，也需要强调国家对个人追求幸福权利的保障，强调个人的价值追求对国家富强和民族振兴的意义。那种认为“中国梦”强调的是国家梦而非个人梦的观点，是片面的。突出对个人梦价值的关注，有其意识形态根据和客观现实根据。

从意识形态根据看。马克思指出，每个人在历史中都扮演“剧中人”和“剧作者”的双重角色，既是客体，又是主体，既是手段，又是目的本身。而马克思所追求的理想社会，应该是每个人的自由发展成为一切人自由发展的条件的联合体。习近平在党的十八大闭幕时代表党对人民做出了庄严承诺，“人民对美好生活的向往，就是我们的奋斗目标”；党的十八大报告也把“必须坚持人民主体地位”，列为坚持和发展中国特色社会主义“基本要求”的第一条。

从现实根据看，社会主义市场经济体制打破了传统计划经济条件下社会同质化、单一化的利益格局，社会不同群体的利益开始分化，致使人们的生活方式和思想观念也趋于多元化，在这一背景下，公民的个体意识逐步觉醒。同时经济全球化、世界多极化、文化多元化、社会信息化、政治民主化，已成为不可抗拒的世界潮流，它势必影响中国公民对于作为个体的个人与作为整体的国家相互关系的价值判断。

正因为如此，习近平总书记不仅指出“中国梦”的内涵包含着“人民幸福”，更强调“中国梦是民族的梦，也是每个中国人的梦”。

（3）国家“整体梦”和“个体出彩梦”相统一的价值底蕴。

中国从计划体制走向市场体制的过程，也是“整体-个体”这一哲学问题逐渐凸显的过程。社会主义中国以集体主义和共产主义为最终目标和价值追求。但是市场体制的引进，打破了传统同质化、单一化的格局，社会利益开始分化，人们的生活方式和观念也趋于多元，个体意识逐步觉醒。

理论上，个体与整体的矛盾并不难化解，两者之间必然存在密切关联，只有每个个体得到良性发展，个体之间相互促进，整体的发展水平才能提升；同时，整体的发展也将反过来促进个体发展。个体与整体的和谐发展是可以实现的，前提是每个个体之间互助合作。但实践中，这对矛盾并不容易突破，因为每个个人都存在不同的利益需求。马克思主义的唯物史观表明，具体的、现实的个人才是研究现实问题乃至人类历史的真正出发点。在当前中国的现实生活中，有满足个人需求而牺牲整体的例子，也有为了整体而牺牲个人的例子，但整个社会更需要个体与整体的和谐发展。

改革开放以来，由于市场经济的发展逻辑，加上传统的“人不为己，天诛地灭”错误观念的沿袭，以及在社会诸多领域的评价体系中存在的量化攀比逻辑，社会因尊重个体而滋生出个人主义和自我中心主义的不良风气。因此，真正关注个人梦的价值，其意蕴应该是处理好国家对公民的要求和公民对国家诉求的关系，从而把每个公民都当作目的，以真正体现“人民的主体地位”。

（4）澄清和辨析基础上形成的基本结论。

其一，在强调国家和民族的整体梦的同时，应充分肯定公民追求个体梦对于实现国家民族梦的价值。国家要满足公民的诉求。当下绝大多数中国人对提升 GDP 的强烈关注，已让位于对于更好教育、更稳定工作、更满意收入、更可靠社会保障、更舒适居住条件、更多样文化产品、更优美环境的关注，对于更充分知情权、表达权、参与权、监督权的要求，对于下一代能否成长得更好、工作得更好、生活得更好的期盼。公民对于这些诉求的追求及其实现，自然能推动国家梦的实现。国家承担责任，设法创造权利公平、机会公平、规则公平的竞争环境，鼓励每个公民在不触犯法律和社会价值观底线的前提下，为自己的职业理想和生活理想奋斗，从而让每个人都享有人生出彩的机会，享有梦想成真的机会，使一切劳动、知识、技术、管理、资本的活力竞相迸发，一切创造社会财富的源泉充分涌流。这样，就可以为实现国家梦获得源源不断的动力资源。

其二，在关注个人梦的上述价值意蕴时，应注意不能把它与国家梦对立起来。我们需要实现国家整体梦和公民个体梦的统一，而这种统一不能以个人主义作为价值观基础。这主要不是基于传统的意识形态理由，而是基于现实和未来的两个考量：从现实看，中国社会制度和发展道路的选择，与西方发达国家有区别，我们必须避免成为别人的“附庸”；向未来看，对于中国共产党来说，实现“中国梦”后还有继续奋斗的长远目标和纲领，需要持续不断地凝聚中国精神和中国力量。

改革开放初期中国共产党开始打破“平均主义”，推行“非均衡”的发展战略，其初衷是为提高人们的生产积极性，搞活经济，实现“共同富裕”的“中国梦”。这是新中国成立以来对“整体-个体”天平的首次调整。但是发展到今天，天平又开始失去平衡，倒向“个体”一端的趋势越来越明显，公平正义问题突出，这已反过来开始危及整体的发展，同样会阻碍“中国梦”的实现。所以，重新调节“个体”与“整体”的天平迫在眉睫，这是实现当代“中国梦”的重点。关键的是如何实现“良性融合”，而非个人非理性的趋同行为。整体的发展最终要靠个体的努力，而个体的价值取向受整体的评价体制的牵制。调节“整体-个体”这座天平贯穿于建设中国特色社会主义的过程，因而也贯穿于实现“中国梦”的整个过程。

当然，实现国家整体梦和个体出彩梦的统一，既需要个体层面上的公民自觉意识，特别是政治精英和知识精英的理论自觉，为其他公民做出表率，而避免民粹主义；又需要在国家整体层面上对于核心价值观的有效凝练和培育，使之能整合国家整体和公民个体的共同诉求，以切实发挥其对于社会价值的引领作用。

五、社会主义核心价值观的凝练和对社会思潮的引领

党的十七大报告对社会主义核心价值体系建设同意识形态的关系问题，提出过如下三个判断，“社会主义核心价值体系是社会主义意识形态的本质体现”。“建设社会主义核心价值体系，增强社会主义意识形态的吸引力和凝聚力”。“积极探索用社会主义核心价值体系引领社会思潮的有效途径，主动做好意识形态工作”。这些判断的提出，不仅对揭示社会主义意识形态的本质，明确社会主义意识形态工作的重点，而且对凝练和培育社会主义核心价值观，都具有重要的理论和实践意义。对于社会主义核心价值观，无论是凝练概括，还是培育践行，只有提高到社会主义意识形态本质的层面，才可能在纷繁的观点分歧中找出明确的思路。

（一）核心价值观：意识形态建设的核心

1. 理论：马克思主义意识形态思想的继承和发展

马克思主义在中国的传播过程中，中国共产党一直把意识形态作为上层建筑的组成部分，并强调由于意识形态反映不同的阶级利益，因此不同的阶级有不同的甚至对立的意识形态。这对动员无产阶级和人民群众起来

反抗帝国主义、封建主义和官僚资本主义的统治，发挥了重要的作用。当然，在马克思主义中国化过程中，由于新民主主义革命的任务同马克思主张的无产阶级革命的任务存在的差别，毛泽东对意识形态在话语体系上使用比较多的是“观念形态的文化”，内容上强调的是建设“新民主主义文化”。进入社会主义时期，毛泽东晚年为强化无产阶级和资产阶级斗争的长期性、复杂性和尖锐性，并给“以阶级斗争为纲”的路线提供理论根据，便不断突出意识形态领域的阶级斗争，导致以意识形态划线，并强调在上层建筑其中包括各个文化领域中对资产阶级实行全面专政。

进入改革开放的新时期，为了适应物质文明发展同时又坚持社会主义方向的需要，邓小平提出了建设社会主义精神文明的概念，并强调精神文明“重在建设”的方针。在 20 世纪 90 年代末和 21 世纪初，为了适应世情、国情和党情的新的变化，江泽民同志在形成“三个代表”重要思想时，强调了要建设社会主义先进文化，并提出了“大力发展先进文化，支持健康有益文化，努力改造落后文化，坚决抵制腐朽文化”的意识形态工作方针。在中国特色社会主义发展的新的历史起点上，胡锦涛同志提出了“建设社会主义核心价值体系”的命题，并把它视为社会主义意识形态的本质体现。

把意识形态同价值观直接联系起来，更明确地表达了意识形态的本质属性。事实上，不管历史上对意识形态存在怎样的理解或取怎样的态度，意识形态所要表达的，最根本的是价值观。当然，如同每个人都不同程度地有着自己的世界观，但并不都有哲学理论一样，每个人都有自己的价值观，但并不都有意识形态理论。因为意识形态是一种理论形态，简言之，是价值观的理论体系，它需要论证，具有逻辑。

强调社会主义意识形态工作的重点在于建设社会主义核心价值体系，适应了社会主义市场经济和民主政治的发展，以及应对全球化形势的实践。

评价社会主义意识形态工作面临的新挑战，必须面对以下三个基本的事实判断：其一，中国融入经济全球化，使中国面对的意识形态问题趋于复杂化；其二，社会主义市场经济和民主法治的发展，使人们思想活动和价值观念趋于多元化；其三，信息技术、网络和新媒体的发展，为上述意识形态的复杂化和价值观念的多元化，提供了强有力的技术支撑。而这三个基本事实判断又蕴含着两个内在的深刻矛盾：其一，社会思想和价值观念的多元化，是必然趋势，但党必须坚持自己在意识形态领域指导地位的一元化，否则，将失去党对社会的引领作用，因此，党必须处理好指导思想的一元化与社会思想的多元化之间的关系。其二，由于经济全球化和经济的市场化，使大多数人重物质利益轻精神追求，从而对意识形态采取淡化的态度，但是，各种社会生活中所涉及的意识形态问题却越来越凸显，如实用主义、相对主义、功利主义、个人主义、拜金主义、消费主义等观念，在深刻影响人们的价值判断。

在意识形态工作中强调社会主义核心价值观的建设，顺应了社会发展的基本趋势，既可以扭转“淡化意识形态”或“去意识形态”的趋势，又可以避免回到“泛化意识形态”或“强化意识形态领域的阶级斗争”的局面，从而能以此在价值观的层面上对发展中国特色社会主义的合理性进行有效的辩护，增强社会主义意识形态的吸引力和凝聚力，维护党的意识形态的主导地位，进而维护党的执政地位。

2. 实践：增强社会主义意识形态的吸引力和凝聚力

凝练社会主义核心价值观，对于增强社会主义意识形态的吸引力和凝聚力，具有重要作用。

(1) 国家意识形态安全的“过滤网”。

在美苏两极对立的世界格局终结后，经济全球化迅速席卷世界，同时，文化在综合国力竞争中的地位更加凸显，网络等信息传播手段的普及，使世界范围内各种思想文化交流、交融、交锋更加频繁。与此同时，随着中国经济实力的不断提升和在国际上影响的扩大，中国在意识形态方面所受到的压力，不仅没有随着冷战的结束而减弱，反而越来越大。其重要原因之一，是西方一些人把他们所宣扬的所谓“普世价值观”，作为推行其“软权力”而实现其战略意图的重要工具。美国哈佛大学教授约瑟夫·奈说得非常明白，美国的“软权力”基本上来自价值观。这些价值观体现在文化、国内政策以及国际行动上。

于是，一方面我们应该看到，西方某些政治势力将其所谓的“软权力”与“硬条件”相结合，通过电视、广播、互联网、非政府组织和宗教组织等渠道，利用中国某些社会问题进行恶意炒作，将个别问题扩大化，将经济问题或刑事问题政治化，攻击我国的基本政治制度和所选择的道路，并借“维权”之名，直接插手某些事件，煽动人们对党和政府的对立情绪。而所有这些事件背后所借用的手段，都是西方的价值观。另一方面我们也应认识到，中国的国际战略是推进公正的国际经济和政治新秩序的建设，为了中国的国家主权和国家利益，我们在国际上不以意识形态划线。

由此，在国家的文化安全问题上，我们必须加强意识形态工作，但又不应以冷战时期强化意识形态领域的阶级斗争的思维方式来回应上述挑战。我们既要抵制西方错误思潮的侵袭，又要保持社会主义文化的开放性。于是，维护国家文化安全的战略思路，就必然是突出既反映中国近现代历史变化的精神力量又符合中国当代社会进步要求，同时又吸收中华民族传统文化和人类文明成果的价值观，使之在国际上能具有竞争力和影响力，这就是社会主义核心价值观。总之，在意识形态工作中，突出社会主义核心价值观，是使中国文化既保持开放，更好地走向世界，又构筑国家文化安全“过滤网”的需要。

（2）社会进步的“方向盘”。

社会的日益开放和各种社会矛盾的凸显，使各种社会思潮与社会矛盾特别是不同利益联系在一起，原有的在意识形态领域存在的各种思想倾向，包括“自由化”和“僵化”的思想倾向，在解决日益复杂的社会矛盾特别是利益矛盾的时候，其基本思路在价值观上的表现，呈现出错综复杂的关系，甚至对同一社会矛盾提出的大致相同的解决方案，其背后的理论模型和价值导向，也大相径庭。而对所有这些解决方案的选择，在中国融入经济全球化和世界现代化的进程中，不仅会影响中国是否能坚持“走自己的路”而不致成为西方的附庸，而且关系到能否把握住中国社会主义现代化的价值目标。因此，在社会利益矛盾日益尖锐的时候，在意识形态领域中突出价值观问题，是十分必要的。

明确社会主义核心价值观，对保证社会发展方向的作用，体现为：在党和国家的政治生活领域，可以为制定或调整具体方针和政策提供正确的价值导向；在思想文化领域，可以对各种理论模型和思想观念提供科学理性的价值评价，抵制各种危害社会进步和人民思想健康的错误思潮；在日常生活领域，可以在尊重差异和包容多样中，扩大社会认同和增进思想共识，用共同的价值理想的合理性来提升群众的价值追求；在国际交流领域，可以提高国家的文化软实力，扩大中国特色社会主义的影响力。

总之，有了社会主义核心价值观，在透析经济社会发展所产生矛盾背后的主义问题时，在评价和回答社会现实热点、理论文化热点和群众思想热点问题时，能提供科学的价值导向，从而体现出社会主义意识形态对于其他社会思潮的理论优势和价值观优势，进而能掌握在国家政治领域、思想文化领域、日常生活领域乃至国家交流领域中的话语主导权，从而真正起到引领各种社会思潮的作用，成为社会发展的“方向盘”。

(3) 社会转型的“稳定仪”。

党的十一届三中全会以来，中国社会逐渐发生了由计划经济向社会主义市场经济、由封闭半封闭向全面开放的转型，它带来经济成分、社会组织、分配方式和社会生活方式的多样化，而其根本问题是利益关系的多样化，增强了人们思想活动的独立性、选择性、多变性和差异性，其实质是思想呈现了多样化。随着社会阶层的不断分化，又必然造成社会价值观的诸多差异，而且由于社会生活的急剧变化，个人对价值观的判断和选择，极易受到来自各方面的思想观念和外界环境的影响，处于极不稳定的状态。因此，人们在使用表达权时，往往由于价值观的差异和急剧的变动，出现了一些人不能正确处理义和利、权力和能力、人情和制度、关系和努力、依附和自立的关系的现象，由此，会造成表达权使用上的非理性状况，从而不利于维持社会转型时必要的政治稳定。总之，社会生活的变动，使得各种价值观的摩擦乃至冲突难以避免。然而，一个健康和可持续发展的社会，不能没有相对稳定的、既反映社会各种价值观的变动又同党所追求的共产主义最高价值之间保持平衡的意识形态。这样的核心价值观，能够成为社会转型的“稳定仪”。

马克思主义是批判的学说，党的理论也是在应对不断产生的新的矛盾和问题的挑战中实现与时俱进的。社会需要稳定，因此，意识形态都要为现实的制度和政策做辩护；但社会又要发展，因此意识形态又要对“现存”做出批判。这就需要在意识形态的“批判性”和“辩护性”之间保持必要的“张力”，它统一在对社会矛盾的“解蔽”而非“遮蔽”上。如果我们不仅能够承认利益分化所导致的社会矛盾，更能够揭示这些矛盾产生的主客观根源，评价这些矛盾背后的价值背景，指明这些矛盾解决的价值趋向，从而引导群众正确面对社会转型期的各种社会矛盾，才是真正发挥出了意识形态的“维护”（有效化解社会矛盾、维护社会稳定）功能。马克思主义所具有的善于抓住事物根本矛盾的理论彻底性，能够“解蔽”社会矛盾，就能说服人，就能发挥维护社会稳定的思想导向功能。

（二）核心价值观的凝练：分歧中的意识形态问题

自党的十六届六中全会提出“建设社会主义核心价值体系”以来，理论界对社会主义核心价值体系的研究不断深入，但“社会主义核心价值观”的缺位，已成为“切实把社会主义核心价值体系融入国民教育和精神文明建设全过程，转化为人民的自觉追求。积极探索用社会主义核心价值体系引领社会思潮的有效途径”（“党的十七大报告”语）的“瓶颈”。这是党的十七大后，对提炼“社会主义核心价值观”的必要性认识形成普遍共识，且提炼概括研究日益升温的根本原因。党的十八大提出了“倡导富强、民主、文明、和谐，倡导自由、平等、公正、法治，倡导爱国、敬业、诚信、友善，积极培育和践行社会主义核心价值观”的要求，为凝练社会主义核心价值观提供了新的路径。2013 年中共中央办公厅印发的《关于培育和践行社会主义核心价值观的意见》，则明确把党的十八大的“倡导”内容确定为“社会主义核心价值观”。回顾从社会主义核心价值体系的提出，到十八大前理论界凝练社会主义核心价值观的这一进程，对于我们认识、理解和把握社会主义核心价值观的内涵、价值以及培育和践行路径，不无裨益。

1. 十八大前社会主义核心价值观的凝练状况

十八大前社会主义核心价值观凝练中的分歧，主要有：

（1）主题选词不同。

从概念表达的最高层次看：使用较多的提法有四个，即“社会主义核心价值观”“社会主义（的）核心价值”“中国特色社会主义（的）核心价值”“社会主义核心价值观念（或理念）”。其他使用较少的提法有：“社会主义基本价值”“社会终极价值”“国家核心价值观”“当代中国的核心价值”“社会主义核心价值体系中的内核”等。

从不同行业角度看：有“当代革命军人核心价值观”“政法（干警）核心价值观”“大学生核心价值观”等。

从不同地域看：有“上海价值取向”[①]“北京精神”[②] 等。

（2）内容表述纷呈。

学术界共提出了 60 多种有关社会主义核心价值观的表述，涉及 90 多个具体范畴[③]，且各种提炼结果又产生各种不同组合，很难从内容上进行科学的归类。一般有三种分类标准：一是以学科视角为坐标，分为哲学角度和政治学角度两类[④]；二是以组合的词汇数量为标准，分为单一核心和多元核心两类[⑤]；三是以词汇之间逻辑关系的强弱为依据，分为要素论和系统论两类。如从“词语构造”的角度分类，则可涵盖社会主义核心价值观凝练的大部分成果。

以词组类型可分为三类：多数是并列结构或偏正结构，如“公平正义”“共同富裕”等。少数是介宾结构，如“以人为本”“以国为先”等。个别有主谓结构，如“人民至上”“劳动优先”等。

---

① 中共上海市委九届十六次全会提出“上海价值取向”，即“公正、包容、责任、诚信”。

② 2011 年 11 月 2 日北京市公布了“北京精神”，即“爱国、创新、包容、厚德”。

③ 杨兴林．关于社会主义核心价值观的研究现状与思考．理论探索，2010（1）．

④ 何涛．社会主义核心价值体系研究综述．政工研究动态，2008（17）．

⑤ 靳志强．中国特色社会主义核心价值研究概述．理论月刊，2011（11）．

以词组数目可分为两类：一个词组表达的，如“社会和谐”“公平正义”等。多个词组表达的，其中大多主张3～6个词组。其构成又可分为主从式（由一个核心价值和多个基本价值组合而成，占少数）和平行式（多个词语之间不存在主次之分，占较多数）两种。

以词组内容可分为三类：有突出主体维度的，关键词是“人”“民”“国”等，如“以人为本”“人民为本”“民本”“服务人民”“共同富裕”“富民强国”“国泰民安”等。有突出关系维度的，关键词是“公”“平”“和”“民主”“自由”等，如“公平正义”“平等”“以和为贵”“大同”等。有突出道德维度的，关键词是“诚”“爱”“劳”“科学”“文明”等，如“仁爱”“诚信”“团结互助”“爱国”“自主”“文明”“崇尚科学”“以劳为美”“劳动优先”“尊严廉耻”等。

2. 内容凝练所体现的依据差别

上述凝练社会主义核心价值观中存在的分歧，体现了凝练依据的差别，主要有：

（1）凝练路径的差别。

现在社会各界普遍认同社会主义核心价值体系所包括的马克思主义指导思想、中国特色社会主义共同理想、以爱国主义为核心的民族精神和以改革创新为核心的时代精神、社会主义荣辱观这四个方面的基本内容，但在社会主义核心价值体系与社会主义核心价值观提炼的关系上，虽普遍赞同提炼社会主义核心价值观须以社会主义核心价值体系为逻辑基点，但在具体处理二者关系上又有所区别，大致有从已有社会主义核心价值体系的表述内容中进行提炼，以及另起炉灶两种观点。

诸多学者主张从社会主义核心价值体系中提炼概括社会主义核心价值观，而没有必要另起炉灶。但在具体处理二者关系上又有所区别，大致有三种情况：

其一，主张四个部分分别提炼并叠加。有学者指出：“在我国科学社会主义的基本价值理念中，只有那些以马克思主义指导思想为灵魂、以中国特色社会主义共同理想为主题、以民族精神和时代精神为精髓、以社会主义荣辱观为基础的价值观，才能称为社会主义核心价值观。”① 另有学者认为：“以马克思主义社会有机体论为基础，结合社会主义核心价值体系的四个方面的基本内容，我们认为，可以把社会主义核心价值体系概括为如下 32 个字：天下为公，爱国为先；以人为本，创新发展；尊严廉耻（八荣八耻），立身之道；民主富强，和谐大同。……‘天下为公，爱国为先；以人为本，创新发展’是对马克思主义指导思想和以爱国主义为核心的民族精神、以改革创新为核心的时代精神的概括。……‘尊严廉耻（八荣八耻），立身之道’是对社会主义荣辱观的概括。……‘民主富强，和谐大同’则是对社会主义共同理想的概括。”②

其二，主张提炼四个部分中共有的特征。一些学者认为：“中央之所以提出要大力建设社会主义核心价值体系，是由于目前只提出了社会主义核心价值的框架体系。既然这一框架体系是一个有机统一的整体，显然就存在着把这一整体中的四个方面内容联系、贯通起来的核心价值观念。……从社会主义核心价值体系中进一步提炼出社会主义的核心价值观念，具有非常重要的理论和实践意义。”③ “四个基本内容反映了社会主义和谐社会对其文化的本质要求，应当是提炼核心价值概念的共同平台。”④

其三，主张凸显四个部分中的某个部分，但强调的侧重点有不同。有的学者强调突出马克思主义指导思想，反映马克思主义中国化的最新成果，如有学者指出：“凝练社会主义核心价值观，关键是要回答：马克思主义中国化的最新成果是什么？中国特色社会主义的核心价值追求究竟是什么？特别是当前，中国的经济建设已经取得举世瞩目的成就，我们应该以什么样的价值观昭示全人类？”⑤ “社会主义核心价值观是在社会主义制度下形成和发展的，必须坚持马克思主义的指导地位，这也是社会主义价

① 青连斌. 社会主义核心价值观研究的新观点、新进展. 北京日报，2007-08-13.

② 龚群. 以马克思主义社会有机体论为基础概括社会主义核心价值观. 红旗文稿，2012 (7).

③ 韩震，俞吾金，郭齐，陈乔，李建华. 社会公平正义与政治文明建设. 中国社会科学，2009 (1).

④ 张荣生. 建设社会主义核心价值体系综述. 西安政治学院学报，2008 (12).

⑤ 韩震. “民主、公正、和谐”体现了社会主义的核心价值追求——兼论社会主义核心价值观的凝练及其原则. 红旗文稿，2012 (6).

值观作为社会主义核心价值体系有机子内容的必然要求。”① 有的学者强调突出中国特色社会主义共同理想。也有的学者强调突出以爱国主义为核心的民族精神和以改革创新为核心的时代精神，如有学者指出：“社会主义核心价值必须具有鲜明的时代精神。核心价值，不仅要一以贯之而又与时俱进，反映时代的精神和时代的要求，这样，才能有现实的生命力。”②“中国特色社会主义核心价值观的基本内容：……第三类是以爱国主义为核心的民族精神和以改革创新为核心的时代精神所组成的中华民族价值观。”③ 也有的学者强调突出社会主义荣辱观。

也有许多学者主张提炼概括应以社会主义核心价值体系为指导，但不应拘泥于原有的文字表达，这大致也有两类看法：

其一，主张突出作为科学发展观核心的“以人为本”，也有的学者认为应突出作为人类共同价值的“公平正义”。

其二，主张从经济、政治、文化、社会四个领域进行提炼概括。有学者强调，要“立足实现全面建设小康社会奋斗目标的新要求从经济、政治、文化、社会等方面进行提炼”④。“侧重关照中国特色社会主义在政治、经济、文化、社会等不同领域实践中的价值诉求。”⑤

（2）凝练原则的差别。

有学者强调体现社会主义性质。他们主张：“构建社会主义核心价值体系，必须在本质上区别于资本主义核心价值，这样才能在实践中形成全民族奋发向上的精神力量和团结和睦的精神纽带。”“中国特色社会主义的核心价值在本质上要反映当代中国社会主义理论、制度、道路的根本特点与属性，以此形成区别于其他社会、思想体系，包括空想社会主义思想、资本主义社会价值理念的特质。”⑥ “概括社会主义核心价值观……它应最能反映社会主义的质的规定，而且是优越于其他主义的价

① 熊艳，杨越，郭平．论新时期社会主义核心价值观的科学提炼．前沿，2011（12）．

② 吴灿新．中国特色社会主义核心价值探索．广东社会科学，2008（5）．

③ 高淑桃．对中国特色社会主义核心价值和核心价值观的探讨．探索，2007（6）．

④ 黄蓉生，白显良．社会主义核心价值观的提炼与表达．高校理论战线，2011（11）．

⑤ 靳志强．中国特色社会主义核心价值研究概述．理论月刊，2011（11）．

⑥ 李青．中国特色社会主义核心价值的凝练．当代世界与社会主义，2011（5）．

值观”①。

有学者强调体现中国特色。这一主张又分三种情况：其一，强调借鉴吸收传统文化资源。如有学者强调：“反映中华文化的传承。……社会主义核心价值观根植于中华民族共有的精神家园，当然要烙上中华文化的精神印记，从中华传统文化的宝藏中汲取精华。”②“作为社会主义先进文化的内核，社会主义核心价值观是对中国传统文化的创新与升华，它的构建必须深深植根于中华文化原有的根基之中”③。其二，强调反映现实矛盾和问题。如有学者指出：“提炼、概括社会主义的核心价值观，则要掌握以下一些基本原则：以对事实矛盾和现实困境的认知和把握为基础，……从人们整体实践活动的基本领域入手。”④另有学者指出：“目前的提炼情况：……第三，立足现实国情和中国特色社会主义进程进行凝练。”⑤其三，强调反映国家发展趋势和发展主题。如有学者认为：“提炼核心价值概念的目的是为了建设和谐文化，并为构建和谐社会服务。”⑥“提炼社会主义核心价值观时必须着眼于中国发展主题。”⑦

有学者强调体现人类共同价值。这方面意见比较集中的是，“社会主义核心价值观必须突出公平正义”或“以人为本”等。

有学者强调反映当下社会大众的诉求。如有学者认为，社会主义核心价值观的概括，“要能体现对社会发展的基本主体的核心利益的维护与尊重”⑧。“就其内容而言，应具有广泛的共识性，能为广大社会成员所认同。”⑨“中国特色社会主义的核心价值理念，不是某个人、某个阶层、某

① 严书翰. 认识社会主义核心价值体系的聚焦点. 学习时报，2010-05-25.

② 辛鸣. 社会主义核心价值观的构建. 学习时报，2010-05-05.

③ 杨芳. 儒家核心价值理念及其当代价值. 学术论坛，2011 (9).

④ 吴倬，王燕群. 论提炼和概括社会主义核心价值观的方法论问题. 马克思主义与现实，2010 (5).

⑤ 黄蓉生，白显良. 社会主义核心价值观的提炼与表达. 高校理论战线，2011 (11).

⑥ 张荣生. 建设社会主义核心价值体系综述，西安政治学院学报，2008 (12).

⑦ 同②.

⑧ 李龙强. 建构社会主义核心价值观的理论反思. 学术论坛，2012 (1).

⑨ 周玉，马建军. 社会主义核心价值体系研究的回顾与展望. 山西师大学报（社会科学版），2010 (1).

个政党的价值理念，而是整个中国社会的价值理念……；它的主体是当代中国人民大众。”①

（3）凝练方法的差别。

有学者主张高度抽象的指导性。有学者提出：“提炼社会主义核心价值观应遵循的原则：制度性、引领性、包容性、普及性。”②“坚持更深刻、更高的抽象层次的概括。”③“它要确实是价值观，也就是该词语的内涵要具有行为导向性和评价标准性。”④

有学者主张层次性和可操作性，指出：“表述应集中凝练、内涵普适、达雅准确、简洁明快。……用四个字表述能兼顾各方。”⑤ 另有学者强调：“中国特色社会主义的核心价值要做到入脑、入心，还必须易于社会成员的传诵、记忆，这就要求在内容的提炼、表述上既要精炼、深刻，抓住精神内核，又要简洁、通俗、大众化。”⑥

有学者建议各地区各行业先试先行，张扬个性，认为“前几年，人们也试图对核心价值进行凝练总结，但由于缺乏更多的实践基础和无数个别的经验支撑，从而更多倾向于走‘演绎’的路径，于是在总结核心价值时总有些‘上不着天，下不着地’的感觉。近年来开始走‘分部总结、总体归纳’的路径，由相关地方和少许社会群体开始总结凝练地方精神”，“这种由部分走向整体、由具体走向抽象、由特殊走向普遍的核心价值观凝练，是一条比较稳健、比较实在的路径”⑦。有学者称赞：“有的系统和行业，都概括出了本系统或行业的精神。这不失为一种新的思路。”“在大力建设社会主义核心价值体系过程中，各省市、各行业、各领域乃至具体企

① 马俊峰．富裕、民主、公正、和谐：中国特色社会主义的核心价值理念．湖北大学学报（哲学社会科学版），2011（5）．

② 包心鉴．社会主义核心价值观的提炼与概述．http://www.cssn.cn/news/476434.htm.

③ 吴倬，王燕群．论提炼和概括社会主义核心价值观的方法论问题．马克思主义与现实，2010（5）．

④ 李龙强．建构社会主义核心价值观的理论反思．学术论坛，2012（1）．

⑤ 韩庆祥．提炼“核心价值观”的三个方案．北京日报，2011-09-05．

⑥ 李青．中国特色社会主义核心价值的凝练．当代世界与社会主义，2011（5）．

⑦ 邱柏生．大学生核心价值观凝练的方法论思考．思想理论教育．2012（6）．

业都纷纷发动群众凝练自己的核心价值观或精神价值，通过凝神聚气来践行社会主义核心价值观。”① 有学者强调：“局部明其个性，整体删繁就简。……各地方分别提炼，就要注意鲜明其个性，将共性要求寓于个性之中。”② “一些领域可以先行先试，按照社会主义核心价值体系的基本要求，形成本领域的各有特色的核心价值观。”③

3. 凝练分歧所反映的内在矛盾

上述社会主义核心价值观内容凝练的不同路径、原则和方法，都有其合理性，但是几重依据放在一起，很难兼顾；很多概念也都有进入社会主义核心价值观的必要性，但要基于语言的精炼而做进一步的取舍，则会发现其间存在着矛盾，如强调“以人为本”还是“以国为先”？强调“人民为本”还是“服务人民”？强调“国泰民安”还是“民富国强”？强调“劳动优先”还是“以和为贵”？强调“公平正义”还是“诚信仁爱”？甚至强调“民本”还是“民主”，也反映了凝练中所依据的不同的文化渊源。恩格斯说过：“问题的提法本身已经表明应当向哪个方向去寻找解决问题的办法。”④ 概括地说，社会主义核心价值观凝练中的分歧，反映了背后存在的关于主题词、基础、性质、主体、功能、路径、方法等方面的矛盾。总体来看，这正是十八大以前社会主义核心价值观的凝练未能达成共识的根本原因之所在，也正是社会主义核心价值观凝练的难处。

（1）主题词：核心价值观—基本价值观—其他价值观？

关于主题词，除了大部分学者从社会主义核心价值体系中延用出社会主义核心价值观以外，还有学者认为须区分核心价值观与基本价值观、底线价值观、共同价值观、终极价值观的不同，并主张当务之急是提炼基本价值观。倾向凝练基本价值观的学者认为，一个社会只需要一个共识，就

① 韩震. 共同凝练和践行来自人民生活的崇高价值. 光明日报，2011-12-30.

② 叶小文. 提炼社会核心价值观之我见. 人民日报海外版，2011-11-30.

③ 张峰. 当代中国核心价值观的提炼应从传统文化中汲取营养. http://theory.people.com.cn/GB/14536716.html.

④ 马克思，恩格斯. 马克思恩格斯文集：第4卷. 北京：人民出版社，2009：456.

是基本价值观。倾向凝练核心价值观的学者认为，不能用基本价值取代核心价值，因为基本价值从不同方面反映着各类社会主义共同的质的要求，核心价值则在体现科学社会主义本质上更具有根本性；基本价值可包含核心价值，却不能替代核心价值。

在主张核心价值观的提法中，又存在“单核心”与“多核心”的争论。所谓单核心，就是强调社会主义核心价值观的核心的唯一性。所谓多核心，则是认为社会主义核心价值观是一个内在体系，无论是在组词上，还是关系维度上，都要有合理的结构。

关于主题词的争论，表面上体现的是凝练重点的不同，而其背后的实质，则反映了理想主义还是现实主义的问题。强调使用“社会主义核心价值观”这一主题词的，往往侧重于理想主义，而强调使用“基本价值观”的，往往侧重于现实主义。

（2）基础：历史文化积淀—现实发展主题—未来价值取向？

凝练社会主义核心价值观立足于怎样的基础，是以历史文化的积淀为基础，还是以现实发展的主题为基础，抑或以未来价值的取向为基础？

有学者强调以历史文化积淀为基础，认为社会主义核心价值观的凝练，应继承传统文化，反映民族精神。如有学者提出，作为社会主义先进文化的内核，社会主义核心价值观是对中国传统文化的创新与升华，它的构建必须深深植根于中华文化原有的根基之中，积极自觉地汲取与吸收中华文化尤其是儒家文化中的可用资源。

有学者强调以反映现实社会状况为基础，认为社会主义核心价值观凝练应切合当今中国的现实，反映中国发展的主题和要求。如有学者指出，提炼、概括社会主义的核心价值观，要以对事实矛盾和现实困境的认知和把握为基础，从人们整体实践活动的基本领域入手。

有学者强调以指向未来的价值取向为基础，指出社会主义核心价值观是无产阶级对人类共同理想的解读，是生产社会化的价值诉求，是对资本主义价值理念的扬弃，是共产主义价值目标的初级表现。也有学者提出，核心价值观必须是真正目标性、理念性的价值观，而不能是工具性、手段性的价值观。

有学者强调兼顾上述三者，兼顾现实和未来，认为社会主义核心价值观的凝练应该关注当下，又要放眼未来，使阶段性与终极性、现实性与理想性有机统一起来。

上述分歧的实质，反映了社会主义核心价值观的内涵是强调传统还是现代、实然还是应然、需求还是诉求之间等矛盾。

(3) 性质：中国特色—社会主义性质—人类共同价值？

作为“社会主义”的“核心价值观”，其性质应该是独具中国特色的，还是具有社会主义的共性，抑或是反映人类共同价值？

有学者强调中国特色，认为表达社会主义核心价值观应把握其内在要求，使其具有鲜明的中国特色。

有学者强调社会主义性质，认为对社会主义核心价值观的凝练不能从中国特色社会主义的“特殊性”出发，而必须从科学社会主义的“一般性”出发。有学者强调，社会主义核心价值观，必须是体现社会主义本质的价值观，而不应该是传统文化、革命文化、外来文化精华的简单结合和集大成者。也有学者明确表示，富强、自由、民主、法治、人权、公平、公正、正义、效率等，是资本主义与社会主义共有的价值理念，而不是社会主义的核心理念。

有学者强调人类共同价值，认为不应该把人类共同价值当作资本主义的专利。如有学者认为，民主、自由、平等、博爱、公平、公开、公正、竞争、效率等，本身不姓“资”，更不是资本主义的专利，完全可以经过加工、改造，剔除附着于其上的资本主义含义或阶级意义，赋予无产阶级和广大人民的愿望和要求。

有学者强调兼顾上述三者，认为核心价值观表述的对象，需要把握“社会主义”与“中国特色社会主义”的关系，它应该体现社会主义的本质属性，并具备鲜明的中国特色，使普遍性与特殊性有机统一起来。有学者强调，应该体现社会主义本质属性，并同时具备鲜明的中国特色以及人类文明成果。

这一争论的实质，在于如何处理普遍性和特殊性的关系。这一关系存在于两个层面：其一，社会主义理想的普遍性与中国特色社会主义的特殊性的关系；其二，社会主义的特殊性与人类文明的普遍性的关系。两个层面的交融，则涉及中国道路、社会主义和现代化的关系在价值观上的反映。

（4）主体：倡导—践行？国家要求—社会需求—公民诉求？

社会主义核心价值观的主体定位，蕴含两个问题：其一，提炼或倡导的主体，以及认同和践行的主体是谁？即谁来提炼和倡导？谁来认同和践行？其二，由此延伸出是国家对公民的要求还是公民对国家的诉求？

有学者强调以国家为倡导主体，反映党和国家对公民的要求，认为之所以提出要确立社会主义核心价值观，是因为市场经济发展后人们都太关注实际的物质利益，价值观出现多元化，思想很混乱，很不统一，确立核心价值观要依据社会主义的理论原则，形成之后再“灌输”给人民群众。

有学者强调以公民为诉求主体，国家为践行主体，认为社会主义核心价值观，必须是国家层面、社会层面、制度层面的价值取向，而不应该是针对公民个人的道德规范。有学者认为，社会主义核心价值观的形成应当以凝聚公民共识、获得公民认同为前提，但是这种共识的形成毕竟来源于对国家的认同，归根到底来源于对国家制度和国家精神的认同，因此，成功的核心价值观不是直接对公民提出要求，而是通过塑造国家形象、彰显制度精神以获得国民的认同，并使之自觉规范自己的行为。有学者主张，社会主义核心价值观的提炼应该优先考虑大多数人的意志和诉求，要能为大多数人理解并认同，而不只是少数人的信仰或专业人士的理念，社会主义核心价值观不是精英价值观，而是大众价值观。

有学者强调社会需求，超越或兼顾国家要求和公民诉求，认为核心价值观必然要反映一个国家统治阶级的意志和根本利益，同时也要体现广大人民群众的自觉选择，因此，它既不应以国家为先，也不应以个人为首，而是力图实现对两者的超越与融合。如有观点指出，社会主义公民社会的核心价值取向既不是大公无私，也不是自私自利，不是公与私的截然对立，而是公与私之间的连续、补充和融合，因而超越公权与私利的对立是社会主义公民社会的核心价值取向。有学者指出：“建设社会主义核心价值体系是一项宏大的工程，其中提炼共同价值是一件必不可少的事情。这个共同价值，包含两个层次，一个是中国特色社会主义共同理想的价值目标；一个是为实现价值目标所必须为大多数的社会成员所认同并愿意遵循的道德规范。其中尤以提炼共同理想的价值目标最为迫切。”①

主体定位之争的实质，是核心价值观对个人的道德规范，还是国家制度的价值取向？其在提炼中反映的问题是，以国家要求为先，还是以公民诉求为先？如以国家要求为先，则会强调“爱国”“诚信”等；如以公民诉求为先，则更侧重于“公平”“正义”等。

（5）功能：匡正现实—反映现实—精神家园？

提炼社会主义核心价值观对于社会现实究竟具有怎样的功能，学者强调的重点也不尽相同，有的强调匡正现实，有的强调反映现实，有的则强调给人民提供精神家园。

有学者强调匡正现实，认为搞市场经济后社会物欲横流，要用核心价值观匡正市场经济的弊端和其带来的消极影响。

有学者强调反映现实，认为社会主义核心价值观的凝练，应该与社会主义市场经济相适应，而不能搞成“两张皮”：经济上发展社会主义市场经济，思想上限制市场经济。

有学者强调构建超越现实的精神家园，认为不应拘泥于现实的政策需要，而应为人们提供超越市场经济和物欲的精神家园，它应出于价值的层面，是价值性的不是工具性的，因而，一些反映现实政策要求的具体内容不应该进入价值观层面。

功能之争的实质，是突出工具理性还是价值理性？即使承认社会主义核心价值观的提炼有工具理性的功能，则又存在强调对现实的批判性还是辩护性的区别。如果强调匡正现实，则比较多的倾向于提炼“和谐”等，如强调对现实的适应或辩护，则可能在提炼中突出“竞争”等。

（6）路径：依据核心价值体系—另辟途径—兼顾并超越核心价值体系？

如何提炼社会主义核心价值观，大致有依据社会主义核心价值体系的

① 赵修义．公平正义——中国特色社会主义共同理想不可或缺的价值目标：马克思主义视野下的公平与正义论文集．上海：上海人民出版社，2010.

表述做提炼概括、另辟途径和兼顾并超越社会主义核心价值体系三种意见。

有学者强调依据社会主义核心价值体系，认为从实践上说，社会主义核心价值体系已宣传多年；从理论上说，核心价值观应是核心价值体系的内核，因此主张从社会主义核心价值体系中凝练社会主义核心价值观，而没有必要另起炉灶。

有学者强调另辟途径，主张可以以社会主义核心价值体系为指导，但不应拘泥于原有的文字表达，因为在社会主义核心价值体系的研究和宣传中，已反映出原有表述一方面过于庞大，另一方面却有疏漏而不能完全反映近些年党的理论创新成果和新的社会发展需要，如没有突出作为科学发展观核心的“以人为本”，或社会主义制度首要价值的“公平正义”。

有学者强调兼顾并超越核心价值体系，认为：“经过30年的改革开放，‘公平正义’这一价值目标已经凸显，成为广泛的社会诉求。不失时机地明确将‘公平正义’纳入共同理想，将有助于增强中国特色社会主义在道义上的感召力，有助于将科学发展观与核心价值体系紧密地连接起来，从而有助于为进一步落实科学发展观，全面建设小康社会，凝聚人心。”①

产生上述分歧的实质，在于对已有社会主义核心价值体系的表述做怎样的评价，同时背后又涉及核心价值体系和核心价值观之间存在怎样的关系，科学发展观和社会主义和谐社会思想中有无价值观且地位如何，以及是否需要以及如何体现马克思主义指导等问题。

（7）可能：坚持凝练—由分到合—自然积淀？

社会主义核心价值观的凝练过程既然经历了那么长时间和产生那么多的争议，在对这些争议做反思的过程中，也出现了对“凝练”的必要性在宏观上加以肯定但对可能性产生怀疑的声音。

绝大多数学者强调坚持凝练，认为尽管有争议，但假以时日，可逐步减少争议，寻求最大限度的共识。在这一观点中又有两个并行的思路：其一，继续展开理论研究，分析焦点和难点所在；其二，在实践中继续大力

① 赵修义．公平正义——中国特色社会主义共同理想不可或缺的价值目标：马克思主义视野下的公平与正义论文集．上海：上海人民出版社，2010．

推进社会主义核心价值体系建设，更好地总结实践经验，以为凝练社会主义核心价值观提供实践根据。

少数学者建议暂缓凝练、由分到合，主张不必在理论上多做争论，而可根据各地区、各领域、各行业的特点和需要，分别提炼出各自的核心价值观或“价值取向”或“价值理念”或“城市精神”，待条件成熟后，在“分”的基础上再整合出社会主义核心价值观。

也有个别学者主张不必凝练，等待自然积淀，认为一个国家和民族的价值理念是发展变化的，在某一时期，人们形成的价值取向，是历史演化轨迹在现实中积淀的结果，正如马克思恩格斯所说：“意识在任何时候都只能是被意识到了的存在，而人们的存在就是他们的现实生活过程。”① 根据这一思路，他们特别反对由所谓“精英”概括几个核心价值观强加于社会和公民，也认为，即使各地区、各领域、各行业分别先行提出各自的核心价值观，那全国该有多少个核心价值观？就更不可能“整合”出统一的社会主义核心价值观了。

这一争议的实质，在于如何看待社会存在的客观性和社会意识的能动性的关系，以及如何把握精英和大众在社会主义精神文明建设中的地位和作用的关系。

（三）社会主义核心价值观解读：对凝练中分歧的超越

1. 社会主义核心价值观的语义解析

社会主义核心价值观凝练中存在的争议，原因之一在于对“社会主义核心价值观”一词的语义解析不同。任何一个问题的研究，都不能回避对问题所涉及的基本概念进行理论上的追问和清晰界定。社会主义核心价值体系建设的一个前提性追问是：社会主义核心价值观到底是什么？没有核心价值观，哪来社会主义核心价值体系呢？

① 马克思，恩格斯．马克思恩格斯文集：第1卷．北京：人民出版社，2009：525.

对于价值的概念，马克思曾在《评阿·瓦格纳的“政治经济学教科书”》中指出，“‘**价值**’这个普遍的概念是从人们对待满足他们需要的外界物的关系中产生的”①。价值并不是任何价值客体本身固有的属性，而是客体的存在和属性同主体的关系，是主体和客体在实践、认识中达到的一种统一，是主客体统一所具有的某种特定性质和状态。

价值具有主体性，价值不是任何客体价值本身固有的属性，相对于主体存在，每一价值都有具体主体的个性特征，这也是理解现实中价值多元化存在的基础。判断任何价值，首先要弄清楚它是对谁的价值。在现实社会中，因主体的层次、类型不同，价值的性质也不同，如人类、社会、阶级、群体、民族、个人都可以是具体价值关系的主体，对人类的价值具有人类普遍性，对特定阶段的社会整体的价值具有时代性，对阶级的价值具有阶级性，对群体的价值具有群体性，对民族和个人的价值又各具有民族性和个性。

对价值的定义不同，其价值观自然也是不一样的。人对各种事物的看法和评价会在心中形成主次、轻重的排列次序，进而就构成了价值观体系，而其中最重要的价值观就是核心价值观，核心价值观往往决定了价值体系的性质、方向。对“社会主义核心价值观”存在如此大的差异，关键不在于现存的多元化的价值观，而在于对各种价值观的评价不一致，混淆了价值的主体性与价值观的主观性问题。

社会主义核心价值观，顾名思义，指的是社会主义的核心价值观，必然带有社会主义的具体特性。当把社会主义作为客观存在的价值客体进行考察时，它也具有多维价值。作为崇高的理想，它的价值在于激励全世界无产阶级和人类不懈努力地奋斗；作为学说，它的价值在于解释人类社会发展的方向和规律，指导无产阶级革命实践；作为制度，它的价值在于以旧社会所没有的速度和优势发展生产力，实现人的全面自由发展；作为运动，它的价值在于为共产主义理想准备现实的条件，推翻剥削制度，建立新世界。社会主义作为理想、学说、制度和运动这四个方面相对独立又有

① 马克思，恩格斯．马克思恩格斯全集：第19卷．北京：人民出版社，1963：406.

机联系，统一于社会主义价值体系之中。如果单个地孤立地提炼一个价值观，会妨碍我们全面认识社会主义价值体系。

社会主义诞生以来，乃至未来，世界上的社会主义运动、理论和制度都属于社会主义的体系。在当前实际情况下，我们谈论的“社会主义”核心价值观，更大意义上是从“中国特色社会主义”层面考虑的，是处于“社会主义初级阶段”、具有“中国特色”的社会主义核心价值观。

值得注意的是，社会主义价值的主体性并不意味着社会主义价值是主观的，它的存在并不依赖于人的意志。但为何现阶段有这么多关于“社会主义”的核心价值观？因为，社会主义本身的存在和规定，已经在价值关系中起着一种客观标准的作用，使“社会主义”存在的一切作用都客观地显示出它的价值性质，构成了价值事实。不管人们是否意识到，每个人都已按照他的主观评价标准对社会主义做出了判断，这种判断是观念不是认知。认知是人不从社会主义与自己的价值关系的立场去对待社会主义这一事实，只是以了解认识社会主义为目的的认识。而价值观则会表达出自己的倾向，是会问它是善的、美的，还是真的？在现实中，人们对社会主义的价值观远不如像对于社会主义的知识那样一致、稳定和高度理性化，而显现出高度不稳定性和多样性，带有浓厚的情感色彩。每个人提出的价值观总是带有某种“先入之见”的评价标准，也即价值标准，问题的关键在于如何确立正确且合理的“价值标准的标准”。

如何能对“社会主义”价值做出客观评价，构建出科学的社会主义核心价值观？那只有一个标准，即实践。只有在实践中，客体的作用才会对主体产生效果，以及检验主体的客观需要是否得到满足。提炼社会主义核心价值观，必须立足于实践角度，把社会主义作为现实中的理想、学说、制度和运动统一在中国现今的发展中，这样提出的社会主义核心价值观，方能符合事实，达成共识。

社会主义核心价值观的“核心”就是社会主义核心价值观中最主要的部分，处于中心地位。“核心”一词是社会主义核心价值观提炼中矛盾的聚焦点。马克思、恩格斯曾对西欧资本主义的核心价值进行过深入分析和批判，但对资本主义以后的未来社会——社会主义、共产主义社会的核心价值观和价值体系的设想，始终慎之又慎。马克思、恩格斯一再宣称，决不提供适合将来任何时候的一劳永逸的现存方案。核心价值观不是生来就有的，在不同的历史时期对“价值”的判断也不一样。在理解社会主义核心价值观的问题上，也要明白社会主义核心价值观这个概念不是永恒不变的，更不可能成为包治百病的灵丹妙药，它的形成需要一个过程。

在现今中国国情下，社会主义核心价值观务必要从中国特色社会主义的实践中去寻找，特别是从改革开放以来的实践运动中去寻找。如果不结合中国现阶段的实际，而仅仅以从空想社会主义到科学社会主义再到未来共产主义的历史发展进程来构建社会主义核心价值观，很有可能得到与中国实际相差甚远甚至是南辕北辙的理论表达。但这并不是说，我们要撇开人类社会主义发展和运动的历史，更不是要撇开在这些运动过程中一以贯之的价值追求，只是要以“初级阶段的社会主义”这个实际来选择社会主义“核心”价值观，就能从中国特色社会主义的实践中培育出社会主义的核心价值观。

要真正找到价值观之“核心”，还必须要追溯在众多价值观中的“核心主体”，即这个核心价值观是“谁的”，取决于哪些人？这个界定不能泛泛空谈，而应该是历史的、具体的、符合现当代中国国情的，有意无意地虚化、逃避、泛化、窄化“核心主体”，都将导致社会主义核心价值观与现实脱节。社会主义，无论从社会理想、社会运动还是社会制度来说，都表征着一种与全人类相关的价值诉求，是一种有别于资本主义的价值选择，有着自己独特的核心价值观。那么如果社会主义核心价值主体是全人类，社会主义核心价值观就是：使人类得到自身解放，从“必然王国”走向“自由王国”。

2. 国家、社会和公民三个层面的价值观统一

党的十八大提出培育和践行社会主义核心价值观时，提出了三方面的“倡导”，中共中央办公厅文件在明确把三个方面的“倡导”作为社会主义核心价值观后，学界又把它们分别解释为对“国家”、“社会”和“公民”三个层次的不同要求。在核心价值观的“三个倡导”当中，“国家、社会、公民”构成话语的三大价值主体，它们分别具有“富强、民主、文明、和谐”，“自

由、平等、公正、法治”，以及“爱国、敬业、诚信、友善”的价值要求。然而，一个社会的核心价值观分布在如此宽泛的三个层次，如何体现“核心”？又如何统一？应该说，这种表达既强调了价值观的整体概念，也注入了价值观的个体意蕴，成功地把不同主体的价值要求放到了同一语境当中。

但是，如果从话语结构上分析，“三个倡导”实际上属于一种复合型话语，它把不同主体的价值要求分成了三个层次进行表达，这一做法实际上带来了诸多问题：其一，分层的做法虽然符合“主体-价值”一一对应原则，但这是否意味着国家、社会、公民三个层次的价值要求是彼此分离、不可通约的？换句话说，“三个倡导”是否只在话语的“形式上”而非“内容上”融合了不同的价值观？其二，按照一般的逻辑结构，“分层”就是区分不同层次的地位作用，这是否暗含着国家、社会、公民的话语地位及价值要求存在着等级差别？如果不存在，那么将核心价值观分层的做法又有什么意义？

首先要搞清楚，“分层”并不等于“割裂”。由于“三个倡导”的话语表述是使“国家、民族、人民在思想和精神上强起来”这一根本目的的基本手段，它的出发点并不是让三大话语主体“划清界限”或是“各自为政”，反而是要在同一语境中做到彼此价值观的协同和配合，特别是现阶段，国家、社会、公民的价值要求本身就互有交叉，彼此难以区分，面对这一事实判断，我们更应将“三个倡导”放在整体的视域中去理解。

其次要明白，“分层”是划分“层面”而不是“层次”，即“国家、社会、公民”及其价值诉求不存在高低等级差别。如果从政治学角度看，“国家、社会、公民”确实对应着政治架构的高、中、低三层，但在马克思的语境中，人的本质在其现实性上是一切社会关系的总和。按照这一思路，我们首先应当明确的一点，就是单个的“公民”乃是“国家”和“社会”产生的基石。然而也必须看到，只有“国家、社会、公民”三者同时在场，才能构成马克思所说的“全部社会关系”的总和。为此，把“三个倡导”理解为与全部社会关系相配套的一套话语体系，或许更符合话语的本意：它既非强调以国家、社会为主体的价值观等级，也不会因为过分强调公民个人的因素而导向利己主义或是个人主义。只有平等地看待“三个倡导”的三个层次，才能扣住全部社会关系的组成成分，进而将核心价值观的价值要求融贯一致。

目前在提炼社会主义核心价值观上所涉及的主体定位问题，主要可以归纳为以下四种不同的主张：一是“个人主体说”，即强调提炼社会主义核心价值观应首先从个人层面出发。有学者认为：“全面、准确地反映公众现实的社会价值观，既是核心价值特性的表现，也是其发挥作用的前提条件。”① 该学者主张社会主义核心价值观的构建及发挥作用的实践过程就是不断地“与公众对话”的过程。二是“国家主体说”，强调国家应是首要的主体。主张这一观点的学者指出：“社会主义核心价值观，必须是国家层面、社会层面、制度层面的价值取向，而不应该是针对公民个人的道德规范。”② 有学者承认社会主义核心价值观的形成应当以凝聚公民共识、获得公民认同为前提，“但是这种共识的形成毕竟来源于对国家的认同，归根到底来源于对国家制度和国家精神的认同。因此，成功的核心价值观不是直接对公民提出要求，而是通过塑造国家形象、彰显制度精神以获得国民的认同，并使之自觉规范自己的行为”③。三是“兼顾说”，主张国家与个人双重主体的兼顾。有学者就是从国家和公民这两个基本路径分别概括了社会主义核心价值观④；另有学者也主张“核心价值观必然要反映一个国家统治阶级的意志和根本利益，同时也要体现广大人民群众的自觉选择”⑤。四是“融合说”，认为社会主义核心价值观的提炼既不是国家主体优先，也不是个人主体为首，而是实现对两者的超越与融合。有学者提出“社会主义公民社会的核心价值取向既不是‘大公无私’，也不是‘自私自利’，不是‘公’与‘私’的截然对立，而是‘公’与‘私’之间的连续、

---

① 宣兆凯.“与公众对话”：公众认同、接受社会主义核心价值的调查研究．北京师范大学学报（社会科学版），2009（5）.

② 柯缇祖．社会主义核心价值观研究．红旗文稿，2012（2）.

③ 侯惠勤．社会主义核心价值观的提炼（上）．（2012－05－04）．http://theory.people.com.cn/GB/49150/49152/17811425.html.

④ 杨明．国家与公民：社会主义核心价值观概括的基本路径．（2012－02－23）．http://www.qstheory.cn/hqwg/2012/201204/201202/t20120223_140448.htm.

⑤ 黄蓉生，习蓉晖．论提炼社会主义核心价值观的深厚基础．学校党建与思想教育，2010（8）.

补充和融合”，因而“超越公权与私利的对立是社会主义公民社会的核心价值取向”①。

这四种观点的争议，集中表现在对“国家要求”与“公民诉求”不同侧重点的强调上，即社会主义核心价值观主要应该反映国家对公民的要求，还是公民对国家的诉求。确切地说，当前凝练社会主义核心价值观面临的一个选择难题是，“国家要求”与“公民诉求”何者应被优先考虑和满足？要化解上述两个矛盾，还应厘清凝练社会主义核心价值观的理论依据，进而形成对社会主义核心价值观解读的基本思路。

价值观是价值在主观上的反映形式，是对主体需求的一种话语表达。凝练社会主义核心价值观必然会涉及“主体”问题，而“主体”总是与“需求”这一范畴紧密相关，社会主义核心价值观的提炼彰显的正是主体的某种需求，满足主体需求是提炼核心价值观的一个主要标准。因此，社会主义核心价值观提炼在国家与个人的双重主体上存在的矛盾，可以进一步反映在“需求”层面，以“国家要求”与“公民诉求”这对矛盾来得到阐释。

简单地说社会主义核心价值观的凝练要立足于“个人主体”或“国家主体”，都显得过于片面。因为没有界定这一“主体”本身的内涵，即它是对所谓“客体”的要求，还是自我追求？有学者认为应该在国家层面和个人层面实行两套不同的核心价值观话语体系，这样做，尽管照顾到了双重主体的共同需求，但是在人们的思维框架中容易造成国家与个人的对立，在某种程度上会削弱甚至消解核心价值观的凝聚功能，提出提炼社会主义核心价值观的初衷本身就在于构建一座能够贯通国家与个人的价值桥梁，而不是相反。

社会主义核心价值观要表达意识形态所反映的利益“普遍性”，应该表达广大群众不同诉求中的共同部分，从而为广大群众所认同。然而，党和国家作为集合力量，又必须倡导核心价值观，特别是对肩负历史责任感和人类解放使命的共产党来说，更有义务承担起倡导核心价值观的责任。

① 王为全，吴宏政．“国家核心价值与公民文化建设”研讨会综述．当代世界与社会主义，2010 (5).

因此，社会主义核心价值观不能偏废“国家要求”和“公民诉求”任何一个方面。它既体现了国家的意识形态“要求”，更是“对”国家的要求；它既反映了公民的“诉求”，也是“对”公民的自身要求。

从新中国成立初期到改革开放前，国家要求与公民诉求在政治领域实现了高度融合。克服内忧外患的总体性危机是新中国成立初期我国面临的首要任务，立足国家层面，巩固新生的政权，集中力量建立一套高度集中的计划体制是当时国家需求最为迫切的内容。为此，直到改革开放前，受政治因素和生产力因素的影响，“集体主义”“平均主义”等成为当时的核心价值理念。

改革开放初期到20世纪末，国家要求与公民诉求的融合主要转向了经济领域。快速发展生产力、提高经济总体发展水平成为这一时期国家的迫切需求；而在个人层面，人们普遍产生了提升生活水平和创业致富的愿望和需求，自主性暗流涌动。由于国家与个人在经济发展方面的共同需求，实行改革开放、大力解放与发展生产力的号召很快得到了全国上下的响应，“改革”“发展”“共同富裕”等成为当时普遍认同的核心价值理念。

然而进入21世纪以后，国家要求和公民诉求、需求之间出现了分离趋势。社会、利益、文化各个方面趋于多元，社会矛盾不断升级，社会领域的发展严重滞后。我们看到，经济方面，国家追求效率和总量的继续提升没有改变，但个人在继续追求财富和提升生活质量的同时，也出现了越来越多对公平正义的呼声；政治方面，国家层面仍然以维护社会稳定和增强凝聚力为首要目标，而个人主体意识的觉醒使其更关注自身的权利保障和自我个性的彰显。

在马克思主义的视野中，任何人类活动的需求都具有社会性，都是人们交互作用的产物，因而所谓“社会需求”，实质上是“社会关系的需求”，用马克思的话来说，即“许多个人的共同活动，不管这种共同活动是在什么条件下、用什么方式和为了什么目的而进行的”①。这种共同活动随着社会分工和社会化大生产的发展会越来越成为人们的一种依赖和需要。

① 马克思，恩格斯. 马克思恩格斯文集：第1卷. 北京：人民出版社，2009：532.

"社会关系需求"之所以能融合"国家要求"和"公民诉求"，是因为：

首先，作为一种需求，社会关系本身早已嵌入个人需求之中，是个人不同需求的交集部分。尤其是随着社会分化和主体意识的增强，个人的需求也日趋提升；然而个人之间差异性的增强和利益矛盾的凸显，却又在很大程度上限制和阻碍了个人需求的达成和满足，人与人之间的社会关系已上升为影响个人生存和发展的一个重要外在因素。随着社会分工的进一步发展，脱离社会关系网络，个人的生存特别是发展的需求就难以得到实现。只不过在过去利益均衡和平均分配的年代，社会关系并不成为一个问题而受到人们的普遍重视，即使有所重视也往往是作为一种工具和手段而予以短暂的关注。今天，社会矛盾不断激化的现实，要求我们在思想上对隐蔽的"社会关系需求"做出自觉的意识，将"社会关系"从"工具性"需求转向"目的性"需求。

其次，国家需求的满足越来越需要借助"社会关系需求"的调整。国家的整体发展一方面要面向国内，保证经济的持续稳定增长和维护社会的安定团结；另一方面要面向国外，维护国家的周边安全和国际秩序的良性运行。因此，国家需求在传统的理解中通常指向社会稳定和持续发展这两个方面。但是进入21世纪后社会矛盾的凸显，越来越多的社会问题开始拷问党和政府的公信力和执政能力。从国家立场来看，各种群体性事件的发生并非是个人问题，而是整个社会关系网络的失衡。因为国家并不能阻止市场经济带来的利益生发机制和对个人利益的追求，而只能从宏观上通过各种政策措施对社会关系实施调整。今天社会关系的不协调已成为制约国家继续发展的"短板"。因此，将"社会关系"作为一种需求纳入国家需求之中，并将其置于同"社会稳定"和"持续发展"同等重要的地位，是当前的一种战略需要。

以上分析表明，国家需求（要求）与公民需求（诉求）在当下具有融合的可能性，这一交汇点即"社会"领域，以"社会关系需求"作为连接的桥梁。党的十八大提出的倡导"自由、平等、公正、法治"的价值理念，正是对社会关系需求的自觉表达，以此来融合"富强、民主、文明、和谐"以及"爱国、敬业、诚信、友善"的内容，便更能体现社会主义核心价值观的“核心”之所在和社会主义意识形态的本质，并真正发挥社会主义意识形态吸引力和凝聚力的功能。

3. 核心价值观话语的固定性和变动性

2013年，中共中央办公厅印发的《关于培育和践行社会主义核心价值观的意见》(以下简称《意见》)，使得部分学者得出了“核心价值观话语具有固定性”的结论。他们认为，“三个倡导”的24个字，是对核心价值观的一种“概括”，《意见》则是进一步对这种话语做出的“定论”①。更多的学者则认为，核心价值观兼具整体固定性与阶段变动性，24个字并非终极表达，它将随着客观条件的变化而得到修正、丰富和发展。

如果站在党和国家意识形态宣传的角度来看，将核心价值观视为“定性定论”的观点，有着过程和现实的双重意义：从过程上说，核心价值观的命题自提出便使学界呈现出“百家争鸣”的景象，有关话语的筛选、概括和凝练的工作开展得如火如荼，但如何表达“核心价值观”这一概念却依旧未有定论。中办印发《意见》，正是要为学界的争论画上一个阶段性句号，让核心价值观从“如何凝练”进入“如何培育”的新阶段。从现实情况看，“三个倡导”能够在一定程度上揭示社会主义的精神内核和价值理念、回应并满足民众普遍的价值诉求和精神期待，用反映全国各族人民共同认同价值观“最大公约数”的宣传话语，使整个国家和人民同心同德、团结奋进。

当然，宣传话语具有固定性，并不代表核心价值观的理论研究也要止步于此。我们从“三个倡导”的“倡导”前缀便可看出，目前的话语仅仅是对核心价值观做出的开放性价值观描摹，而并非一个封闭性的概念定义，由于概念的表述并不周延，意味着核心价值观的未来话语还会不断调整，调整或将取决于以下几方面因素：

一是社会价值观的变动现状。现阶段，“三个倡导”的概述有其客观性和合理性，但时代在变，如何科学地看待和研究中国特色社会主义价值观现状，就必须回答时代提出的新问题。基于中国转型期利益取向多元复

① 覃铁珊. 大学生社会主义核心价值观培育和践行的过程模式研究. 思想教育研究，2014(4).

杂，以及民众价值诉求分离聚合的事实，核心价值观势必要不断分析和筛选新的社会价值取向，并把它们作为丰富话语库的第一手材料。

二是核心价值观话语逻辑的自洽性要求。如果将核心价值观归结为历史逻辑、理论逻辑和实践逻辑的综合，那么核心价值观话语势必要讲清楚三者之间的内在关系，否则，核心价值观将可能遭遇理论逻辑不严谨、话语指向不明确的诟病。此外，目前“三个倡导”对核心价值观采用了分层的表达方式，那么，分层主要基于什么？每个层面的特殊内涵是什么？层面之间的内在关联又是什么？回答这些问题，将有助于增强核心价值观话语的圆融性和自洽性。

三是核心价值观话语的大众化要求。应该看到，目前核心价值观的“三个倡导”包含了12个词组、24个字，比较冗长，表意也不够具体，这些对于民众深入理解和进一步践行核心价值观都是不利的。故而，凝练话语表达、精准价值指向仍是核心价值观未来的任务，也唯有一种不断“变动”的话语，才能为核心价值观争取“不变”的话语权。

4. 融通“中”“马”“西”的价值取向

核心价值观背后的价值取向，决定了不同价值主体将由什么样的话语进行统摄和引领。由于学者对核心价值观的范围和层次定位存在差别，致使他们在价值导向问题上产生了分歧。有的认为核心价值观要以中国特色价值观为导向（“中”），有的认为社会主义价值观才是根本（“马”），还有的强调价值观要以开放的态度借鉴西方话语资源（“西”），归结起来，就是“中”“马”“西”三种价值观之于核心价值观的话语权之争。

应该说，“中”“马”“西”之争并非一个新议题，在文化方面，有学者早就提出过用“马魂、中体、西用”来实现不同文化的融合①，因而在核心价值观的价值导向的问题上，有学者便建议采取类似做法，即“以马克思主义理论为指导，以中国传统文化为根基，以西方文化为重要资源”②。客

① 李毅，寇清杰，张允熠，刘仲林，陈卫平．综合创新论与“马魂、中体、西用”——关于当代中国文化建设的探讨．上海师范大学学报，2007（6）．

② 陈秉公．论社会主义核心价值观“高势位”培育和践行的规律性．思想理论教育，2014（2）．

观上讲，“马魂、中体、西用”规避了三种价值导向的话语权之争，并让核心价值观在兼顾各方的基础上获得了比较全面的价值遵循，但如果我们深入思考，这一观点仍有深入阐释之必要：首先从类别上看，“魂”“体”“用”三个词分别属于精神（价值）、内容和方法三个层面，这就是说，“中”“马”“西”三种价值观并未被置于同一层面进行比较，那么，它们能否在同一层面做到“兼容”？是否可以为核心价值观提供统一的价值遵循？其次，核心价值观终归要从价值理论状态转为话语表达状态，而在“中”“马”“西”关系尚不明确的前提下，三种价值观在话语排列上谁先谁后？内容安排上孰轻孰重？这些都是绕不开的问题。由此看来，只有弄清“中”“马”“西”之于核心价值观的作用分别是什么，它们兼容和不兼容的部分到底有哪些，才能让核心价值观明确价值导向，形成恰当的话语表达。

从价值体系的塑造角度来看，根脉深厚的中国本土价值观具有思想理论的“长度”，马克思主义价值观以人的自由解放为目标，它无疑具有价值理想的“高度”，西方资本主义虽与主流意识形态不相容，但它的价值观拥有一定的普遍意义，且符合话语表达的通用特性，也就能够代表价值观的“宽度”。核心价值观在对“中”“马”“西”兼收并蓄、兼容并包的基础上，将能够形成具有“长”“高”“宽”的立体话语体系，以此来言说历史和现实，以及国内和域外等多重价值诉求。从哲学方法的运用角度来看，中国本土价值观强调“天人合一”的综合分析法，马克思主义价值观强调主体的批判性，西方价值观强调主客体二分的分析法①。在融汇三者的基础上，核心价值观将以研究人与客观世界的关系为取向，以主体的批判性和创造力为手段，并以和谐作为价值观的内容和话语表达的目标。以上两点可以归纳为“中”“马”“西”的兼容部分和对核心价值观的积极效用。

然而，从价值内核的角度来看，“中”“马”“西”有着各自独立的价值系统和终极性的核心价值追求，它们在本质上是不兼容的，也就不可能

① 黎红雷. 会通与融合——马克思主义哲学、中国传统哲学与西方哲学的互动. 哲学动态，2006（5）.

为核心价值观提供某种“统一的”“融贯一致”的价值遵循。那么，如何解决核心价值观在价值兼容上的困难？对待这个问题，或许应当采用让“中”“马”“西”三种价值观“对话交流”而非“强制兼容”的办法。这就是说，我们不应纠结于核心价值观在“中”“马”“西”三种价值观当中“多说了什么”“没有表达什么”“还要添加什么”，而是要尽量采用三种价值观的同质性思想和同构性话语，比如，进一步突出“自由、平等、民主、法治”这些“中”“马”“西”当中兼有的价值观；此外，我们还有必要葆有“中”“马”“西”各自的理论品格和价值导向，比如，展现我国由于历史传统、文化积淀、基本国情不同而具备的价值观的中国特色，展现面对世界形势发展变化而打造出的融通中外的新概念新范畴新表述等。上述这些，实际是要让核心价值观处理好普遍与特殊、传统与现代、民族与世界的价值关系和话语关系，唯有如此，才能发挥核心价值观对“中”“马”“西”的整合作用，以明确价值导向、赢得价值维度的话语权。

（四）社会主义核心价值观对社会思潮的引领

社会思潮是在特定历史时期内受一定思想理论指导而形成的、反映社会问题和民众诉求的思想潮流，它与一国政治、经济和社会变动保持着特殊的联动关系：积极的社会思潮能够凝聚民众思想，促成经济增长和政治稳定；消极的社会思潮则会破坏社会安定团结，构成对一国发展的阻碍。面对当前中国各式思潮互动活跃、多元价值碰撞频繁的现状，特别是在改革进入攻坚期和深水区之际，对多样化社会思潮的正本清源，坚持以社会主义核心价值观引领多样化社会思潮，对巩固马克思主义在意识形态领域的指导地位，巩固全党、全国人民团结奋斗的思想基础，就显得更为必要。

1. 社会思潮概念辨析

有鉴于社会思潮的积极与消极并存、进步与落后共生，社会主义核心价值观对它们的引领也就势必难以一蹴而就。一方面，我们要看到多样化的价值观念、思想观念、行为观念之中可能存在“杂念”，但又不能对所有社会思潮进行“一刀切”的全盘否定，以致将“婴儿和洗澡水一起倒掉”，把其中的合理思想和积极因素一概摒弃。这就需要廓清各种社会思潮的内涵及相互关系，辨析这些社会思潮对主流意识形态的现实效用，以便为进一步提高主流意识形态的引领能力奠定基础。

（1）国内：政治思潮、学术思潮、大众思潮关系辨析。

当代中国的社会思潮具有历史和现实的双重复杂性。从历史维度看，由于社会思潮长期存在于动态流变的历史进程中，时间和空间的变化，无疑增加了对社会思潮的把握难度；从现实维度看，当前的社会思潮具有多种存在方式，它们既有宏观的思潮模型或思潮框架，也有微观的思想要素或思维符号。有鉴于此，部分学者建议对当前的社会思潮进行总体性研究，以避免传统分立式和分析性思维带来的认知局限性①。另有学者主张把社会结构、影响性质和存在形态等作为划分标准，将社会思潮区分为经济思潮、政治思潮、文化思潮；进步思潮与落后思潮；学术形态、媒体形态、文学艺术形态和社会舆论；等等。我们认为，虽然当代中国的社会思潮内容复杂交叠、关系盘根错节，但其中几种主导性的社会思潮及其内在关系还是有章可循的，它们便是政治思潮、学术思潮和大众思潮。

社会思潮当中影响力最大的当属政治思潮。各种社会集团总是试图通过各种手段夺取政权，以使本阶级的意识形态获得作为“普遍利益”的合法性地位；如若尚未获得统治，它们则会把自身利益取向转化为具体的政治口号和政治主张，并在社会范围内广泛传播，使其发挥对民众的导引作用和鼓动作用，构成对一国政治发展甚至政权更迭的思想舆论力量。

19 世纪中叶，马克思恩格斯在批判资本主义经济关系和政治制度的基础上，将社会主义作为对旧秩序的替代性方案；此后，俄国十月革命和中国无产阶级革命将作为政治思潮的社会主义成功推向了实践，使其经受住了现实的剖析和洗礼。新中国成立之后相当长的一段历史时期内，党完全

① 王健．马克思的“现代性批判”与社会思潮．南京政治学院学报，2010（3）．

掌握着意识形态的话语权，社会主义思潮也就能够继续占据社会思想的一元主导地位。而在改革开放之后，特别是从 20 世纪 90 年代至今，市场经济的深入发展带来了社会结构的分化与利益群体的多元化，各种各样的政治思潮也就得以纷纷登场。

不同的政治思潮的根本诉求，是实现它所要表达的显性的或隐性的核心价值观，而为某种核心价值观提供合理性或不合理性根据的，便是理论。这样，一定的政治思潮要在社会生活中占有一定的空间，便需要一面诉诸学术，试图为自身增添理论的“深度”，一面又面向社会大众，希望赢得社会接受的“广度”。这两种需求也直接促使政治思潮背后的学术思潮和大众思潮的兴起。

从学术发展的抽象角度看，任何理论问题，在学术范围内并遵循一定科学规范，都是可以讨论和争鸣的。从新中国成立以来学术发展的历史经验和教训看，“双百方针”越是贯彻得好的时候，就越是我们具有理论自信的时候。然而，从学术发展的现实角度看，一些学术思潮会自觉或不自觉地对现存的社会矛盾提供错误的理论解释和价值评价而激化社会矛盾，从而将大众思潮引导到错误的方向，以帮助错误的政治思潮获得生存和活动的空间。因此，在学术领域，我们不能“书生气”十足，把学术问题与政治的关系切割得“一清二楚”，而应该清醒地看到，一些学术讨论，是可能激化社会矛盾，渗透到大众思潮中并进而影响政治思潮的。

除了获得学术思潮的理论支撑，政治思潮还会进一步转向社会层面，通过与民众日常生活的结合而演变为大众思潮。在当代中国，群众个人利益与国家利益的矛盾将直接影响他们对自我与社会关系的认识，而这些认识又会逐步凝聚，形成有关自由与秩序、民主与法制的政治思潮，同主流意识形态形成博弈之势。如果这些政治思潮得不到马克思主义的及时回应和批判，那么它们还将不断扩大自身的影响范围，争取更为广泛的社会基础，某些大众思潮正假借群众对国家诉求的名义在社会上发酵和蔓延，并煽动群众“重构”自身的社会地位、权利和义务，这其中就包括自由主义、无政府主义和宪政思潮等。这些思潮企图突破社会主义制度，瓦解主流意识形态的辨识框架，严重干扰了国家的正常发展和社会的稳定和谐。为此，防止部分消极大众思潮向颠覆性的政治思潮“进阶”或“渗透”，这也成为主流意识形态安全建设的一项重要任务。

（2）域外：国外社会思潮、西方社会思潮的异同。

与国内的政治思潮、学术思潮和大众思潮类似，域外的社会思潮也呈现出内容和类别上的多样化——当然，这种地域性的划分只是相对概念。有鉴于全球化背景下国内外思想的交流交融交锋，我们并不能完全将某一思潮划归为“内生型”或“外入型”，这就类似于不能将国内某一思潮单纯视作政治思潮、学术思潮或大众思潮一样。但对域外的各类社会思潮，我们仍有必要进行进一步剖析，其中最重要的，当属区分“西方社会思潮”和“国外社会思潮”：现阶段，有学者偏重以影响力更大的“西方社会思潮”代表所有的“国外社会思潮”，以至于剥夺了其他“非西方”思潮的地位和价值；有学者主张从广义上理解，即将两种社会思潮等同起来、不做细分，这又不利于深入分析两种社会思潮各自的作用机理；还有学者仍沿袭意识形态斗争思维，认为举凡“国外”“西方”，皆是“敌对势力”与“敌对分子”的思想入侵，致使他们无法得出客观公正的判断。可见，上述三种观点皆有不妥之处。单就概念的外延来看，“国外社会思潮”包含了“西方社会思潮”，之所以要对二者进一步区分，主要是它们对我国主流意识形态的作用有着本质差别。

西方社会思潮应属国外社会思潮的一个分支。虽然“西方”是一个地理概念，但其理论肇始于冷战当中西方资本主义阵营与东方社会主义阵营的对峙格局。20世纪八九十年代，苏东剧变带来了两大阵营的解体，但二者的意识形态矛盾并未就此消解。

西方社会思潮之所以对我国主流意识形态进行攻击和挑战，其原因也是多方面的：一是政治目的主导。部分发达资本主义国家出于经济垄断和国际霸权的战略需要，将社会主义视作与其分庭抗礼的主要矛盾，因而对马克思主义和中国共产党大肆歪曲、对资本主义政治模式极力鼓吹，以求颠覆我国的政权，建构西方主导下的世界秩序。二是历史观和民族观的差异。部分西方国家在地理环境和历史发展中同我国存在对立和矛盾，它们的民族观和历史观反映到社会思潮层面，便形成对我国主流意识形态的挑战。三是西方文化中心主义使然。由于西方资本主义国家的经济实力和社会发展程度普遍优于我国，经济上的自豪感助长了它们的文化优越感，以至于对我国的政治状况和文化发展指手画脚、恣意干涉。四是媒体的不实报道。多数西方国家的民众从未到过中国，对中国国情缺乏客观公正的了解，西方媒体便利用舆论将中国妖魔化，致使西方民众曲解中国，进而对我们的主流意识形态产生排斥和敌意。

国外社会思潮则是在囊括西方社会思潮的基础上、对所有国外各类思潮和理论模型的统称。从对中国的影响来看，则可分为积极的社会思潮、作为历史镜鉴的社会思潮和二者的混合体三类。国外社会思潮的产生和壮大有其特定的历史背景。受20世纪70年代经济全球化和新科技革命的推动，资本主义国家在获得长足发展的同时，其社会矛盾和冲突也日益凸显：经济上行困难、福利国家危机、生态环境恶化等现象迫使各学术派别及其代表人物针砭时弊、建言献策，进而在经济学、政治学、社会学等领域形成了多样化的社会思潮。大体上看，它们包括重构政府、市场和个人关系的经济自由主义和市场社会主义，反思资本主义理性、批判欧洲殖民历史的后现代主义和后殖民主义，倡导建立生态平衡制度的生态社会主义以及对资本主义未来进行猜想预设的未来主义和“第三条道路”等①。应该说，多数国外社会思潮有完整的学科理论作为支撑，其学术建设历史悠久，话语体系相对成熟，在抽象理论和现实关照层面皆有较高的建树。不仅如此，部分思潮还涉及对资本主义市场经济弊端、工业化危机和生态环境问题的反思，具有从批判旧世界中发现新世界的积极因素。也正是上述理论和方法上的闪光点催生了我国部分学者的“唯洋是从”心态，他们不断问诊于这些外国“药方”，甚至不分场合地用其概念模型来“医治”中国的现实问题。我们应该看到，国外一些批判资本主义现实的社会思潮，终究是以改良资本主义以求其长期存续为目的，根本上代表着资产阶级的核心价值观，加上中外社会现实的差别，所以我们不应盲目崇拜。

① 段忠桥. 当代国外社会思潮. 北京：中国人民大学出版社，2010.

2. 意识形态安全视域中对多样化社会思潮的引领

（1）对多样化社会思潮发挥导引和影响作用。

马克思在《莱茵报》工作期间，曾对普鲁士的书报检查制度辛辣地讽刺道："你们赞美大自然令人赏心悦目的千姿百态和无穷无尽的丰富宝藏，你们并不要求玫瑰花散发出和紫罗兰一样的芳香，但你们为什么却要求世界上最丰富的东西——精神只能有一种存在形式呢？"① 以此来抨击普鲁士官方对社会多元思想的禁锢，表达对人民群众不同精神取向和价值观念的礼赞。德国社会学家马克斯·韦伯则在社会包容（Social Inclusion）理论中更为明确地提出：价值多元化的"诸神纷争"时代已经来临，一个国家现代化的程度，将取决于它对多元文化的包容程度②。面对当代中国社会思潮多元化的客观趋势，主流意识形态势必要一方面利用它们的积极效用，使其成为巩固主流意识形态的"辅佐"力量，另一方面拒斥少数思潮的消极影响，警惕它们可能诱发的社会动荡和思想混乱——这"一张一弛"集中到一点，就是要让主流意识形态科学地引领多样化社会思潮。

社会主义核心价值观是当前社会主义意识形态的本质和核心，因为它是中国道路、理论和制度的价值表达，它从国家、社会和公民的价值要求出发，回答了中国要建设怎样的国家和社会、培育怎样的公民等一系列问题，具有以现实为导向的理论解释力。同时，社会主义核心价值观的思想资源极为丰富，既反映了社会主义的本质要求，又继承了中华优秀的传统文化，还吸收了世界文明的积极因素，蕴含着理论的批判和继承、融贯和创新的基本品质，还承载了全国各族人民共同的价值理想和精神追求，是人民群众价值观的"最大公约数"，也就能够发挥其感召作用，成为人们内在的精神追求和外在的自觉行动。正是基于这些优势，社会主义核心价值观可以发挥其引领多样化社会思潮的作用。

社会主义核心价值观引领多元社会思潮，既要有"高于"其他社会思

---

① 马克思，恩格斯. 马克思恩格斯全集：第1卷. 北京：人民出版社，1995：111.

② 马克斯·韦伯. 宗教与世界. 桂林：广西师范大学出版社，2010.

潮的姿态，对后者进行导引和影响；又不是去“压制”或“禁锢”其他社会思潮。当代中国的社会结构和利益格局变化调整仍处于进行时，多元化社会思潮正是这一现象的客观反映，试图对它们进行封堵，既不现实，也没必要。更何况，“引领”的本质便在于“一”与“多”的沟通与对话，一方面让“一”不断完善，彰显其强大生命力，另一方面对“多”进行批判整合，发挥它们对主流意识形态的借鉴作用。若对多元社会思潮进行全面“肃清”，以致造成“万马齐喑”的局面，那么也就从根本上“阉割”了社会主义核心价值观的“引领”作用。“引领”的本意，首先是用马克思主义的立场、观点和方法对各种社会思潮进行剖析；其次分清它们当中哪些成分是“美”的、进步的，可以为我们所借鉴，哪些又是“丑”的、反动的，必须同它们激烈交锋，使主流意识形态在思潮涌动中日益明晰；最后，经由对多样化社会思潮的整合，意识形态领域基本能够呈现“和而不同”的稳定局面，而主流意识形态本身也能在吸收其他思潮优势的基础上获得学术自信和理论自信。

（2）处理好网络社会思潮的活力和秩序的关系。

信息技术革命的迅猛发展，思想传播手段的日新月异，使以互联网为代表的新媒体成为各种社会思潮交流碰撞的主战场。正如习近平所言：“网络安全和信息化是一体之两翼、驱动之双轮，必须统一谋划、统一部署、统一推进、统一实施。”[①] 推进信息经济建设、提高互联网发展水平是我国现代化的必经之路，但同时，主流意识形态也遭遇到能否在新媒体环境继续发挥引领作用，以及能否对网上社会思潮进行有效监管的拷问。

事实上，网络社会让每个人获得了“麦克风”，这看似是对主流意识形态的冲击，但后者并非无从控制“麦克风”的声浪，相反，它完全能够利用网络优势来营造充满活力的思想局面。其一，网络社会无疑是以高技术为建构基础的，它将倒逼我们加快建设网络强国的步伐，在网络基础设施建设、网络信息服务、网络人才队伍培养等方面下功夫，为掌握网上舆论主动权提供足够的技术支撑。其二，网络思想资源具有自由传播的特

① 习近平谈治国理政. 北京：外文出版社，2014：197-198.

性，其他社会思潮可以推广其核心价值，主流意识形态同样能理直气壮地唱响主旋律。这就是说，我们可以通过建设网络信息发布平台、设置网上教育宣传窗口、创造网络文化产品等方式来推动主流意识形态的宣传教育工作，释放网络信息技术带来的思想红利。其三，网络社会具有开放的特性，各种思潮能够同主流意识形态进行平等对话交流，而这也将促使我们树立一种"善治"思维，即在国内社会组织和广大网民的舆论监督与评议声中，形成公平公开、阳光透明的治理模式，在同国际各类社会思潮的交流碰撞当中，进一步达成思想共识，以便谋求合作、实现共赢。

当然，营造网络社会开放活力的局面，必须以网络社会的安定有序为前提，任何时候都不能忽视对网上各种思潮的正确导引。主流意识形态仍需加强对网络思潮的研究和辨别，通过扩大网上红色地带、抵制黑色地带、转变灰色地带的方式来不断扩大自身的"舆论场"和"广播台"，在与各种社会思潮的交流、交融、交锋当中赢得话语权。总体而言，治理网络社会思潮是一个长期的过程，不可能毕其功于一役。唯有从战略上精心谋划、合理布局，方可为维护当代中国的意识形态安全助力。

3. 核心价值观教育要贯穿高校思想政治理论课全过程

习近平指出，社会主义核心价值观教育的重点人群是领导干部、公众人物、青少年、先进模范等。青少年是实现"中国梦"进程中"两个一百年"奋斗目标的中坚力量，承担着引领社会进步的责任，理应成为率先践行社会主义核心价值观的重要群体。高校思想政治理论课（以下简称"思政课"）教师在这方面做出努力的重点，一是要提高把社会主义核心价值观教育贯穿于高校思想政治理论课教学全过程的自觉性，二是要在理论和实践的结合中把国家、社会和个人三个层面统一起来。

（1）思政课的意识形态性质决定了核心价值观教育贯穿教学全过程的必要性。

当前思政课的社会主义核心价值观教育，局限在"思想道德修养与法律基础"课和"毛泽东思想和中国特色社会主义理论体系概论"课的某些部分，而且也基本只是概念的介绍，而没有贯穿到思政课的全过程，即没有在所有教学内容中都自觉体现社会主义核心价值观。把社会主义核心价值观的培育贯穿到思政课教育教学全过程的必要性，是基于社会主义核心价值观是社会主义意识形态的本质体现，而思政课则是具有意识形态性质的课程。

马克思主义认为，意识形态是社会上层建筑的组成部分，它反映不同的阶级利益。无论思想史上对意识形态存在怎样的理解或取怎样的态度，意识形态所要表达的根本，就是价值观。在马克思恩格斯的视阈中，意识形态的本质就是价值观的理论体系，它反映的是对人们之间利益关系的价值取向，即对自己所追求利益的必然性、合理性和合目的性所做的理论论证。正因为如此，毛泽东把“为人民服务”作为无产阶级先锋队的宗旨。而习近平更是明确表达了“人心是最大的政治”① 的价值取向，强调人民对美好生活的向往，就是我们党的奋斗目标；强调中国梦不仅是国家富强和民族振兴的梦，也是每个中国人的梦，即让每个人获得发展自我和奉献社会的机会，共同享有人生出彩和梦想成真的机会。

社会主义意识形态的建设，要适应社会主义市场经济和民主政治发展的需要，要应对世界多极化、经济全球化、思想多元化和社会信息化的挑战，必须突出社会主义核心价值观在意识形态中的本质地位，在价值观层面上对坚持和发展中国特色社会主义的合理性进行有效的辩护。这样，才能够既抵制所谓“淡化意识形态”或“去意识形态”的思潮，扭转以“普世价值”为外表的西方资产阶级价值观渗透的趋势，又可以避免回到以往“泛意识形态化”或“强化意识形态领域的阶级斗争”的绝境。从而在国内维护马克思主义在意识形态领域的主导地位，增强社会主义意识形态的吸引力和凝聚力，进而巩固党执政的精神基础，并有效地增强中国在国际舞台和舆论界的话语权。

而高校思政课的教学目标，最终是使大学生在政治上认同中国特色社会主义道路、理论和制度，乃至增强对中国特色社会主义道路、理论和制度的自信。这就要求在理论教学中，不仅需要使学生知各个理论观点之其

① 习近平：在全国政协新年茶话会上的讲话.（2014－12－31）. http://www.news.xinhuanet.com/politics/2014－12/31/c.113843806.htm.

“然”，更需要知其“所以然”，即蕴含在这些理论观点之中使之得以形成的理论思维和价值取向。要使大学生认同乃至对我们的道路、理论和制度充满自信，不仅需要体现马克思主义的理论思维相对于包括西方理论在内的各种其他理论和社会思潮的比较优势，更需要突出社会主义核心价值观相对于西方资产阶级价值观在内的其他价值观的进步性。

社会主义核心价值观对于其他价值观具有相比较的进步性，是因为它汲取了内在于中华优秀传统文化和人类文明成果之中的价值观养分，符合当代中国社会进步的要求和世界的潮流，反映了促进近现代中国历史变化的精神力量和当代中国人民的期待。在思政课教育教学中凸显这一价值观，可以有效地使大学生在面向世界走国际化之路的同时，自觉筑起意识形态的安全网。在面对社会转型和前进道路上各种错综复杂的矛盾时，能把稳社会进步的方向盘和社会转型的稳定仪，对各种理论模型和思想观念予以科学理性的价值评价，抵制各种危害社会进步的错误思潮的蛊惑。

（2）把社会主义核心价值观教育贯穿到思政课全过程必须做到“三个结合”。

其一，把理论思维能力的培养与价值评价能力的培养结合起来。

思政课不是“价值中立”的“知识传授”课或“信息传播”课，而是传播党和国家意识形态的课程，而意识形态的本质，即价值观的理论体系。作为价值观的理论体系，其论证既体现生动的、实践的逻辑，又蕴含严密的、科学的逻辑。因此，在社会主义核心价值观教育教学中，不能局限于只是对“富强、民主、文明、和谐，自由、平等、公正、法治，爱国、敬业、诚信、友善”12个词做简单的内涵演绎或牵强的外延归纳，也不能只停留在通过讲故事来“以情动人”的水平上。作为中国特色社会主义事业的接班人，大学生踏入社会后，要有价值担当。这就要求思政课教育教学要着力培养大学生正确的价值评价能力，使其能够在不可逆转的价值观多元化的趋势中，对符合社会进步的价值取向做出正确的选择。这就需要我们在社会主义核心价值观的教学中，善于运用学术理论话语来支撑价值观层面的意识形态话语，构建起价值观的理论逻辑，揭示社会主义核心价值观形成过程中的理论思维。

其二，把社会主义核心价值观的培育与“三个自信”的确立结合起来。

文化的核心是价值观，要帮助大学生确立对中国文化的自信，不能满足于罗列中国传统文化的“奇葩”或现实强盛的数据，而是要凸显出社会主义核心价值观的比较优势。这一比较优势，既传承着中华优秀传统文化的基因，又充分吸收了人类文明的优秀成果，更植根于中国特色社会主义的实践。于是，社会主义核心价值观的教育教学，就要充分挖掘中国特色社会主义的道路、理论和制度中所蕴含的价值观。如邓小平在开辟中国特色社会主义道路时，为什么首先突出贫穷不是社会主义、发展生产力是社会主义的根本任务，而在社会利益出现分化后，又强调富裕起来以后财富怎样分配的问题比解决发展起来的问题还困难？为什么他强调改革开放要坚持社会主义方向，同时又反复呼吁要吸收人类创造的一切文明成果？为什么在中国特色社会主义基本理论、基本路线、基本纲领和基本经验的发展过程中，逐步确立起“坚持人民的主体地位”为首要经验，把公平正义作为中国特色社会主义的内在要求？在中国特色社会主义制度建设上，要坚持党的领导、人民当家作主和依法治国的统一？等等，讲清中国特色社会主义道路、理论和制度中蕴含的价值观，一方面可以使“三个自信”的教育有社会主义核心价值观内涵的支撑，另一方面也可以使社会主义核心价值观教育教学有血有肉，有具体内容为依托。

其三，把社会主义核心价值观的践行与为实现“中国梦”而奋斗的目标结合起来。

实现中华民族伟大复兴既是中华民族的最高利益，也是大学生的现实利益之所在；既是大学生的利益，也是大学生的责任；既是大学生对前辈责任的传承，也是对中华民族后人的责任交代。要使大学生自觉践行社会主义核心价值观，社会主义核心价值观的教育教学就要深刻分析中国的发展为什么处于可以大有作为的重要战略机遇期，为什么需要中国抢占先机、掌握制高点和主动权，把世界的机遇转变为中国的机遇，同时为什么需要中国学会做一个大国，把中国的机遇变为世界的机遇，以此来助推中国梦的实现。

（3）准确把握和宣传社会主义核心价值观的内涵，必须处理好“三个关系”。

在社会主义核心价值观的宣传中，主流媒体做了巨大努力，但由于普及宣传需要突出重点和用形象的语言吸引受众，因而难免存在偏差，主要体现在：一是有意无意地把国家、社会和个人三个层面割裂开来，把“富强、民主、文明、和谐”和“自由、平等、公正、法治”说成是国家和社会的事，个人只要做到“爱国、敬业、诚信、友善”，从而漠视了个人对社会和国家的责任；二是把社会的核心价值观泛化，把诸如“勤俭节约”“尊老爱幼”等都当作社会主义核心价值观，从而冲淡了核心价值观的精神实质，或把价值观“矮化”为一般的道德规范，从而贬低了核心价值观的价值；三是或片面强调社会主义核心价值观同中华传统文化的继承关系，或片面强调它的所谓“普世性”，从而淡化了它的社会主义性质。

高校思政课作为理论课，需要有理论逻辑的论证来体现其价值内涵，证明其存在的必要性和可能性，因此其教育教学需要处理好“三个关系”，以避免传媒宣传时可能出现的片面性，使社会主义核心价值观的培育真正进入大学生的头脑。

其一，处理好核心价值观主体，即国家价值目标、社会价值取向和公民价值准则的关系。一个社会的核心价值观，需要体现国家对公民的“要求”、社会本身发展的“需求”，以及公民对国家和社会的“诉求”相统一的价值，否则它是没有生命力的。社会主义核心价值观要表达意识形态所反映的利益的“普遍性”，应该表达广大群众不同诉求中的共同部分，从而为广大群众所认同。它既要体现国家的意识形态“要求”，更是“对”国家的要求；它既要反映公民对国家和社会的“诉求”，也是“对”公民的自身要求。

在当代中国，“自由、平等、公正、法治”的价值取向，正是对“社会关系需求”的自觉表达，这一价值取向是国家对公民的“要求”与公民对国家和社会“诉求”的“交集”：朝上，也是对国家的“诉求”，因为只有实现“自由、平等、公正、法治”，国家才有可能真正实现“富强、民主、文明、和谐”；朝下，也是对公民的“要求”，因为只有具有“自由、平等、公正、法治”价值理念的公民，才有可能自觉地把“爱国、敬业、诚信、友善”作为自己的内在准则。可见，“自由、平等、公正、法治”这四个词，不仅是社会层面的价值取向，也应该是国家和公民的最根本的价值取向。

中国当前最大的任务，是全面建成小康社会、全面深化改革、全面依法治国、全面从严治党，其总体目标，是国家治理体系和治理能力的现代化，其中就蕴含了社会主义核心价值观这根红线。我们要完善和发展中国特色社会主义制度，推进国家治理体系和治理能力现代化，建设中国特色社会主义法治体系和社会主义法治国家，都应体现“自由、平等、公正、法治”。而在国家治理和社会治理的各个方面，形成有利于弘扬社会主义核心价值观的政策导向和制度安排，是国家、社会的责任，也是包括大学生在内的每个公民的责任。我们既要认识到大学生确立“爱国、敬业、诚信、友善”的重要性，更要强调大学生培育“自由、平等、公正、法治”的价值取向对于实现“富强、民主、文明、和谐”的社会主义现代化国家和实现中国梦的意义。

其二，处理好核心价值观内涵，即社会主义性质、中国特色和人类文明的关系。社会主义核心价值观的三个层次内容，融合了中国特色、社会主义和人类文明发展共同的价值要求。三个“倡导”中的“和谐”“诚信”等极具中国特色，“富强、民主、文明、和谐”等是中国特色社会主义的共同理想目标，“公正”是社会主义的内在要求，而“自由”“平等”“法治”等，则汲取了人类文明发展的共同成果。更重要的是，我们在对社会主义核心价值观内涵的理解上，不能把中国特色、社会主义和人类共同价值这三者截然分开，更不能对立起来。因为一方面，社会主义的价值观优势，不仅在于它同其他社会文明成果的区别，更在于它是否能体现对人类文明成果的继承和对资本主义文明的超越，不能因为在社会主义核心价值观中有体现人类文明成果的内容，就将其视为不具有社会主义的性质而加以排斥；另一方面，作为中国特色社会主义，本身并不是从苏联模式的社会主义实践或传统的社会主义概念出发所演绎出来的，而是立足于中华优秀传统文化和现实国情又力图走在人类文明发展大道前沿的社会主义。因此，社会主义核心价值观应该具有社会主义性质，但不能从抽象的社会主义观念、更不能从传统的苏联模式的社会主义出发，把它与体现中国特色和时代特征的、具体的社会主义对立起来。

对大学生进行社会主义核心价值观教育，特别需要把历史文化的积淀、现实发展主题和未来进步方向三者结合起来。社会主义核心价值观以对现实问题的认知和把握为基础，如强调“富强、民主、文明”等，同时，既植根于中华文化根基之中，对中国传统文化进行创新与升华，如“爱国、敬业、和谐”等，又放眼未来，如“自由、平等、公正、法治”等，从而打通了历史、现实和未来，使大学生在理论思维上能实现传统性、现实性与理想性的有机统一。

其三，处理好核心价值观外延，即社会核心价值观、社会底线价值和公民道德规范的关系。一个多元化社会的价值观，大致有三个层面：最上层是核心价值观，中间层次是各阶层各群体多样化的价值观，最底层是底线价值观。核心价值观是国家文化软实力的核心，是反映社会价值观的“最大公约数”，对多样化价值观起到引领作用。而底线价值观，尽管是多样化价值的“最小公倍数”，却是维系社会稳定的必要因素。由于社会转型时期和经济全球化所带来的价值观多样化，难免出现各种价值观的摩擦乃至冲突，因此，社会进步不仅需要能够引领社会思潮的核心价值观，还需要确立社会的“底线价值观”。

大学生作为今后引领社会进步的中坚力量，需要确立社会主义核心价值观，但作为社会公民，大学生也需要有做人的底线价值观。我们既不能脱离大学生做人的实际，只强调社会主义核心价值观；也不能把本来只是做人的底线价值观的东西，甚至只是做人的行为规范，如“尊老爱幼”“勤俭节约”等，也当作社会主义核心价值观来宣传教育。把社会主义核心价值观当作一个“筐”，把思想爱好、风俗习惯、行为规范等什么都往里“装”，看似提高了社会主义核心价值观的重视程度，实际上贬低了它的重要性。

社会主义核心价值观反映了人民群众的合理价值诉求，但又高于公民的自身价值追求。对于社会而言，青年的价值取向决定了未来社会的价值取向。价值观与道德规范既有联系，又有区别。价值观引导并且规范了人的行为，价值观错了，行为规范迟早必然要出问题。对于大学生而言，我们既要讲清价值观对道德规范的制约作用，又不能把价值观降低为一般的行为规范。要使大学生对社会主义核心价值观的确立有“敬畏”感，即知其来之“所然”，又知其是中国社会进步之“所必然”，在此基础上知其为大学生承担社会责任之“所应然”。如果把社会主义核心价值观混同于底线价值观甚至一般的行为规范，则将降低在大学生中培育社会主义核心价值观的有效性，也将损害社会主义核心价值观对于各种社会思潮的引领作用。

六、意识形态话语权和马克思主义的话语主导权

马克思主义中国化、时代化和大众化的重要历史经验，是实现了马克思主义话语体系的中国化转化。马克思主义在普遍性和特殊性的辩证关系中体现了理论与实践的具体的、历史的统一，这决定了其在中国化的过程中实现话语体系转化不仅是必要的，而且是可能的。毛泽东通过对中华民族文化传统中优秀元素的继承和发展，对中国民俗文化和社会心理的吸收融合，对人民群众喜闻乐见的话语素材的加工提炼，创立了具有中国风格的马克思主义话语，开创了马克思主义话语体系的中国化转化。邓小平对中国特色社会主义道路和理论的开创，推进了马克思主义中国化、时代化和大众化。这一过程同时是社会主义意识形态话语的创新过程。他通过区分社会主义之“名”和“实”，确立了“中国特色社会主义”的核心话语。同时，他对社会主义意识形态在价值观、发展道路、外部环境等方面的基本话语，实现了转换。习近平的语言风格，体现在大量运用形象比喻、俗语俚语和诗文引用上，其特质是“平易近人”，让人感受到他对人民群众新期待的回应。这一语言力量本质上所蕴含的，就是实现中国梦的“中国力量”。掌握和增强社会主义意识形态在社会生活领域和国际交往领域的话语权，可以借鉴葛兰西的意识形态话语权理论，思考社会主义核心价值观内容明确后如何确立其话语权，并汲取理论宣传中由于形式主义而导致削

弱意识形态话语权的教训。在实践上，改进和加强思想政治理论课建设，是贯彻习近平关于“意识形态工作是党的一项极端重要的工作”这一判断的举措。处理好与大众媒介的关系，可以增强马克思主义在社会生活中的话语主导权。

（一）成功经验：马克思主义“三化”和话语体系创新

1. 毛泽东对马克思主义话语体系的中国化转化

（1）话语体系转化对实现马克思主义中国化的必要性。

毛泽东强调：“马克思列宁主义来到中国之所以发生这样大的作用，是因为中国的社会条件有了这种需要，是因为同中国人民革命的实践发生了联系，是因为被中国人民所掌握了。任何思想，如果不和客观的实际的事物相联系，如果没有客观存在的需要，如果不为人民群众所掌握，即使是最好的东西，即使是马克思列宁主义，也是不起作用的。”①

马克思主义中国化的历史进程之所以能够开启，就是因为当时中国社会的发展有了这种需要，而且也准备好了适应这种需要的基础，马克思主义中国化任务的提出成了历史的必然。从根本上说，马克思主义能够中国化的原因，在于它作为一个科学的理论，是在普遍性和特殊性的辩证关系中体现出了理论与实践的具体的、历史的统一，这决定了在马克思主义中国化的进程中，在形态上实现话语体系的转化是必要的。因为只有实现话语体系的转化，才能解决“如何满足”中国革命实践的“需要”问题，从而证明它是“能够满足”中国革命实践“需要”的。

毛泽东曾经对只是“引用”马克思的本本而不是“运用”马克思主义的立场、观点、方法的教条主义，提出过严厉的批评。马克思主义是以西方文明积淀下来的思维方式和语言为基础进行创新的成果，其批判的对象是资本主义的社会矛盾和资产阶级的理论。由于东西方在思维习惯、惯用

① 毛泽东．毛泽东选集：第4卷．北京：人民出版社，1991：1515.

的话语等方面存在巨大差异，它会对马克思主义在中国的解释力产生制约，从而影响其运用和传播。这样，马克思主义在内容上的中国化，必然涉及其话语形式的中国化。

同欧洲相比，中国的历史发展和社会状况，一是没有资本主义的完整发展，二是以农民为主要群众。于是，毛泽东在运用马克思主义的过程中，始终强调抓住两大问题：其一，什么是中国革命？即在中国这样一个半殖民地半封建的社会里，它的革命同世界无产阶级社会主义革命有什么联系，又有怎样的区别？其二，根据这一联系和区别，应该怎样进行这样的革命？要解决好这两大问题，马克思主义关于“无产阶级社会主义革命”“资本主义灭亡”的话语，显然是不够用了，而需要有中国化的马克思主义话语。

马克思主义中国化的具体内容和话语形式，统一在揭示中国社会矛盾的根源及解决矛盾的出路中。毛泽东在《毛泽东选集》第一卷开篇所提出的“谁是我们的敌人？谁是我们的朋友？这个问题是革命的首要问题”，便是这一“统一”的范例。毛泽东从“敌、我、友”概念切入，但运用的是马克思主义的“阶级”概念及分析方法，在马克思那里，资本主义已使阶级关系简单化，无产阶级和资产阶级成为社会主要矛盾，中间阶层则被打入两端，成为“暂时”的阶级而不能主导社会矛盾。而在中国，无产阶级和资产阶级并没有成为社会力量的主力，两者的矛盾也没有构成社会的主要矛盾。这样，简单照搬马克思的分析话语，就远远不能涵盖中国社会的阶级和阶层状况，更不足以确定中国革命的力量的布局。毛泽东将“敌、我、友”的话语同马克思的阶级分析方法相结合，这一分析，其话语形式是中国化的，其内容则奠定了中国特色的革命路线和道路的国情基础。

（2）马克思主义中国化过程中实现话语转化的可能性。

正因为马克思主义理论是普遍性和特殊性的辩证统一，是理论与实践的具体的、历史的统一，因而在其中国化的进程中，实现马克思主义话语体系的转化，具有了可能性。马克思主义的诞生，没有离开人类文明的大道，相反，它是对人类文明特别是欧洲优秀文化传统的传承和超越。而作为中华民族文化的长期沉淀，中国传统文化中的精华部分在五千年与其他民族的交流交融中，形成了不少跨越民族性而具有人类文明普遍性的内容，因而马克思主义能够在中国文化的内容中找到结合点，在话语中找到相通性。这表现在三个方面：

其一，对世俗社会的人文情怀。马克思的一生有着强烈的人文情怀，但又超越了一般的人道主义，因为他不是仅仅停留在自身的道德完善上，而是在从唯心主义转向唯物主义的过程中认识到，要实现人的解放，需要批判现实世界，揭示世俗苦难的根源。马克思还强调人的社会价值，指出了人的本质在其现实性上是一切社会关系的总和。虽然在中华民族文化传统中，并不具有对现实进行批判，特别是将理论批判与实践批判结合起来的传统，这同马克思主义有本质的区别。但是，中华民族优秀文化传统，同样关注世俗生活的人，如儒家强调“仁者人也”，主张人要把自己跟物体和动物区别开来，把人当作“人”来看待和对待，还提出“仁者爱人”，强调“民贵君轻”“得民心者得天下，失民心者失天下”，统治者要实行“仁政”“听政于民”等思想。因此，中华民族优秀文化传统具有浓厚的人文色彩，并突出人的群体价值。

其二，对理想社会的不懈追求。马克思在批判旧世界中发现了新世界，认为在未来社会中，不仅生产力高度发达，而且因为实现了生产资料的社会化，消灭了阶级和等级差别，消灭了人的异化和社会异化的现象，从而实现了“自然主义和人道主义的完成”。中国古代进步思想家在关注世俗社会的同时，大都要对理想社会做一些构想，其主要特征是“大同”和“小康”，虽然有很大的空想性，但是它为中国人接受马克思主义提供了一定的文化心理基础。

其三，对沟通世俗和理想的实践作用的重视。马克思主义将人的实践活动确定为人类历史的起点，从而以实践为逻辑起点，构建了超越旧唯物主义和唯心主义的“实践的唯物主义”的话语体系。正如马克思所说：“对**实践的**唯物主义者即**共产主义者**来说，全部问题都在于使现存世界革命化，实际地反对并改变现存的事物。”① 这使其打通了从现实到理想的通

① 马克思，恩格斯．马克思恩格斯文集：第1卷．北京：人民出版社，2009：527.

道。中国传统文化中没有马克思所强调的改造客观世界的“感性活动”的思想，但有重视习行践履的传统，自孔子提出“学以致用”的思想后，历代进步思想家大都主张“经世致用”，强调“知”和“行”的统一。尽管中国传统文化中的“践履”、“致用”和“行”，基本上局限于人们的道德行为，但它要求每个人应把所学知识内化为自己的信念，外化为自己的行为，并通过这种行为来实现自己的理想，这种重视习行践履的传统，可以在话语上实现同马克思主义实践观的相通。

（3）毛泽东创立了具有中国风格的马克思主义话语。

毛泽东深谙中国传统文化的精髓，农村出身的背景以及深入农村对农民运动的考察，又使他非常熟悉底层农民的思维习惯和话语方式。他通过对中华民族文化传统中优秀元素的批判继承、对中国民俗文化和社会心理的吸收融合，以及对人民群众喜闻乐见的话语素材的加工提炼，创立了具有中国风格的马克思主义话语，成功地实现了马克思主义话语体系的中国化。这具体体现在：

其一，对中华民族文化传统中优秀元素的继承和发展。

毛泽东指出，“清理古代文化的发展过程，剔除其封建性的糟粕，吸收其民主性的精华，是发展民族新文化提高民族自信心的必要条件”①。毛泽东以这一原则对中国历史文化传统进行话语整理和改造，对基于欧洲思维传统的哲学范畴，实现了中国化的话语转换。

毛泽东确立实事求是的思想路线，是以马克思主义认识论为基础的，但是，实践同理论的关系，是西方长期争议的哲学命题，毕竟比较抽象。毛泽东为了争取党内绝大多数文化程度较低而不可能系统学习马克思主义理论的同志共同反对教条主义，并提高全党的思想水平，便使用了中国文化传统中的“实事求是”这一话语。在中国传统的意义上，实事求是指的是讲求实用、不说空话的治学态度。毛泽东从学生时期开始就深受这一学风熏陶，不喜空谈、提倡力行的湖湘文化，更给毛泽东以直接的影响。当他转变为马克思主义者之后，就不仅把实事求是当作治学态度，而且还把

① 毛泽东．毛泽东选集：第2卷．北京：人民出版社，1991：707-708.

它提升为思想方法，强调理论必须与实践相结合，并把它同尊重群众的实践创造这一群众路线结合起来。这是他后来能够赋予“实事求是”以马克思主义含义并把它确立为党的思想路线的重要原因。

中国历代哲人都曾围绕“知”和“行”的问题展开过长期争论，如“知先行后”“知易行难”“知行合一”等。为了说明“实事求是”的必要性和重要性，毛泽东对中华民族优秀文化中重视习行践履的传统做了提炼，改造了“知”“行”范畴，用以说明马克思主义关于认识和实践的关系。毛泽东在1937年写作的《实践论》一文，其副标题就是“论认识和实践的关系——知和行的关系”，以“知”“行”关系切入，论述了实践在认识过程中的地位和作用，“通过实践而发现真理，又通过实践而证实真理和发展真理。从感性认识而能动地发展到理性认识，又从理性认识而能动地指导革命实践，改造主观世界和客观世界。实践、认识、再实践、再认识，这种形式，循环往复以至无穷，而实践和认识之每一循环的内容，都比较地进到了高一级的程度。这就是辩证唯物论的全部认识论，这就是辩证唯物论的知行统一观”①。毛泽东还以“改变外界，同时又改变自己”②的话语，来阐发马克思主义关于“在实践中实现主体与客体的辩证法的统一”的思想。这些都不仅赋予了马克思主义认识论以中华民族的话语形式，也丰富了马克思主义认识论。

中华民族是一个富有辩证思维传统的民族，其中矛盾学说是中国朴素辩证法思想的精华，而矛盾学说的基本观点又表现在阴阳学说与和谐统一的思想之中。毛泽东在学生时期就对中国古代朴素的辩证法思想有着深厚的兴趣，并做过一番研究，这使他能在学习并掌握马克思主义之后，对体现这一朴素的辩证法思想的话语，进行了提炼和改造。在斯大林那里，辩证法只是方法论，而唯物主义才是世界观。毛泽东在1937所写的《矛盾论》中，并没有受斯大林这一机械论的影响，而明确把辩证法视为一种“宇宙观”，即对宇宙“发展法则”的见解，而并非仅仅是认识世界的方法论。毛泽东说：“在人类的认识史中，从来就有关于宇宙发展法则的两种

① 毛泽东．毛泽东选集：第1卷．北京：人民出版社，1991：296-297.

② 中共中央文献研究室．毛泽东著作专题摘编（上）．北京：中央文献出版社，2003：69.

见解，一种是形而上学的见解，一种是辩证法的见解，形成了互相对立的两种宇宙观。”他接着就引用了列宁关于辩证法的论断，即“认为发展是对立的统一（统一物分成为两个互相排斥的对立，而两个对立又互相关联着）”①，深刻阐述了对立统一规律是辩证法的实质和核心的思想，建构了一个以对立统一规律为核心、以矛盾的普遍性和特殊性为精髓、以矛盾的同一性和斗争性为基础的辩证法话语体系，其精髓又是批判地借用中国传统哲学思想中“一分为二”的话语。1957年，毛泽东《在莫斯科共产党和工人党代表会议上的讲话》中明确指出：“一分为二，这是个普遍的现象，这就是辩证法。”② 用以说明一切事物和过程都可以分为两个互相对立和统一的部分，并把它作为观察世界的根本方法，也作为对立统一规律的通俗表达。毛泽东一生都没有对自然科学从事过特别专门的研究，然而，就是因为对“一分为二”宇宙观的坚信，使他晚年对作为物理学尖端理论的基本粒子理论，产生了浓厚兴趣。他研读了日本物理学家坂田昌一有关“坂田模型”的著作，多次做了批注和谈话，强化了宇宙是不断“一分为二”的思想。毛泽东将“一分为二”提升到“宇宙观”的高度，这决定了他一生的方法论甚至价值观以及由此所推动的实践。借着“一分为二”这一话语，对立统一思想和矛盾分析方法深入广大干部群众的心里。

其二，对中国民俗文化和社会心理的吸收融合。

民俗文化和社会心理是一个民族的地理环境、文化气质、宗教信仰、政治经济发展等因素交互作用在本民族心理上的积淀，反映一定时期普通民众典型的精神状态。要使马克思主义真正融入中国文化，还须从中国民俗文化和社会习俗中体现出来的社会心理中吸取合理因素。

中国进入近代以来，随着帝国主义侵略的加深和民族危机的加重，救亡图存和反抗意识，已成为各阶层群众普遍存在的愿望和心理。毛泽东对此有着深刻的了解。他在《湖南农民运动考察报告》中，挖掘了中国世代农民的期盼，且把它们同整个中国当时的社会变革大趋势联系了起来。他说：“开一万个法政学校，能不能在这样短时间内普及政治教育于穷乡僻

① 毛泽东. 毛泽东选集：第1卷. 北京：人民出版社，1991：300.

② 建国以来毛泽东文稿：第6册. 北京：中央文献出版社，1992：643.

壤的男女老少，像现在农会所做的政治教育一样呢？我想不能吧。打倒帝国主义，打倒军阀，打倒贪官污吏，打倒土豪劣绅，这几个政治口号，真是不翼而飞，飞到无数乡村的青年壮年老头子小孩子妇女们的面前，一直钻进他们的脑子里去，又从他们的脑子里流到了他们的嘴上。”① 于是，一方面，毛泽东充分肯定农民起义和农民战争是中国封建社会历史发展的真正动力，并用“打土豪，分土地”“工农武装割据”等话语，来动员群众为自己的利益而奋斗，而不是用“共产主义”这一对农民来说还远离其现实利益的口号来“武装”群众；另一方面，毛泽东总结了中国历史上农民反抗最终失败的教训，强调要提高工农红军的思想水平，使大家认识到中国的红军是一个执行革命的政治任务的武装集团。在新民主主义革命胜利前夕，毛泽东及时地提出警惕资产阶级“糖衣炮弹”袭击的危险，要求党的工作重心从农村转向城市后，“务必使同志们继续地保持谦虚、谨慎、不骄、不躁的作风，务必使同志们继续地保持艰苦奋斗的作风”②。警惕“糖衣炮弹”和“两个务必”的话语，是将广大群众对新政权的期盼心理进行提炼的结果。

在中国民俗文化中，“义利之辨”话语一直都占据着比较重要的地位，其中“重义轻利”的话语对民众有广泛而深远的影响，其积极作用是成为“天下兴亡，匹夫有责”的民族精神的话语元素。但历代统治阶级“重义轻利”的道德教化，又往往具有很大的虚伪性。毛泽东批判地对“重义轻利”的话语进行提炼和改造。一方面，他依据马克思主义，肯定了人们追求物质利益的合理性，指出：“一切空话都是无用的，必须给人民以看得见的物质福利。”③ 同时，又把“利”的概念上升到革命功利主义的高度，指出：“我们是无产阶级的革命的功利主义者，我们是以占全人口百分之九十以上的最广大群众的目前利益和将来利益的统一为出发点的，所以我们是以最广和最远为目标的革命的功利主义者，而不是只看到局部和目前

① 毛泽东．毛泽东选集：第1卷．北京：人民出版社，1991：34.

② 毛泽东．毛泽东选集：第4卷．北京：人民出版社，1991：1438-1439.

③ 毛泽东．毛泽东著作选读（下册）．北京：人民出版社，1986：563.

的狭隘的功利主义者。”[①] 另一方面，毛泽东又肯定“重义轻利”话语的价值取向，强调“要奋斗就会有牺牲，死人的事是经常发生的。但是我们想到人民的利益，想到大多数人民的痛苦，我们为人民而死，就是死得其所”[②]。

“不患寡而患不均，不患贫而患不安”所表达的“均平思想”，集中体现了中国传统农业社会的社会心理，它反映了农民小生产者的平等要求。毛泽东对中国广大农民的“均平”要求有着深刻了解，对此进行话语的提炼和改造。一方面，他承认平均主义在一定历史条件下具有合理性，强调“红军人员的物质分配，应该做到大体上的平均，例如官兵薪饷平等，因为这是现时斗争环境所需要的”[③]，赞成农民平分土地的要求，等等。另一方面，毛泽东又敏锐地觉察到这种均平思想的负面作用，提出了反对“绝对平均主义”的话语，指出绝对平均主义的性质是反动的、落后的、倒退的。

其三，对人民群众喜闻乐见的话语素材的加工提炼。

毛泽东非常明确地指出，中国革命的主体是工人、农民和青年知识分子，而其主力则是基本没有文化的农民。为此，他喜欢用人民大众特别是农民所熟悉的话语素材，进行马克思主义的话语转换，使马克思主义为工农大众所喜闻乐见。

毛泽东把理论和实践的关系比作“矢”和“的”的关系，强调要“有的放矢”。他用“吃一堑长一智”来说明亲身参加实践对于形成正确认识的作用，用“眉头一皱计上心来”来论述理性认识的形成过程，用“不入虎穴，焉得虎子”论述实践是认识的来源，用“知己知彼，百战不殆”“兼听则明，偏信则暗”等成语，以及《水浒传》中三打祝家庄的典故，来阐述研究问题不能带主观性、片面性和表面性的道理。为了说明马克思主义关于革命是连续性和阶段性统一的思想，毛泽东用了“中国革命分两步走”这一中国人典型的话语方式。马克思把暴力革命看成是无产阶级革命的主要方式，但“暴力革命”的话语不大适合中国工农大众的思维习惯

① 毛泽东. 毛泽东选集：第3卷. 北京：人民出版社，1991：864.

② 同①1005.

③ 毛泽东. 毛泽东选集：第1卷. 北京：人民出版社，1991：91.

和表达方式，于是，毛泽东使用了“枪杆子里面出政权”的明确语言。他借用了《水浒传》中的景阳冈武松打虎的典故，指出：“在武松看来，景阳冈上的老虎，刺激它也是那样，不刺激它也是那样，总之是要吃人的。或者把老虎打死，或者被老虎吃掉，二者必居其一。”① 以此阐述了将革命进行到底的思想。

总之，毛泽东在马克思主义中国化过程中，形成了以革命话语为核心的中国化的马克思主义话语体系。毛泽东对创立中国化的马克思主义话语体系的成功经验，依然是我们在新的历史条件下继续推进马克思主义中国化、时代化、大众化的宝贵财富。

2. 邓小平的话语创新及其对马克思主义“三化”的推进

(1) 核心话语创新：区分社会主义之“名”和“实”。

“文化大革命”结束后，中国共产党十分需要通过重塑党和国家“形象”，来表明自己是中华民族最高利益和最普遍利益的代表，这一“形象”的重塑需要有意识形态话语的支撑，这就必须尽快调整以“阶级斗争”为核心的意识形态话语体系，进行必要的话语创新。

在邓小平理论中，“中国特色的社会主义”这一核心话语的确立，实践根源是“文化大革命”的破产和改革开放的起步，而在理论上，则是邓小平在“拨乱反正”基础上，进一步区分社会主义之“名”和“实”的结果，而并非所谓“不管姓‘社’姓‘资’”的“去意识形态化”的产物。

党的十一届三中全会实现了思想路线、政治路线和组织路线的“拨乱反正”。尽管当时对“拨乱”就是“拨”“文化大革命”之“乱”已基本达成共识，但对于“返正”（“反”在汉语字解中通“返”），却产生了很大争议：什么是“正”？是否意味着回到“文化大革命”以前的体制，以此为基础来完善社会主义？改革开放初期姓“社”姓“资”争论的实质，概源于此。党的十一届三中全会后开始探索农村联产承包责任制、城市企业下放自主权、创办经济特区等改革举措，这些举措在马克思主义经典著作中

① 毛泽东．毛泽东选集：第4卷．北京：人民出版社，1991：1473.

没有涉及，以往苏联和中国的社会主义实践也没有成功经验，有的做法还曾被当作资本主义的做法受到批判。因此，有人困惑于“要社会主义，还是要现代化”的思维矛盾中。在人们的传统思维还难以很快扭转的情况下，为了不至于纠缠于原有争议而使改革裹脚不前，邓小平以思想家的智慧，在马克思主义理论的框架内，转换所争议问题的焦点，逐步引导人们转变原有思维方式。

邓小平经过深思熟虑，明确指出：没有现代化，就没有社会主义，但是，如果不坚持社会主义道路，就不能保证中国实行现代化。为了超越将社会主义和现代化对立起来的争议，他将问题的焦点，从社会主义同现代化的矛盾，转换成现代化实践与传统社会主义观念之间的矛盾。而根据马克思主义基本原理，当理论和实践产生矛盾时，应该以新的实践来丰富原有理论，而不是用原有理论来裁剪新的实践。于是，想化解这一矛盾，只能通过解放思想，对长期形成的社会主义传统观念进行再认识。为了规避争议以开辟新的道路，邓小平力图赋予社会主义这一概念以新的内涵，使人们摆脱把斯大林社会主义模式的特征当作社会主义本质观念的束缚。

1980 年春，邓小平决定把解放思想推进到对“什么是社会主义”再认识这一层面上，其实质就是区分社会主义之“名”和“实”。他说：“社会主义是一个很好的名词，但是如果搞不好，不能正确理解，不能采取正确的政策，那就体现不出社会主义的本质。”① 这就用简练明白的语言，点出了对“什么是社会主义、怎样建设社会主义”的问题，不能满足于“名”而要追求“实”的思想。两年后，邓小平在党的十二大的开幕词中，创立了“建设有中国特色的社会主义”命题，从而把握了对社会主义的解释权和改革开放的话语权。

有人常把“猫论”当作邓小平“突破姓‘社’姓‘资’”的“去意识形态化”的例证。从这一所谓的“事实判断”出发，又恰好存在两个极端的价值判断：一种是“好得很”，认为改革开放就得益于这一“去意识形态化”趋势；另一种是“糟得很”，认为今天诸多社会矛盾的发生，均根

① 邓小平．邓小平文选：第 2 卷．北京：人民出版社，1994：313.

源于此。其实，认为邓小平的“猫论”就是“去意识形态化”的“事实判断”，本身就是失真的。

所谓“猫论”，最早出于邓小平1962年关于“包产到户”问题争议中所表达的观点，他主张：“生产关系究竟以什么形式为最好，恐怕要采取这样一种态度，就是哪种形式在哪个地方能够比较容易比较快地恢复和发展农业生产，就采取哪种形式；群众愿意采取哪种形式，就应该采取哪种形式，不合法的使它合法起来。”“现在要恢复农业生产，也要看情况，就是在生产关系上不能完全采取一种固定不变的形式，看用哪种形式能够调动群众的积极性就采用哪种形式。”① 然后借用四川话“黄猫、黑猫，只要抓住老鼠就是好猫”来说明不搞“本本主义”的道理。可见，邓小平的这一比喻，并非涉及根本制度，而是在关于农村生产组织形式上，强调要从实际出发，其背后蕴含的思想，则包含了生产力、群众利益和实践创造等丰富内涵的“实践标准”。

澄清这一事实，有助于准确把握邓小平所创新的社会主义意识形态话语的实质。他在社会主义意识形态话语中突出“中国特色”，目的也是摒弃对社会主义之“名”的抽象固守，以更好地实现社会主义之“实”。正如他所说，只有实现现代化，才能“表现出马克思主义的思想优越于其他的思想，社会主义制度优越于资本主义制度”②。

（2）对社会主义意识形态话语的转换和调整。

围绕“中国特色社会主义”的核心话语，邓小平在改革开放进程中，从三个方面对社会主义意识形态的基本话语进行转换和调整，从而推进了马克思主义中国化，并实现其“大众化”。

其一，价值观话语：从“贫穷的社会主义”到“共同富裕的社会主义”。

党的十一届三中全会前后，邓小平反复强调，贫穷不是社会主义。他不仅提出要吸取“文化大革命”鼓吹的“越穷越革命”的教训，甚至以一些非洲国家在民族独立后的教训为例，提出“要研究一下，为什么好多非

① 邓小平．邓小平文选：第1卷．北京：人民出版社，1994：323．

② 邓小平．邓小平文选：第2卷．北京：人民出版社，1994：191．

洲国家搞社会主义越搞越穷。不能因为有社会主义的名字就光荣，就好”①。他曾指出，苏东国家发生问题的症结，就在于经济上不去，工资增长被通货膨胀抵消，生活水平下降，长期过紧日子。1992年南方谈话中，他又告诫：“现在，周边一些国家和地区经济发展比我们快，如果我们不发展或发展得太慢，老百姓一比较就有问题了。”② 通过对这些教训的总结，邓小平强调，社会主义优越性归根到底要体现在它的生产力要比资本主义发展得更快一些、更高一些，而不能长期建立在贫穷的基础上。

随着改革的深化，贫富分化问题开始出现并逐渐突出。对此，邓小平又逐步强调，社会主义的根本原则一个是公有制占主体，一个是共同富裕；社会主义与资本主义不同的特点就是共同富裕，不搞两极分化。“社会主义不是少数人富起来、大多数人穷，不是那个样子。社会主义最大的优越性就是共同富裕，这是体现社会主义本质的一个东西。”③

由此，“共同富裕”成为邓小平理论中的意识形态的核心价值，并转化成从中央领导到基层百姓共同的追求，从而确立了其在社会生活中的话语主导权。

其二，发展道路话语：从“封闭僵化的社会主义”到“改革开放的社会主义”。

邓小平认为，以往社会主义国家经济发展缓慢，主要是体制僵化，要发展生产力，光靠过去的经济体制不能解决问题，出路在于改革。为了使“改革开放”在社会政治、经济、文化等生活中掌握话语主导权，他把改革同以往掌握所有社会生活话语主导权的“革命”联系起来，提出改革的性质同过去的革命一样，也是为了扫除发展社会生产力的障碍，使中国摆脱贫穷落后的状态。

对此，邓小平从理论上做了论证：“过去，只讲在社会主义条件下发展生产力，没有讲还要通过改革解放生产力，不完全。应该把解放生产力

① 邓小平．邓小平文选：第2卷．北京：人民出版社，1994：313.
② 邓小平．邓小平文选：第3卷．北京：人民出版社，1993：375.
③ 同②364.

和发展生产力两个讲全了。”① 而过去之所以没有讲在社会主义条件下还要通过改革解放生产力，是因为我们过去往往把社会基本矛盾不适应的方面，归结为旧社会遗留的痕迹、新制度建立之初的不完善以及敌对阶级的反抗。而邓小平实事求是地揭示了社会主义自己建立起来的经济基础和上层建筑，在某种条件下也可能“束缚”生产力的发展，因而得出在社会主义条件下还存在解放生产力的任务，以及改革是社会主义发展直接动力的结论。这就把“改革开放”从现实的、具体政策选择的层面提升到社会主义发展道路的高度，使社会主义的本质内容进入社会主义意识形态之中，而成为其核心话语之一。

邓小平还强调，作为对生产力的“解放”，改革就不是对原有经济体制细枝末节的修补，而是对计划经济体制的根本变革，它必然涉及经济活动的各个层面，并影响上层建筑各个领域的变革，还必然涉及人们利益格局和观念领域的调整，涉及一大批人的切身利益。“改革促进了生产力的发展，引起了经济生活、社会生活、工作方式和精神状态的一系列深刻变化。”② 这一对改革的广泛性和深刻性的清醒认识，将改革同每个人的切身利益和思想观念联系在一起，从而使“改革开放”从理论层面渗透到社会心理，从而把握了对社会心理的引导权。

其三，审视外部环境的话语：从“战争与革命”到“和平发展的社会主义”。

围绕“社会主义现代化”这一意识形态的新的核心话语，邓小平在对外部环境的审视上，强调“和平与发展”，致力于塑造“和平发展的社会主义”的形象。

20 世纪初，列宁根据资本主义发展到垄断的事实，通过对帝国主义发展不平衡规律的揭示，指出世界已进入帝国主义战争并进而引起无产阶级革命的时代。第二次世界大战结束后，世界逐渐形成了资本主义和社会主义两大阵营全面抗衡的格局，战后初期的时代主题依然是战争与革命。面对恶劣的国际环境，中国共产党强调了战争的不可避免性，以及通过备战

① 邓小平. 邓小平文选：第 3 卷. 北京：人民出版社，1993：370.

② 同①142.

和支援世界革命来实现共产主义目标的战略思想。

邓小平之所以能把和平与发展作为当代世界两大全球性战略问题揭示出来，不仅是基于20世纪70年代后期开始的国际局势变化的事实，更蕴含了在意识形态问题上价值评价的调整，即和平与发展已成为各国人民的普遍要求。邓小平强调，和平解决争端，才能对人民交代，同时，也“应当把发展问题提到全人类的高度来认识”①。由此，他确定了“和平发展的社会主义”的理念。这样，“和平发展”的话语，成为体现中国共产党主流价值的基本话语。正如邓小平在谈到中国在世界总体政治格局中所扮演的角色时强调：“现在树立我们是一个和平力量、制约战争力量的形象十分重要，我们实际上也要担当这个角色。”②“社会主义中国应该用实践向世界表明，中国反对霸权主义、强权政治，永不称霸。中国是维护世界和平的坚定力量。”③

（3）邓小平的话语创新对推进马克思主义大众化的启示。

邓小平对社会主义意识形态话语的创新，使其掌握了在推进中国特色社会主义实践中的话语主导权。其意识形态话语创新的基本经验是：

其一，处理好意识形态话语所表达的价值观的普遍性与特殊性的关系。

邓小平把“中国特色社会主义”作为社会主义意识形态的核心话语，把“共同富裕”“改革开放”“和平发展”等作为基本话语，体现了在共产党执政和时代主题转换条件下，社会主义意识形态的话语力图表达所代表利益的普遍性。邓小平一直强调中华民族的最高利益，强调站在全人类的高度看问题，这两者的统一是真实的，因为中国的发展，符合全人类的利益。与此同时，邓小平并非抽象地谈论全人类利益在现实层面上的一致性，而是清醒地看到其中不同利益的冲突性。他在强调中国坚持社会主义的必要性的时候，深刻地指出：“如果我们不坚持社会主义，最终发展起来也不过成为一个附庸国，而且就连想要发展起来也不容易。现在国际市

① 邓小平．邓小平文选：第3卷．北京：人民出版社，1993：282.

② 同①128.

③ 同①383.

场已经被占得满满的，打进去都很不容易。只有社会主义才能救中国，只有社会主义才能发展中国。”①

由此可见，邓小平在意识形态话语的创新中，高举社会主义利益、中华民族利益和全人类共同利益的一致性的旗帜，同时揭示了西方一些敌视社会主义的势力同中国国家利益和人类共同利益的对立性，以掌握中国社会主义意识形态在世界舞台上的话语权，而非否认全人类利益的共同性。

今天，要推进当代中国马克思主义大众化，需要继续处理好意识形态话语所表达的价值观的普遍性与特殊性的关系，既不把中国传统文化的话语当作能够拯救世界的核心话语，也不把西方文化的话语当作“普世价值”的话语，而是要用马克思主义来整合中国传统文化中的精华，以及西方文化中反映现代化普遍规律的积极因素，使马克思主义体现时代化的内容和特征，使社会主义的意识形态话语在世界上能具有感召力和影响力。

其二，处理好社会主义意识形态话语的稳定性与变动性的关系。

邓小平在推动全党解放思想和转换意识形态话语的进程中，十分注意维护马克思主义意识形态的连贯性以及党的形象的统一性，而不至于割断马克思主义发展史和党的历史，使思想解放与“不争论”之间保持了必要的张力。

在“中国特色社会主义”的核心话语中，邓小平始终强调不能丢马克思主义的“老祖宗”，不能丢掉“社会主义”的关键词。他强调，中国之所以要坚持“四项基本原则”，既是通过维护党的思想和形象的连续性以增强凝聚力的需要，也是在改革开放进程中稳定大局的需要。然而，邓小平还强调，我们需要结合改革开放和现代化建设的实践，进一步搞清“什么是马克思主义、怎样对待马克思主义”“什么是社会主义、怎样建设社会主义”的问题，因为“绝不能要求马克思为解决他去世之后上百年、几百年所产生的问题提供现成答案。……真正的马克思列宁主义者必须根据现在的情况，认识、继承和发展马克思列宁主义”②。这就是说，我们既要坚持马克思主义和科学社会主义的基本精神，又要对马克思主义和社会主义讲出新的话语。

---

① 邓小平．邓小平文选：第3卷．北京：人民出版社，1993：311．

② 同①291．

在改革开放初期调整意识形态话语时，如何保持党的形象的延续性和统一性，关键问题之一是如何对待毛泽东思想。针对当时意识形态领域既存在“两个凡是”思想路线，又出现否定毛泽东思想的思潮的复杂情况，邓小平强调，政治上要高举毛泽东思想伟大旗帜，否则，“老工人通不过，土改时候的贫下中农通不过，同他们相联系的一大批干部也通不过。毛泽东思想这个旗帜丢不得。丢掉了这个旗帜，实际上就否定了我们党的光辉历史”①。同时，为了不让“两个凡是”的思想路线掌握话语主导权，邓小平对“高举”和“毛泽东思想”这两个关键话语的内涵，做了转换和调整。他厘清了毛泽东思想、毛泽东思想体系、毛泽东思想精髓的概念，又区分了毛泽东思想和毛泽东晚年错误的概念，从而顺利地排除了“两个凡是”和否定毛泽东思想这两种错误思潮的纠缠，既最大程度维护了政治稳定，又极大地促进了改革开放。

邓小平一直把实事求是视为马克思主义和毛泽东思想的精髓，并把实事求是概括为党的思想路线的核心话语，从而保持了党的思想路线在意识形态核心话语上的稳定性；同时，他又没有固守马克思和毛泽东用过的话语，而是在新形势下调整了基本话语，以丰富实事求是思想路线的内涵。经过真理标准大讨论，党的十一届三中全会后很少有人再公开挑战“实践是检验真理的唯一标准”的命题。然而，此后并没有消除对改革开放姓“社”姓“资”问题的争论，其重要原因之一，是以往将实践标准简化为经验标准，即在经验中能否得到成功，而忽视了由于不同思维方式和不同价值观念，对实践成功与否完全可能做出不同评价。为此，邓小平将实践标准具体化。改革开放之初，他先强调生产力标准，随着改革的深入，他又把实践标准具体化为“三个有利于”标准，其实质是生产力标准和群众利益标准的统一，尊重实践和尊重群众的统一。正因为邓小平将实践标准具体化为“三个有利于”标准，从而掌握了改革开放在社会生活中的话语主导权。

今天，在社会主义意识形态话语体系的构建上，我们不能固守马克思主义的传统话语，又需要在涉及马克思主义基本立场、核心观点和根本方法等内容上，坚持马克思主义的核心话语，其中，特别需要厘清斯大林主

---

① 邓小平．邓小平文选：第2卷．北京：人民出版社，1994：298.

义话语体系所阐释的马克思主义的利弊得失，既避免对马克思主义话语创新不足的问题，又避免对马克思主义话语创新“不当”的倾向。

其三，处理好意识形态的政治话语、理论话语与大众话语的关系。

对于“中国特色社会主义”这样的核心话语，要确立它在整个中国社会生活中的话语主导权，还需要有一系列的政治话语加以辅助，以理论话语加以支撑，以大众话语加以传播，这样才能实现当代中国马克思主义大众化。邓小平的思路是，在政治问题上坚持符合大局需要的话语而“不争论”，在理论工作中鼓励做更多的研究并表达不同的话语，而面向群众则更多地让事实来说话。

邓小平强调，全党的意识形态工作“是不能离开现实政治的。我这里说的政治，是国内外阶级斗争的大局，是中国人民和世界人民在现实斗争中的根本利害。不能设想，离开政治的大局，不研究政治的大局，不估计革命斗争的实际发展，能成为一个马克思主义的思想家、理论家”①。党的十一届三中全会后，针对有人鉴于对评价毛泽东和刘少奇存在重大争议而不要急于搞历史问题决议的提议，邓小平坚决主张对重大历史问题做出基本总结，其着眼点，不在理论是非本身，而在政治实践大局上，即为了在拨乱反正基础上轻装前进。他认为：“对毛泽东同志的评价，对毛泽东思想的阐述，不是仅仅涉及毛泽东同志个人的问题，这同我们党、我们国家的整个历史是分不开的。要看到这个全局。……这不只是个理论问题，尤其是个政治问题，是国际国内的很大的政治问题。”② 同样，面对中央相关文件的起草中是否要提反对资产阶级自由化的争议，邓小平主张要写，他的理由是，这是政治大局的需要，而不是抽象的概念之争：对“资产阶级自由化”这一概念，“管什么这里用过、那里用过，无关重要，现实政治要求我们在决议中写这个”。“实际情况是，搞自由化就是要把我们引导到资本主义道路上去，所以我们用反对资产阶级自由化这个提法。”③

当然，对于具体的理论问题，邓小平始终鼓励理论工作者进行研究，

---

① 邓小平．邓小平文选：第2卷．北京：人民出版社，1994：179．

② 同①299．

③ 邓小平．邓小平文选：第3卷．北京：人民出版社，1993：182．

他说："思想理论工作者的任务当然不能限于讨论它的一些基本原则。我们面前有大量的经济理论问题，包括基本理论问题、工业理论问题、农业理论问题、商业理论问题、管理理论问题等等。列宁号召多谈些经济，少谈些政治。我想，对于这两方面理论工作的比例来说，这句话今天仍然适用。不过我并不认为政治方面已经没有问题需要研究，政治学、法学、社会学以及世界政治的研究，我们过去多年忽视了，现在也需要赶快补课。"① 对于理论问题，他还认为不仅要真正贯彻"双百"方针，更要使民主制度化、法律化，以保障公民表达自己话语的权利。

而对于因陷入争议或困惑中的干部群众的教育，邓小平则强调，为了不使争论扩大而影响安定团结，应通过实践让事实来说话。他反复表明："我们的做法是允许不同观点存在，拿事实来说话"②。邓小平强调，"人民，是看实践。人民一看，还是社会主义好，还是改革开放好，我们的事业就会万古长青"③。

今天，我们在社会主义意识形态的话语构建上，要立足于创新贯穿马克思主义立场、观点、方法的理论话语和学术话语，并在沟通政治话语和大众话语中发挥桥梁作用。一方面，通过理论话语和学术话语的创新，为社会主义意识形态创新提供学理根据，同时为党的意识形态宣传提供科学框架，以增强其解释力；另一方面，将契合党的政治话语内涵的理论话语和学术话语转化为符合大众心理的日常生活话语，使当代中国马克思主义的核心话语和基本话语能真正掌握其在社会生活中的话语主动权。

3. 习近平平易近人的语言风格及其蕴含的中国力量

(1) 习近平的语言风格：平易近人。

在习近平的系列重要讲话中，常用打比方、讲故事的形象比喻方式阐述深刻的道理，用大白话、大实话等俗文俚语来释疑解惑，引用古典诗文来阐述治国理念，提纲挈领、纵横捭阖。

---

① 邓小平. 邓小平文选：第2卷. 北京：人民出版社，1994：180-181.

② 邓小平. 邓小平文选：第3卷. 北京：人民出版社，1993：155.

③ 同②381.

习近平的语言，平实中蕴含着大智慧，更有一种透彻的、直指人心的力量。例如，在用形象比喻中，他讲的拧紧“总开关”，指理想信念的核心问题；讲核心价值观的影响“像空气一样无处不在”，指形成培育、弘扬核心价值观的氛围；讲中华民族的“基因”，指传承和弘扬中华民族优秀文化传统的必然性；讲“赶考”，直面党要应对的新考验与忧患意识；讲“接地气”和“充充电”，指领导干部要深入基层，向群众学习；讲打破“围城”、“玻璃门”和“无形墙”，指领导干部改进工作作风、密切联系群众的必要性；讲把权力“关进制度的笼子”，是说健全权力制约与监督体系的重要性。在用俗文俚语时，讲“人生的扣子从一开始就要扣好”，是说价值观的养成重在青年时期；“以青春之我，创建青春之家庭，青春之国家”，是说青春是用来奋斗的；讲“行百里者半九十”，是说青年要毫不懈怠地努力奋斗；讲“累并快乐着”，指人要带着乐观主义精神努力工作。在诗文引用中，引用“治大国如烹小鲜”，突出了解国情、科学施政的重要性；引用“博学之，审问之，慎思之，明辨之，笃行之”，强调重视和善于学习是转变作风的重要内容；引用“合抱之木，生于毫末”，指在国际交往中要夯实中国与其他国家友谊的社会土壤；引用“海纳百川，有容乃大”，是说各种文明应在相互影响中融合共进。

习近平平易近人的语言风格，有时将形象比喻、俗文俚语和诗文引用三者纵横交错、运用自如，似信手拈来，这切实拉近了领导与对话者之间的距离，使干部群众愿意听、听得进，听后更能心领神会。当然，习近平的语言风格，不仅在于大量运用形象比喻、俗语俚语和诗文引用，还体现在他善于用讲故事、举事例、摆事实的方式来凝聚共识，善于用聊天式、谈心式的语气来触及心灵，甚至善于用优美的文学语言来展现真性情，让人感觉到一个可亲可敬而又平易近人的领导在回应人民群众新的期待，在表达我们共同的愿景。

（2）平易近人语言风格所蕴含的语言力量。

马克思说过：“理论只要说服人，就能掌握群众；而理论只要彻底，就能说服人。所谓彻底，就是抓住事物的根本。而人的根本就是人本身。”① 习

① 马克思，恩格斯．马克思恩格斯文集：第1卷．北京：人民出版社，2009：11.

近平的讲话，抓住了广大干部群众最关注的问题，并且用广大干部群众喜闻乐见的话语来表达，也就抓住了事物的根本，体现了理论的彻底性，从而能说服人，并最终掌握群众。这样，习近平平易近人的语言风格，就不仅有通俗易懂的语言魅力，更具有震撼人心的语言力量。这一语言力量本质上所蕴含的就是实现中国梦的“中国力量”。

其一，这一力量体现在直面问题和困难的勇气中。习近平大量使用“当前，时和势总体有利，但艰和险在增多”“问题是时代的声音”“改革是由问题倒逼而产生”“敢于啃硬骨头，敢于涉险滩”“没有比人更高的山，没有比脚更长的路”“开弓没有回头箭”等话语，表达出面对问题而实事求是的忧患意识，以及敢于挑战困难的政治勇气。在他的忧患意识和政治勇气中，表达了对于中国所处基本方位的判断，那就是中国现在比历史上任何时期都更接近中国梦的实现，但是仍是处在社会主义初级阶段、仍然是最大的发展中国家；对于全面深化改革难度的判断，那就是改革已进入攻坚期和深水区，如逆水行舟不进则退，必须以更大的政治勇气和智慧，不失时机深化重要领域改革，既勇于冲破思想观念的障碍，又勇于突破利益固化的藩篱；对于党所存在的危机的判断，那就是党面临着执政、改革开放、市场经济、外部环境的“四大考验”，存在着精神懈怠、能力不足、脱离群众、消极腐败“四大危险”，特别是一些党员领导干部精神上“缺钙”。这些都是习近平自党的十八大以来所形成的战略思维的基本前提性的判断，他用干部群众通俗易懂的语言来表达，而没有“兜圈子”或“隔靴搔痒”，从而既讲了干部群众想讲的话，又进一步震撼了干部群众的心灵。

其二，这一力量体现在治国理政的“战略思维”中。习近平大量使用“蹄疾而步稳”“小康不小康，关键看老乡”“物必先腐，而后虫生”“政之所兴在顺民心，政之所废在逆民心”等话语，表达出人民群众的主体意识、唯物史观的历史意识以及统揽全局的战略意识，特别是“以人为本、执政为民”的执政理念。习近平在党的十八大刚闭幕会见记者时，庄严承诺：人民对美好生活的向往，就是我们的奋斗目标，要随时随刻倾听人民呼声、回应人民期待。以这一思想为核心，习近平强调，中国梦不仅是国家富强的梦、民族振兴的梦，也是人民幸福的梦，要让每个人获得发展自我和奉献社会的机会，共同享有人生出彩和梦想成真的机会。为此，要保证人民平等参与、平等发展权利，维护社会公平正义，这就需要以完善和发展中国特色社会主义制度，推进国家治理体系和治理能力现代化为总目标，以全面深化改革和全面推进依法治国为两翼，以进一步解放和增强社会活力为动力，以加强意识形态工作和反腐败为保障，最广泛地动员和组织人民依照宪法和法律规定，共同建设、共同享有、共同发展，真正成为国家、社会和自己命运的主人。习近平用干部群众共同向往的语言，来表达他的治国思维和理念，而没有“不着边际”或“悬在空中”，从而极大地鼓舞了干部群众为实现中国梦而奋斗的信心，激发起了“中国力量”。

其三，这一力量体现在对中华优秀传统文化“基因”的传承上。习近平大量使用中华“民族的‘根’和‘魂’”“鞋子合不合脚，自己穿了才知道”“苟日新，日日新，又日新”“鉴得失、知兴替”等话语，表达出中华传统文化的博大精深对于实现中国梦的价值。他认为5 000多年中华文化积淀着中华民族最深沉的精神追求，包含着中华民族最根本的精神基因，代表着中华民族独特的精神标识，是中华民族生生不息、发展壮大的丰厚滋养；其中的优秀传统文化则是中华民族的突出优势，是中华民族自强不息、团结奋进的重要精神支撑，是我们最深厚的文化软实力；而近代以来中国发展跌宕起伏、人民斗争波澜壮阔的历史，则使中国特色社会主义具有广泛的现实基础。习近平对独特的文化传统、独特的历史命运、独特的基本国情的阐述，使我们对既要积极借鉴人类文明有益成果和各国发展成功经验，但又绝不照搬西方政治制度模式，而要坚定不移地走中国道路，更有了自信。

其四，这一力量还体现在“有容乃大”的世界视野上。习近平大量使用“压舱石”“助推器”“积水成渊、积土成山”“合抱之木，生于毫末”等话语，来表达他在宏观思维上所具有的世界意识，面对国际风云变幻的“定力”，以及对于中国走和平发展道路的坚持。习近平认为，中国与世界的关系已经发生了历史性的变化，中国要学会承担作为一个大国的责任，就不仅要在国际竞争中抢占先机，掌握制高点和主动权，善于把世界的机遇转变为中国的机遇，而且要倡导人类命运共同体意识，同舟共济，权责共担，善于把中国的机遇变为世界的机遇，以增进人类共同利益。习近平善于运用让世界听得懂的中国话语，讲好了中国故事，传播好了中国声音，从而增强了中国在国际上的话语权。

(3) 习近平平易近人语言风格和力量的启示。

习近平平易近人的语言风格中蕴含的中国力量，给我们提升马克思主义在社会生活中的话语主导权，提供了诸多启示：

其一，展示“朴实的道理”才能更有力地支撑对中国特色社会主义的“三个自信”。

邓小平说过：“我们讲了一辈子马克思主义，其实马克思主义并不玄奥。马克思主义是很朴实的东西，很朴实的道理。”① 从习近平非常“接地气”的话语风格中，我们能充分感受到他对实现中国梦的“底气”。从“地气”到“底气”，关键在于我们要读懂当代中国。而习近平“接地气”的话语，对于我们读懂当代中国给出了两个坐标：一是纵向的或时间的坐标，即从历史和现实的关系中来看当代中国，它是怎么走过来的，因而它取得的成就和存在的问题具有怎样的必然性；二是横向的或空间的坐标，即从中国和世界的关系中来读懂当代中国，它是怎样发生了历史性的变化，因而坚定地走自己的路以及承担做一个大国的责任又具有怎样的必然性。

习近平对所有这些关键问题的阐述，都明明白白，通俗易懂。而如果我们顺着习近平的话语逻辑来思考，则一定会将对中国特色社会主义的道路、理论和制度自信奠定在读懂当代中国的基础上，这样建立在理性基础上的自信，既可避免妄自菲薄，又可避免妄自尊大。如果把“朴实的道理”搞成繁琐的哲学，或照抄照搬斯大林模式的意识形态话语，则既脱离群众，又脱离实际，把话说得再“气壮如牛”，造成的却是“无知无畏”，而非“理直气壮”，根本无益于帮助人们坚定“三个自信”。

其二，转变领导干部的话风的实质在于改变学风和党风。

---

① 邓小平．邓小平文选：第3卷．北京：人民出版社，1993：382．

学习习近平充满平易近人魅力的话语风格，有助于领导干部转变话风，使我们在面对群众时，说话更朴实点，更直截了当点。然而，转变话风，并不只是简单的技巧问题。话风是文风的表现形式之一，而文风背后的实质是学风，对于共产党人来说，则更涉及党风问题。所以，毛泽东在延安整风时，是把整顿“三风”（“反对主观主义以整顿学风，反对宗派主义以整顿党风，反对党八股以整顿文风”①）捆绑在一起的。从他所概括的“党八股”的八大“罪状”（“空话连篇，言之无物”“装腔作势，借以吓人”“无的放矢，不看对象”“语言无味，像个瘪三”“甲乙丙丁，开中药铺”“不负责任，到处害人”“流毒全党，妨碍革命”“传播出去，祸国殃民”②）来看，以及他对有的领导干部“或作讲演，则甲乙丙丁、一二三四的一大串；或作文章，则夸夸其谈的一大篇。无实事求是之意，有哗众取宠之心。华而不实，脆而不坚。自以为是，老子天下第一，‘钦差大臣’满天飞”③ 所做的批评看，某些领导干部之所以会存在上述文风不正的现象，其实质是在学风上存在着理论脱离实际的问题，在党风上存在着脱离群众的问题。

正因为某些领导干部在学风上理论不能联系实际，在党风上不能密切联系群众，只能靠满口大话、套话、废话来显示自己所谓的“水平”和“权威”，而把“实际”当作任意裁剪的材料，把群众当作任意“忽悠”的对象，把自己当作真理的“化身”和群众的“主人”。因此，我们学习习近平的话语风格，重要的在于学习他的理论联系实际的学风和密切联系群众的党风，要确立起对真理的崇拜和对群众的敬畏的信念。

其三，把学习理论特别是学习马克思主义哲学当作看家本领。

古人云：“书山有路勤为径，学海无涯苦作舟”，又说：“读书破万卷，下笔如有神”。习近平平易近人的话风之所以蕴含巨大的力量，不仅是因为它通俗易懂，更主要的是因为它体现出了习近平高屋建瓴的战略思维，而这需要有很强的理论思维能力和价值判断能力，能够恰如其分地提炼和

---

① 毛泽东．毛泽东选集：第3卷．北京：人民出版社，1991：812.

② 同①833-840.

③ 同①800.

运用形象比喻、俗文俚语和传统诗文，否则就是无的放矢。为此，习近平特别重视学习，这不仅体现在他对中国传统优秀文化的继承上，体现在他对群众实践的体验上，更体现在他对马克思主义理论的把握上。作为一个马克思主义理论专业的博士毕业生，他对马克思主义的研究确实有扎实的功底。他提倡“多读书，读好书”，自己以身作则，起到了很好的标杆作用。

习近平认为，学哲学、用哲学，特别是马克思主义哲学，不仅是我们党的一个好传统，同时也是现实的需要，还强调要原原本本学，把马克思主义哲学作为看家本领。马克思主义在当代世界依然具有强大的生命力，它给我们提供了化解改革发展困惑的理论思维，坚持发展中国特色社会主义的价值导向，以及建设马克思主义学习型政党的内在资源。对于领导干部而言，学习马克思主义特别是马克思主义哲学，不仅可以帮助我们更好地认识基本国情、发展大势乃至历史发展规律，促进我们坚定理想信念，提高战略思维能力、综合决策能力、驾驭全局能力；更能够帮助我们深入实践、读懂群众，这样，我们写文章也好，讲话也好，做报告也好，就会体现平易近人的风格，并且具有打动人心的力量。

（二）理论思考：意识形态话语权及其实现

1. 葛兰西的意识形态话语权理论及其借鉴意义

马克思说过：“语言和意识具有同样长久的历史；语言是一种实践的、既为别人存在因而也为我自身而存在的、现实的意识。”① 作为人类描述外部世界的产物和进一步改造世界的工具，“语言”（language）是客观存在的主观表达，也是另一种形式上的意识存在。通过人们对语言系统化和理论化的打造，语言将迅速上升到“话语”（discourse）阶段，并开始带有思想内容的逻辑性和利益群体的指向性。而当“话语”与融合了世界观、文化运动和宗教信仰的思维总体——“意识形态”（ideology）相互结合后，

① 马克思，恩格斯．马克思恩格斯文集：第1卷．北京：人民出版社，2009：533.

便诞生了“意识形态话语”的概念雏形。而将“话语”“权力”与“意识形态”概念结合的第一人，当属意大利马克思主义理论家葛兰西。他把对话语与意识形态关系的反思作为理论建构的主要根据，提出了打造话语内核、寻找现实通路的二重模式，其方法论价值可以为我们掌握社会主义意识形态话语权提供有益启示。

（1）葛兰西意识形态话语内核的建构。

与传统马克思主义理论不同，葛兰西试图宣扬一种思维先导性，即通过目标筹划的反作用，来促成现实行动的若干可能。这一观点在他对意识形态话语内核的建构上得到了集中反映。葛兰西提到，作为一种融合政治、经济、文化、宗教等多方面内容的概念总称，“意识形态”代表了特定历史时期内的人们的思维方式，而他们表明个人观点或利益指向的行为，使得一种体现人类属性的中介——“话语”得以产生，随着时间的推移，个体间不同的意识形态开始聚合凝结，他们的话语随之呈现出集体性、民族性和文化性的特点。“一种伟大的文化，可以被译成另一种伟大文化的语言，也就是说，一种具有历史的丰富性和复杂性的伟大的民族语言，同样能够翻译任何其他的伟大文化并且成为一种世界范围的表现手段。”① 这意味着，在葛兰西的视野中，意识形态影响下的话语，一方面开始拥趸统治阶级作为“最高代言人”，以最大限度扩大政治影响作为基本目标指向，另一方面又以多种多样的文化形式作为依附，在意识形态的外壳下促成话语的传播。由此葛兰西指出，统治阶级掌握意识形态话语权，其关键不在“夺权”，而在“话语”的构建。

其一，用“集体意志”和“国家精神”建构政治意识形态话语。

政治意识形态是葛兰西意识形态话语的第一块基石。葛兰西充分肯定了马基雅维利的君主理论，盛赞其“讨论了领导人民建立新国家的君主必须如此这般”，“辩论逻辑严密，具有客观的科学性”。沿袭这一思路，葛兰西提出了适用于现代社会的君主理论：由于历史背景不同，新的时代呼唤一种新的“集体意志”的出现，它既要包含各民族人民的集体思想，还

① 安东尼奥·葛兰西. 狱中札记. 北京：中国社会科学出版社，2000：235.

要囊括精神和道德领域的改革，催生这种集体意志的任务将由一名“现代君主”来承担。那么，谁将成为“现代君主”的化身呢？葛兰西推论道：“现代君主也是神话的君主，他不可能是真正的人或确定的个体。他只能是一个有机体、一个复杂的社会要素。在这个社会中，集体意志已经得到承认并在行动中显示威力，开始呈现具体的形式。历史已经提供了这个有机体，那就是政党——第一颗细胞，但是其中包含普遍和完整的集体意志的萌芽。”① 由此，“现代君主”的身份得以揭开——基于无产阶级政党富有普遍的智慧和广泛的群众基础，“现代君主”非其莫属，它们能够用政治实践的方式打破旧的社会集团的内部框架，并从社会中最庞大的群体——无产阶级的角度出发，设定自身利益指向和思想导向，以此构筑社会物质力量和精神力量的新平衡。通过无产阶级政党一系列的政治行动和群众实践，原有的集体意志也将克服“松懈无力”的现状和“毁灭性的”衰落，完成由传统到现代意义上的转变，真正成为唤醒和组织人民的思想武器。

除“集体意志”之外，“国家精神”（national spirit）也成为葛兰西政治性意识形态话语的内容补充。所谓“国家精神”，最早由意大利纳粹领袖贝尼托·墨索里尼提出。在墨氏的话语体系中，国家精神无疑是强制、集权和极端民族主义的——事实上，它的“精神引领”和“思想感召”力量也曾对意大利法西斯国家起到凝聚作用。对于这一点，葛兰西不置可否，但他进一步论述道，由于国家精神是要在代际传承过程中营造人民内部稳定的联结，它的形式应当是合法性而不是强制性的，采用的手段也应该是“取得认同”而非“精神压迫”。照这点看，墨氏法西斯式的国家精神或能在短期内适用，但从一个相当长的历史时期观之，其未必能获得民众真正的认可。为了区别于前者，葛兰西提出了由无产阶级政党充当建构者、以政党的核心理念为蓝本打造新的“国家精神”的主张。至于“如何打造”，葛兰西认为，这将是一个“内向改造”和“外向同化”的配合过程：所谓内向改造，就是政党要把人民群众的所想所要“引进来”，在摆脱个人主义和宗派主义桎梏的前提下，以群众为基点设定本党纲领，从而

① 萨尔沃·马斯泰罗内．一个未完成的政治思索：葛兰西的《狱中札记》．北京：社会科学文献出版社，2000：91.

使政党与群众间产生一种有机的联系，“所谓联系，就是指必要的一致，不是被动顺从引来的奴性一致，而是积极的一致，充满生活的一致”；至于外向同化，则是政党把自身理念“送出去”，通过鼓励、支持和辅助群众参与政党的各项活动，让他们逐步接触、了解并认可政党的理念，促使“政党精神”上升为“全民精神”和“国家精神”，成为凝聚民众的思想武器。

其二，用对“常识”的批判和超越补充意识形态的话语内容。

葛兰西视意识形态为一种具有复杂结构和多重内涵的思维总体，在政治性话语基础上将“常识”概念引入意识形态范畴，从而丰富了传统马克思主义关于“上层建筑”概念的内涵，回击了以伯恩斯坦、考茨基为代表的第二国际右派鼓吹经济发展促成社会革命的机械决定论。葛兰西认为，文化是与政治具备同等地位的意识形态构成板块，“文化与政治之间的关系不仅是一种必不可少的实用性的关系，而且也是一种更为广泛的、更加细密的关系，因为政治作为改造现实社会及结构的一种手段，由于其自身构成的特殊性，它要求必须对文化的相互关系有一种极其强烈的意识”①。具体到社会大众层面，文化已经超越了政治的内容，成为影响民众道德形成与个性发展的主要因素。如此一来，人们的假设、信念、观点等理解外在世界的思维模式天生便包含了丰富的社会文化因子，而他们将这种思维通过话语进行交流传播的过程，便构成了“常识”（common sense）在社会中最基本的表现形态。这里的“常识”，由于它既不属于统治阶级的意识形态范畴，也非被统治阶级固定的文化存在形式，因而一方面拥有广阔的流行地域和对群众极高的动员能力，一方面又带有自发性、无意识性和无目的性的弊病。葛兰西认为，若使常识从当前偶发的、无序的意识形式上升为较高级别的、有机的意识形态，就需要对其进行合理批判和必要补充。

“宗教”被葛兰西视作丰富常识内容的第一大理论来源。葛兰西认为，宗教作为一种世界观和道德原则，虽不具有科学性和客观性，但对具有宗教信仰的人们而言，已经包含了对某些社会常识的接受和认可。此外，“科学”也是常识内容的重要补充，葛兰西认为，“由观念和意见汇集起

① 萨尔沃·马斯泰罗内．一个未完成的政治思索：葛兰西的《狱中札记》．北京：社会科学文献出版社，2000：149．

来”的常识也会因为科学成分的加入而提升到新的思想高度，进入一种高级别的意识形态化进程。最后，“哲学”也会在自我批判的基础上融于常识，完成对后者的更新。

纵观意识形态的“常识”板块可以发现，葛兰西以宗教、科学和哲学内容对话语的补充，实际上为国家在文化层面注入了新鲜血液，它们在社会肌体内部的脉动将大大提高意识形态对民众的吸引力和凝聚力，进而为下一步话语言说过程提供便利。

（2）葛兰西关于意识形态话语的实现路径。

对于意识形态话语的实现问题，葛兰西首先对话语权做了阐释，区分了“权力”和“权威”。他认为，权力是借指一种与政治密切相关的强制力量，它将赋予统治阶级对个人或组织的约束力、对社会行为的操控力；而权威将以成熟意识形态信仰体系为话语外壳，争取民众对权威核心的认同或服从。正是基于“权力-权威”的话语权双重内涵，使意识形态话语的实现在传播场域、言说主体和争夺手段等方面出现相应的分野趋势。

其一，话语权的传播场域，是政治-市民社会关系的模型。

在对20世纪初意大利等西方发达资本主义国家革命的分析中，葛兰西敏锐察觉到发达资本主义国家功能的某种改变，即政治强制性逐步弱化，而文化的功能和作用逐步凸显。由此，他首先将着眼点放在话语传播场域上，并在马克思“经济基础-上层建筑”的国家理论框架内，进一步把上层建筑划分为具有纵深层次的二元结构，这便是一国建立之初最先发育起来的、通常被称作“政治社会”的统治功能部分，以及国家成熟阶段出现的、受道德和权威影响的“市民社会”部分。在“政治-市民社会”的关系模型之中，话语权将呈现出领导和管理的“权力话语”与意识形态影响的“权威话语”相叠加的鲜明层次，而这种“强制和认可、强权和领导权、暴力和文明、个人阶段和普遍阶段（‘教会’和‘国家’）、煽动与宣传、战术与战略”相结合的话语，恰恰是通往葛兰西所倡导建立的“完整国家”的必由之路。

在这一模式中，政治社会将为国家构筑一种强制威慑的权力话语体系。葛兰西重点分析了这种权力话语的可操作性环境：一是在战争情况下，国家为了在防御战中达到迅速击溃入侵者，或是为了达到在对外侵略行动中占领最大规模疆域之目的；二是在一国政权建立之初，若国家内部反动残余尚未消除，而民众也未能形成与统治阶级一致的集体意志的状况下，权威话语则有必要启动；三是在个别缺乏独立发展阶段的落后国家内，统治仅能仰仗于中央集权至上的强制力量。葛兰西的上述三种权力话语模型意味着，如果政治社会的话语权尚未取得，那么国家就有必要以“尚武”精神为思想核心、以强制和暴力手段为统治保驾护航。

随着国家结构的不断完善，市民社会开始取代政治社会成为国家中介化的政治范畴。葛兰西认为，此时市民社会独立的意识形态斗争将逐步上升，其中的话语瓦解、建立和重构，将在很大程度上左右国家的发展方向。作为市民社会新规则的催化剂，权威话语会以意识形态的口吻争取民众的认同或服从，而民众在观念上赋予统治阶级的合法性，反过来又将进一步强化统治阶级的话语权威，所以从发展方向上看，权威话语将成为统治阶级主要的话语形式。

其二，话语的言说主体，是政党与有机知识分子的结合。

葛兰西认为，意识形态话语的实现，须具备特定的言说主体。这一言说主体，首先是作为“现代君主”的政党。由于政党身负政治统治、社会管理和军事护卫的职责，那么，其主要任务便是依靠政治社会所构建的国家机器，来凝聚人民的集体意志，获得他们的普遍认同。而在国家机器的保护下，政党获得了政治上的唯一合法性，其话语也就产生了推行政党的思想观念，以及在不同利益群体的矛盾之间制造平衡的效果。然而，仅仅依靠国家的政治权力，并不能实现彻底的意识形态话语权，因为现代国家拥有复杂的结构和坚固的思想壁垒，政治社会的波澜不惊并不能掩盖市民社会的暗潮汹涌。为此，政党还须打破旧思想框架对市民社会的笼罩，通过重塑民众价值观，获得彻底的话语权。而这一工作，需要依靠“有机知识分子”来完成。

对于知识分子群体，葛兰西超越了马克思的传统阶级分析方法，转而从意识形态视角入手，考察知识分子意识形态与阶级意志表达的耦合程度。他认为，传统意义上的知识分子通常是体力劳动制造者以及智力与脑力工作者的集合，是社会的上层人物；但是，这些知识分子不仅由于缺乏实践而可能脱离群众，还常常因为“富于情感和激情外在”而表现出个人主义倾向，其思想观念也与现存主流意识形态存有极大矛盾。为此，政党就有必要用“有机知识分子”（organic intellectual）理念对他们进行改造，使这些“知识精英”化身为“道德领袖”，承担起言说统治阶级意识形态的任务。所谓“有机”，不仅指代这些知识分子要接受政党理念、成为政党的有机组成成分，也指他们要成为社会结构和上层建筑间的有机“混凝土”。知识分子一方面要通过摆脱抽象理论的自我批判和密切联系群众的具体实践，一方面还要利用思想文化的建设、形式多样的组织和潜移默化的劝说来推广政党话语，使民众达到对政党意识的认同和服从。有机知识分子这种持续深入的话语，实则是一种“同化”过程，即打破民众原有思维图式以顺应新的意识形态，这对政党冰冷的权力话语构成了必要的补充，由此，有机知识分子也就化身为“权力话语”和“权威话语”的对接纽带。

其三，话语权的争夺手段，是阵地战与运动战的配合。

葛兰西认为，显性武力是争夺话语权的初始选择，但随着现代社会矛盾冲突的隐蔽性、复杂性特点的凸显，政治和文化也将演变为一种隐性的武器见诸敌我双方话语的交战过程。为此，葛兰西选择将“运动战”（War of Movement）和“阵地战”（War of Position）两大军事术语置于话语权争夺的语境当中。

作为一种“宝贵而必不可少”的战略战术，运动战以其流动性和组织性的特点，能够使统治阶级迅速集结力量并主动出击，以暴力方式掌握话语主导权。运动战的典型例证是列宁领导的俄国十月革命。葛兰西提到，俄国政权为传统的中央集权结构，其市民社会的发育也尚处于初始阶段，这是列宁实施阵地战的基本出发点。“在俄国，国家就是一切，市民社会处于原始状态，尚未开化；在西方，国家和市民社会关系得当，国家一旦动摇，稳定的市民社会结构立即就会显露。国家不过是外在的壕沟，其背后是强大的堡垒和工事。”[①] 面对西方无产阶级革命的挫折，特别是意大利法西斯政权上台的现实状况，葛兰西逐渐认识到，由于西方国家具备发达的市民社会体系，它不会因政治社会中的阵地战攻势而被撼动分毫，因

① 萨尔沃·马斯泰罗内．一个未完成的政治思索：葛兰西的《狱中札记》．北京：社会科学文献出版社，2000：194．

此，新的阶级必须借助一种改变现实的文化力量作为斗争手段，方能在新的攻防局面下斩获市民社会这块“阵地”，即用思想文化去对家庭、学校、政党等市民社会有机体进行突破，从更高级别的战略意义上挖掘“壕沟”，建造“堡垒”和启用“工事”，如此一来，即使是不具有决定意义的单个思想“阵地”，也能逐渐营造新的阶级在思想上的合法性地位，从而赢得市民社会外壳包裹之下的话语权。

（3）葛兰西意识形态话语权理论的启示。

20世纪90年代，美国学者约瑟夫·奈提出著名的“硬实力”（hard power）与“软实力”（soft power）的综合国力二分法，其中毫不讳言葛兰西对该理论的启示意义：“在国际政治中通过制定议程来吸引他人，与通过威胁或使用军事或经济手段来强迫他人改变立场同等重要……安东尼奥·葛兰西早就明白力量来自设置议程和决定辩论的框架。决定他人喜好的能力往往同无形实力资源联系在一起，如有吸引力的文化、意识形态和制度等。”葛兰西建构的意识形态话语权理论，通过强调意识形态的话语权，超越了传统马克思主义者的“哲学万能论”或“经济决定论”，使马克思主义在新的时代获得新的生命力。

习近平在2013年全国宣传思想工作会议上的讲话中提出：“要精心做好对外宣传工作，创新对外宣传方式，着力打造融通中外的新概念新范畴新表述，讲好中国故事，传播好中国声音。”这不仅对于增强中国在国际上的话语权是必要的，而且对于掌握马克思主义在社会生活中的话语主导权也是必要的。

当前，整个世界的政治多极化、经济全球化、文化多样化和社会信息化的潮流迅猛发展，政治统治与军事战争开始被隐性的意识形态渗透代替；国内经济成分多样化、利益分化多样化、社会组织多样化、思想意识多样化也持续发展，仅凭掌握意识形态的统治权，也难以确保社会主义意识形态的主流地位。在此背景下，建设社会主义意识形态、掌握马克思主义在社会生活中的话语主导权、增强中国在国际社会的话语权，可以从葛兰西的意识形态话语理论的思想构成中获得借鉴。

在意识形态建设的全局方面，要厘清意识形态领导权、管理权和话语权三者的关系。意识形态的领导权、管理权和话语权之间，既有联系，又有区别。领导权是政治权力，它由中国共产党在宪法中确立的领导地位所决定，不容挑战。管理权是稍广泛的权力，它可由领导权所赋予，又可能因实行社会主义市场经济以及发展文化产业而由其他因素包括资本因素所选择。而话语权，会受领导权和管理权制约，但它更取决于理论本身的创造力、对社会问题的解释力、对其他思想理论的批判力、对群众的感召力等等。作为马克思主义理论研究和宣传工作者，不能因为马克思主义研究不被重视，而要求在政治上赋予自己“话语权”，这就把“话语权”等同于“政治权力”或“领导权”了，以为凭手中有权就掌握了话语权。马克思主义诞生时，是被视为“幽灵”的，谁也没有赋予马克思恩格斯以政治权力性质的“话语权”，但它得到了广泛的传播，其根本原因在于其理论的彻底性。

在话语内核的构建方面，以正确的历史观、民族观、国家观和文化观作为意识形态的思想资源，将是促成我国社会主义意识形态生成、增强全民族思想向心力、凝聚力的保证。

在话语权实现的现实路径方面，以党对意识形态工作的规律性认识为参照，大力培养意识形态言说队伍，同时运用多种渠道进行正面宣传、合理引导和耐心说服，这将会增强对外话语的创造力、感召力、公信力。

2. 社会主义核心价值观话语权的建构

党的十八大以来，在习近平系列重要讲话中，培育和践行社会主义核心价值观、巩固和壮大意识形态思想舆论成为建设文化强国的两项重要议题，并且习近平将这两者统一起来，通过建构社会主义核心价值观的话语权，来巩固和壮大社会主义意识形态。2013 年，习近平在全国宣传思想工作会议上指出，“必须把意识形态工作的领导权、管理权、话语权牢牢掌握在手中，任何时候都不能旁落”①。2014 年，他在中共中央政治局第十

① 占领制高点　掌握主动权．光明日报，2014-02-16．

三次集体学习时强调："核心价值观是文化软实力的灵魂、文化软实力建设的重点。……也是国家治理体系和治理能力的重要方面。"① 在当代中国，主流意识形态集中体现为社会主义核心价值观，而为核心价值观建构话语权，这既是中国特色社会主义价值诉求的反映，也是巩固和壮大主流思想舆论的路径选择。习近平的讲话，分别从本体、价值和实践维度出发，确定了核心价值观的来源特征、价值取向和实践路径，从而提供了把握话语内涵的依据，创造了提升话语权的现实可能。

为了让社会主义意识形态新的话语表达"站得住脚"且"发得出声"，习近平系列重要讲话从发端厘清了社会主义核心价值观话语权生成的脉络，以思维的深度和历史的厚度打牢话语权的本体根基。社会主义核心价值观话语权的实现，主要受制于话语语境、话语参与者和话语媒介三个因素，因而，话语权的建构将重点提升核心价值观对价值问题的解释力、对人民群众的感召力以及在现代语境当中的传播力。

其一，社会主义核心价值观话语权的实现要对接应然语境和实然语境。

要让社会主义核心价值观对社会问题具备解释力，就需要将价值观的应然语境和实然语境进行对接。这意味着，社会主义核心价值观不仅要阐明一种应当达成的价值理想状态，还要拓展自身的创造性以满足现实的价值需要。如习近平所言，坚持由易到难、由近及远，把核心价值观的要求变成日常行为准则和自觉奉行的信念，这是对接两种语境的关键。

社会主义核心价值观之所以成为"核心"，就在于它作为理论的"顶层设计"和话语的"元叙事"，能够站在价值观的制高点去传达时代精神、指明价值引领方向。与此同时，它也要契合话语的"微叙事"特点，从利于践行的角度去规范公民的个人行为。要坚持联系实际，区分层次和对象，加强分类指导，找准与人们思想的共鸣点、与群众利益的交汇点，做到贴近性、对象化、接地气。要将社会主义核心价值观与群众的现实生活结合，与各行各业的规章制度结合，与各类思想文化传播活动结合，让群众在日常言行中感知、领悟和践行。

---

① 习近平在中共中央政治局第十三次集体学习时强调 把培育和弘扬社会主义核心价值观作为凝魂聚气强基固本的基础工程. 人民日报，2014-02-26.

社会主义核心价值观以党的最高价值观为追求目标，这体现了它作为主流意识形态对社会的压舱作用和对价值观的稳定作用。但是，“压舱”和“稳定”作用如何实现，话语的最高形态显然不能给出具体答案。这就需要核心价值观转化成各类文化形式，通过一些基本的价值表达来告诉人们什么是真善美，什么是假恶丑，什么是值得肯定和赞扬的，什么是必须反对和否定的，在润物无声之中，实现核心价值观的导向和感召作用。

其二，社会主义核心价值观话语权的实现要兼顾群众参与的主动性和被动性。

拥有足够数量的话语参与者是话语感召力的体现。习近平提出，在培育社会主义核心价值观的进程中，要最大程度地吸引群众，营造良好的社会风尚。培育和践行社会主义核心价值观本质上是主流意识形态的话语宣传，它需要依靠政府、党员干部和思想政治理论工作者的共同主导：政府作为话语制定和实施的主体，它的目标是为社会主义核心价值观提供政治、经济、文化、社会等方面的政策保障，以及运用社会管理手段去明确不同群体的价值责任；党员干部是社会主义核心价值观的组织者和代言人，他们需要以身作则、率先垂范，利用自身的正面形象去争取群众的认同、内化和践行；思想政治理论工作者主要承担着教育任务，他们要通过让社会主义核心价值观进教材、进课堂、进头脑，达到话语符号入脑、入耳、入心的效果。

由于社会主义核心价值观的感召力取决于话语的普及化和推广化程度，这不仅需要话语主导，更需要13亿人的每一分子自觉参与其中。随着社会力量的不断壮大，各类企业、文化机构、独立知识分子日益成为与社会事务紧密联系的价值群体，应当将他们作为话语的传播中介，去带动全体人民共建良好的道德风尚。对企业而言，可把自身理念融入它们的组织文化，使企业在追求自身价值的同时，也承担必要的社会责任。对文化机构而言，可以组织形式丰富的精神文明建设活动，去发挥文化对社会主义核心价值观的涵养作用，发挥文化机构对群众的辐散作用。对公众中的独立知识分子而言，由于他们普遍具有较高的知识水准和流畅的话语表达能力，应当首先争取这些人的认同和信仰，再通过他们去“分享普通公民的价值观和信念，始终关注普通公民的需要，努力地使不活跃的公民活跃起来”①。通过上述群体的带动，核心价值观能够从一种外部灌输状态逐渐转变为群众的自觉习得过程，发挥像空气一样无所不在、无时不有的感召能力。

其三，社会主义核心价值观话语权的实现需要积极利用现代多媒体手段。

社会主义核心价值观面对的是较为复杂的社会现状和受众多元的传播语境，因而有必要进一步提高话语的可信度和传播力。习近平认为，马克思主义理论只有用简单质朴的语言讲清楚、用群众喜闻乐见的方式说明白，才能更好地为广大党员和人民大众所理解、所接受。为此，社会主义核心价值观应从话语的大众化要求出发，去打造一种以群众为主体、以民间故事为内容的叙事手法。通过这种方式，群众能够将情感体验和价值体验融入社会主义核心价值观，进而自发地去弘扬真善美，传播正能量，形成积善成德、明德惟馨的社会价值观氛围。为此，社会主义核心价值观应当将文化作为一种重要的价值媒介表达方式，去发挥以文化人、以文育人的导引功能。通过完善文化交流机制、创新文化交流方式，通过运用大众传播、群体传播、人际传播等多种途径，使文化成为推介核心价值观的话语利器。

信息技术的迅猛发展创造了现代多媒体的传播方式。通过多媒体画面式和故事性的传播，受众能够节省通过阅读文字进行思考的环节，这既避免了受众的思维惰性，还能使传播的内容更为直观可感。习近平认为，发挥好新兴媒体的作用，将有助于增强核心价值观话语的创造力、感召力、公信力，有助于讲好中国故事，传播好中国声音，阐释好中国特色②。为此，核心价值观需要在葆有报刊、广播、电视等传统单一媒体优势的基础上，不断扩大新媒体传播和宣讲的力度。这其中，既要利用文字、图片、

---

① 珍妮特·V. 登哈特，罗伯特·B. 登哈特. 新公共服务：服务而不是掌舵. 北京：中国人民大学出版社，2004：54.

② 习近平在中共中央政治局第十二次集体学习时强调 建设社会主义文化强国 着力提高国家文化软实力. 人民日报，2014-01-01.

音频、视频这些话语符号，还要运用微博、微信、网络视频、数字报刊这些多样化的终端平台。通过抢占现代传媒的制高点，来建构核心价值观的话语权。

（三）实践探索：思想政治理论教育和大众媒介

1. 深化高校思想政治理论课改革和建设的新空间

思政课“05方案”实施十多年来，在党中央直接领导下，在思政课教师努力下，思政课改革和建设取得了重大成就，但这不意味着今后思政课改革主要是搞教学方法创新，其他改革的空间已很小。习近平总书记2013年底关于“高校思想政治理论课必须办好，关键是把教材编好，队伍建设好，把课讲好”的批示精神，不仅为思政课的建设提出了明确要求和努力方向，而且还为思政课的进一步改革展现了新的空间。而讲好思政课，教材是基础，教师是主导，讲课是平台，而支撑这“三好”的，则是马克思主义理论学科。这四个方面，都尚有可开拓的“新空间”。

（1）教材建设的根本：增强马克思主义对于当代问题的解释力。

马克思主义理论研究和建设工程（以下简称“马工程”）启动不久，便将思政课教材编写纳入其中，这不仅提升了教材的权威性，避免了教材编写中的低水平重复甚至“乱解”马克思主义的现象，而且可以在“马工程”统筹下，更充分地反映马克思主义中国化的最新研究成果，更系统地回应中国特色社会主义的实践问题，增强马克思主义对现实问题的解释力和说服力，从而为思政课的教育教学提供基本遵循。教材编写的成就，基本为领导、专家、教师和学生所认可。

当然，充分肯定已有几次教材编写的成就，不等于“把教材编好”的空间就不存在了。大学生对教材的主要意见是“缺乏生动性和可读性”。这一问题的症结，不仅在于作为集体编著的统编教材，很难体现独特风格；更在于要凸显作为“马工程”教材的权威性，有时不得不牺牲生动性。但这一缺憾可以靠编写配套立体化教材以及通过转化为教学体系来弥补，而不应该成为教材建设的重点。现有教材不同程度存在的薄弱环节是：残留的教条主义话语和思维影响马克思主义对社会矛盾的批判能力和对现实问题的反映能力的彰显，从而削弱了教学的有效性；无论是纵向衔接（与中学思政课）和横向贯通（高校各门思政课教材之间），均存在大量内容重复的现象，从而影响学生的学习兴趣。把教材编好，需要弥补这两个薄弱环节。

其一，剔除附加在马克思主义名义下的、脱离当代实际的教条主义话语，加强对于社会矛盾的评判力和对于社会问题的解释力。而这两者又是联系在一起的，固守教条主义话语，就不可能回应现实问题。教材的编写需要加强对重大现实问题的研究，以彰显马克思主义的时代价值，增强其对当代社会生活的解释力和社会矛盾的批判力。

思政课教材强调对错误的政治思潮和社会思潮的批判，是十分必要和非常重要的。但是，由于错误思潮的形成有一定的社会根源，而且某些错误思潮也未必在大学生中有很大影响，因此，教材的重点，不在于把所有涉及政治斗争的思潮不顾层次性全盘搬进去，而是要加强对社会矛盾的批判和分析，以提高对大学生所关注的社会问题的解释力，并使大学生能正确对待社会矛盾和问题。马克思主义是意识形态批判理论，作为传授马克思主义的思政课，要科学揭示社会矛盾的主客观根源，而不能“遮蔽”这些矛盾，以体现意识形态的批判功能；又要为这些矛盾的存在做某种“合理性”的说明，以体现意识形态对统治秩序的辩护功能；还要指明这些矛盾解决的前景，以体现意识形态的导向和教化功能。这样，才能有效抵制错误思潮的侵蚀，从而提高思政课的有效性。

其二，下决心解决教材内容简单重复的结构性问题。马克思主义基本理论的内容重复，是难以避免的，但需要有层次性的提升。现有教材内容的简单重复还比较多。在纵向衔接方面，首先是重复内容的涉及面广，大学四门思政课教材的基本理论内容，大多出现在高中“经济生活”、“政治生活”、“文化生活”、“生活与哲学”和一些地区和学校开设的选修课“经济学常识”、“科学社会主义常识”、“国家和国际组织常识”、“生活中的法律常识”、“公民道德与伦理常识”以及历史课等教材中。其次是相关内容的同层次重复，如关于“商品和商品经济”“社会主义初级阶段的经济制度和社会主义市场经济”“唯物论”“辩证法”“认识论”“价值观”“人生观”“社会主义初级阶段”“社会主义经济、政治”“国际形势与外交政策”“人的本质、人生价值的实现”“集体主义”“我国的国家制度”“政党和政党制度”“国际社会和我国的对外政策”等，阐述的深度差不多。在横向贯通方面，首先是某些重要原理和范畴，特别是涉及马克思主义中国化最新理论成果的“三进”，各本教材都要充分体现，导致简单重复。其次是课程设置的结构性问题，即《毛泽东思想和中国特色社会主义理论体系概论》和《中国近现代史纲要》所述时间跨度相同，理论内容相同，重复问题更大，尽管各自侧重于论和史，但作为有质量的教材，是无法将史和论割裂的。

上述问题的存在，涉及课程体系设置目标的科学分解，也涉及各门课对大学生和高中生教学目标定位的论证。因此，要下决心解决研究生、本科生和高中生教材的纵向衔接以及本科生教材的横向贯通的问题，需要建立教材编写的领导和协调机制，在宏观层面做好“顶层设计”，对课程体系的设置进行新一轮的论证，进一步明确博士生、硕士生、本科生和高中生的课程教学目标的定位，以体现纵向的层次性和横向的互补性。

(2) 队伍建设的重点：提高马克思主义理论素养。

在思政课教师队伍建设方面，“马克思主义理论研究和建设工程”的预期目标是“着力造就一批学贯中西、享誉中外的马克思主义理论大家，一批政治方向正确、理论功底扎实、勇于开拓创新、善于联系实际的马克思主义学科带头人，一批中青年马克思主义理论研究和教学骨干”三个层次人才。从思政课承担量大面广的特殊要求看，第三个层次人才的造就，是十分紧迫的任务。

由于近些年青年教师补充的频率加快，同时几乎每年都要推出教材修订本，因而教育行政部门比较重视课程内容和教学方法的培训，使青年教师能较快地进入教学角色。然而，大部分青年教师自有其具有较宽的知识面和对社会问题比较关注的优势，但其“软肋”，在于马克思主义基本理论功底较薄弱，缺乏切实用马克思主义解释实际问题的能力。有些教师简单做文件话语的注释，或致力于教学方法的翻新；有些把马克思主义作为标签硬往社会问题上贴，或者连这一标签都懒得贴，而直接搬用西方的某些理论；有些教师的研究割裂了主义和问题，或者脱离问题来抽象演绎主义，或者离开主义搞实证研究。究其根源，主要是师资来源的结构性问题。多数中青年教师专业背景来自其他学科，马克思主义理论的学科意识薄弱；即使是马克思主义理论专业毕业的教师，本科阶段的马克思主义理论基础训练也基本是空白（除思想政治教育专业有本科，其他马克思主义理论各专业均无本科）。因此，要缩短青年教师由选择职业向从事事业的提升进程，当务之急是要帮助其提高马克思主义的理论素养。

从事马克思主义理论教学和研究，需要有对马克思主义的信念，而这一信念同理论素养又是相辅相成的。对马克思主义科学性和价值性的坚信，可推动中青年教师去主动研究马克思主义；而如果中青年教师能够熟练掌握马克思主义经典，熟练运用马克思主义经典解释现实问题，就既可以不断开拓自己的学术空间，又可以增强信念。在社会主义市场经济条件下，中青年教师的政治立场，不再取决于其经济地位和朴素的“阶级感情”，而是取决于对马克思主义科学性及其当代价值在学术层面的认同，只有理论深刻，才能思想清醒，而只有思想清醒，才能政治坚定。

于是，自上而下的培养和培训中青年教师的重点，应该由讲授课程内容和教学方法，转向对马克思主义经典著作的研读及联系实际问题的思考。通过持续多年的努力，帮助中青年教师较快提升研究能力，从而确立其在学校中的学术地位，并进而扩大其在社会上的学术影响，这对于中青年教师的成长，将是终身受益的事。

首先，中青年教师培训应以研读马克思主义经典著作（含马克思主义中国化的重要理论著作）为主线，以深刻领会马克思主义的本质和精华，善于将坚持马克思主义和发展马克思主义统一起来，消除对马克思主义科学性的各种非科学的认识，分清什么是必须坚持的马克思主义基本原理，什么是需要结合新实践加以丰富发展的判断，什么是需要破除的对马克思主义教条式的理解，什么是附加在马克思主义名下的错误观点，从而增强马克思主义理论学科的归属感和所从事事业的荣誉感和责任感。

其次，激励中青年教师将对“主义”的研究和对“问题”的研究结合起来。脱离重大的现实问题来谈“主义”，“主义”会陷于抽象和空洞；而研究“问题”脱离“主义”，回避问题评价背后的思维方式和价值导向，会陷于盲目和肤浅。只有把对“主义”和“问题”的研究结合起来，在对社会主义实践发展所遇到重大问题的反思中，探索马克思主义理论发展的内在逻辑，才能提高用马克思主义分析问题的能力，从而提高思政课的说服力。

最后，引导中青年教师把握好本学科教学和科研的意识形态性与科学性的关系，以及马克思主义作为意识形态对现实生活的批判性与辩护性的关系。只有坚持马克思主义“从批判旧世界中发现新世界”的批判性本性，才能更好地发挥马克思主义对社会生活的解释而非“遮蔽”作用，从而体现出马克思主义相对于其他学科理论的比较优势。同时，要鼓励中青年教师广泛涉足文、史、哲、经济、法律甚至自然科学等领域，通过与其他学科的互动，做到“博”与“专”的统一，提高同各种社会思潮对话的能力，这样，才能真正把思政课教师的职业转化为事业。

(3) 课堂教学的基点：培养学生理论思维和价值判断能力。

当前，对思政课现状的评价众说纷纭，即使主流媒体的评价也出现了对立：有的说思政课多年建设已“从根本上改变了教师不喜欢教、学生不喜欢学”的状况，90%以上大学生的评价是“很满意”和“比较满意”；但也有的说大学生依然“被教条化的、死记硬背的思政课给吓怕了”，总体是“学生不欢迎，老师很茫然”“课堂理论脱离实际”“学生学是为了凑学分”等。

客观地说，多年来思政课教学已有了很大改进，教和学两方面的积极性都有了调动，教学效果逐步提升，针对性和有效性在增强。有一个较普遍的现象能够真实反映思政课的现状：大多数高校最受学生欢迎教师中的前10名，思政课教师大多能跻身其间，而最差教师的评选，思政课教师亦难逃脱“榜上有名”。更重要的问题在于，思政课的投入产出比不高，多年来思政课改革和建设所取得的成果，与各级领导部门和广大教师投入的巨大财力、物力、精力相比，还不相称。

这一状况存在的深层次原因，在于思政课课堂教学方面还存在一些结构性的问题：首先，教学目标的定位，是以自上而下的意识形态认同为本，还是以自下而上的大学生需求为本？其次，教学设计的重点，是以方法为主，还是以内容为主？再次，理论联系实际原则的贯彻，是强调对现实的辩护，还是强调对现存的批判？最后，教学语言的运用，应该是“照本宣科”，还是体现“学术自由”？只有在思路上厘清这些结构性问题，才能进一步从整体上提升思政课课堂教学的有效性。

其一，关于教学目标定位，应强调“以育人为本”，即把对马克思主义和党的创新理论的认同，与满足大学生的成才需求特别是培养创新人才的需求结合起来。党的意识形态工作的要求有复杂的层次性，思政课的教学对象绝大部分不是未来党的领导干部，同时，作为平均每周不到 2 学时的公共课教学，也不可能让学生系统地掌握马克思主义理论。如果不考虑学生成才的需求，思政课便缺乏针对性。当然，也不能笼统地提“以学生为本”，因为学生的需求也是多方面、多层次的，思政课不可能去回答学生提出的所有问题；同时，坚持和发展中国特色社会主义，是需要通过思政课教学以获得大学生的政治认同的。

所谓“以育人为本”，就是实现意识形态目标和大学生成才需求的“内在融合”。这一“融合”对思政课具有内在的可能性，因为大学生有科学设计自己的人生目标乃至职业理想，读懂当代中国大局和把握未来发展大势的需求；而马克思主义所蕴含的历史唯物主义和唯物辩证法思想，具有科学把握现实社会矛盾和解决矛盾去向的理论思维与价值导向。

其二，由此所决定的思政课课堂教学的重点，应该致力于培养学生的理论思维和价值判断能力。恩格斯说过，“一个民族要想站在科学的最高峰，就一刻也不能没有理论思维”[①]。习近平也强调：中国这样一个有着 13 亿人口的大国，面对着十分复杂的国内外环境，如果缺乏理论思维的有力支撑，是难以战胜各种风险和困难的。无论今天的大学教育是“大众教

① 马克思，恩格斯．马克思恩格斯文集：第 9 卷．北京：人民出版社，2009：437．

育”还是“精英教育”，当代大学生都是实现中国梦的中坚力量，因而他们应该既具有世界眼光、又具有中国情怀，既显现个性特征、又富有社会责任，既有战略视野、又有实干精神，既对社会弊端愤世嫉俗、又能对社会矛盾持理性态度，既不妄自菲薄又不妄自尊大，这就需要培养理论思维能力和价值判断能力。思政课教学方法的使用，应该围绕这一功能的实现而设计，而不能仅仅为提高到课率而异化为娱乐化的手段。如果我们的大学生还只是停留在感性甚至“动漫”思维的层面，为（学）时不多的思政课就无法帮助学生提高理论思维和价值判断能力，那么我们民族的前途就很可悲。

为此，思政课课堂教学要精选马克思主义诞生和发展进程中，在回应重大实践问题时形成的基本范畴，引导学生思考这些基本范畴是如何形成的，经典作家运用怎样的思维方式和价值观念将它们构成基本原理，这些基本原理又是如何随着实践的发展而发展的。这样，可以使学生感受马克思主义的理论魅力，包括发现问题的敏锐目光，分析问题的缜密逻辑，阐述问题的语言魅力，甚至解决问题的人格力量；可以为大学生分析当今社会矛盾和反思思想困惑提供科学理论思维和正确价值导向，其中包括认识我国已发生的变化及其原因，当下存在的问题及分析评价的方法，今后中国的前途及其同大学生的关系，从而真正认识当代中国大局，把握未来发展大势，从而把对中国道路、理论和制度的自信，奠定在科学的理论思维和价值判断的基础上。

其三，对理论联系实际的教学原则进行反思，实现对“现实”的合理性辩护和对“现存”的评价性批判的有机统一。恩格斯对黑格尔“凡是现实的，都是合理的”命题做了深刻剖析，认为“现实”是具有必然性的存在，而“现实”一旦由于事物发展的辩证法丧失了必然性，就走向“现存”，而“凡是现存的，必然要灭亡”。思政课要为马克思主义的诞生和发展的合理性，中国选择社会主义道路和改革开放道路的必然性提供辩护，必须坚持理论联系实际的原则。但联系实际不能仅仅满足于列举事例。事例的列举是“必要”的，但不是“充分”的，因为它只能起到“说明”作用，而尚未达到“证明”功能。要真正引导大学生实现政治认同，更需要结合实际，对上述合理性和必然性做理论思维和价值判断方面的论证。

理论联系实际需要坚持“正面教育”，但也需要对所谓的“正面教育为主”的原则进行反思，以免滥用。这不仅是因为思政课只能进行“正面教育”，而不能提供“反面教育”，哪怕是“为辅”；更重要的是，思政课不能无条件地为“现存”的一切做辩护，而必须正视社会矛盾，回应大学生关注的社会热点问题，用科学的理论思维和价值导向来揭示它们产生的主客观根源，评价其性质，分析可能的解决前景，引导大学生正确面对社会转型期的各种社会矛盾。这既彰显了马克思主义的当代价值，又培养了大学生的理论思维和价值判断能力。

因此，思政课教学要摆脱概念先行的模式，凸显“问题意识”，以问题导入，达到训练大学生理论思维和价值判断能力的目的。当然，思政课不可能去回答所有的社会热点问题和大学生的思想困惑，因此要精选问题，其最理想的问题设计是“四点交集”，即这一问题既是“教学重点”，又反映了“社会热点”，同时存在着“理论难点”，还是大学生真实的“思想疑点”。

其四，课堂教学应实现教材语言向教学语言的转化，做到“照本”而不“宣科”，既不“照本宣科”，又不“自由”发挥。教材毕竟是对马克思主义及其中国化理论成果的“二手”解读，它追求的是条理化，难免会抽象化。这就需要我们以教材的教学要求和理论观点为基本遵循，在融会贯通的基础上，熟练驾驭、精辟讲解、详略得当。

要做到“照本”而不“宣科”，就要努力将教材语言转化为教学语言，这一教学语言应尽可能以学术语言为理论支撑，赋予某些传统意识形态话语范畴以新的时代内涵，批判吸收其他哲学社会科学（包括国外的社会科学）反映社会发展新变化的概念，批判继承中国传统文化中能体现时代精神的话语，同时尽可能吸纳日常生活语言为表达手段，而不能只是表达没有经过严格学理论证的宣传话语，或渲染诸如“我们一定要”的激情口号。

（4）学科建设的支撑：以理论研究的成果带动课程体系建设。

马克思主义理论一级学科的确立，为思政课建设提供了学科支持，增强了思政课教师的学科归属感和自豪感，显著提升了思政课教师队伍的凝聚力，为思政课教学质量的提升提供了队伍基础。

然而，由于当年马克思主义理论学科点的发展速度过快，发展还存在着公认的短板：一是方向凝练不够，不同程度地存在名不符实的问题。或是“挂羊头卖狗肉”，在该学科名下搞与马克思主义理论无关的研究；或“把马克思主义理论学科当作筐”，仅仅贴上几句马克思主义语录作为标签；或“就汤下面”，只是根据教师研究兴趣确定招生专业、设置课程和指导学位论文。二是学科功能定位不清，把思政课定位为学科建设的“重要”或“主要”甚至是“首要”的任务，二级学科的设置也主要对应思政课的课程。三是理论研究的优势和特色不明显，对党的理论做低水平重复的注释现象严重，应对战略性、前瞻性的理论和现实问题的能力不强，甚至满足于“自娱自乐”。为了更好地发挥本学科对思政课的支撑作用，马克思主义理论学科建设需要“固本外联”。

其一，形成相对明确的学科建设方向，既避免学科方向的泛化，又避免“自娱自乐”的现象。这需要对马克思主义学科体系和马克思主义理论学科的关系做出明确界定：马克思主义学科体系是以马克思主义理论学科为骨干（狭义的马克思主义学科，俗称“小马”），以马克思主义分领域研究为支撑（广义的马克思主义学科，即原马克思主义哲学、政治经济学、科学社会主义和中共党史等分领域的研究，俗称“中马”），以运用马克思主义为指导对相关哲学社会科学学科的基础理论问题和重大实践问题的研究为拓展（泛义的马克思主义学科，俗称“大马”）的学科体系。做出这一界定，有利于扩大马克思主义理论学科的视野，调动各方面学者对马克思主义学科体系建设的积极性；同时也有利于明确思政课教师在马克思主义理论学科领域从事研究的重点和相对边界，即从整体性上研究马克思主义的理论及其发展（包含理论和实践、包括中国和国外）以及在思想政治教育上的运用。

其二，把马克思主义理论学科的功能，定位在“资政育人”上，而不只是为思政课建设服务。所谓“资政”，即为巩固马克思主义在意识形态领域的指导地位提供咨询意见，为马克思主义中国化理论成果提供有学理基础的阐释，为解决重大实践问题提供体现马克思主义的理论思维和价值导向的决策思路，等等。所谓“育人”，即为思想政治教育提供有效思路和政策建议，为解决思政课中的理论难点提供研究成果，等等。当前，应强调“资政”功能的发挥，一是有利于提升学科地位、扩大学科影响；二是能更好地促进“育人”功能的发挥，因为“育人”能力离不开“资政”水平，如果学科建设不回应重大的理论和实践问题，就难以有效地对大学生思想疑点进行“解疑释惑”。“以其昏昏”，怎能“使人昭昭”？自觉或不自觉地放弃“资政”功能，不仅不能提升马克思主义理论学科的影响，而且也会因为教学脱离实际而削弱“育人”功能。

其三，强调“固本外联”，加强对马克思主义理论学科领域内的基础理论问题的研究以及与其他学科的互动。一方面要练好“内功”，把研究重点放在本学科的理论依据、逻辑起点、基本范畴、方法论、价值目标等理论问题上，因为这些恰恰是马克思主义分领域不曾涉及而又事关马克思主义理论整体性的问题。当前不必纠结于如何划清马克思主义理论学科的研究对象与其他学科的绝对边界，以及马克思主义基本原理究竟有几条等问题。在此基础上，进一步研究文本的马克思主义与条理化的马克思主义（被后人解读和整理过的所谓“原理”）的关系，经典马克思主义与当代中国马克思主义的关系，马克思主义中国化与马克思主义在中国的具体化以及时代化、大众化的关系，“马学”（马克思主义）、“国学”（暂指中国传统文化）、“西学”（西方学术传统以及当代学术思潮）的关系，当代中国社会转型中问题与主义的关系，等等。另一方面，要做好“外联”工作，加强拥有学科点和尚未设立学科点的高校间的交流，加强马克思主义学科体系中各学科之间的交流，避免本学科“自娱自乐”的现象，更好地吸收其他学科的研究成果乃至范畴，使马克思主义理论学科在高校各学科建设中获得话语权，从而促进思政课在高校影响力的提升。总之，马克思主义理论学科只有首先“固本外联”，才谈得上发挥学科建设的“领航”作用。

2. 思政课教材要剔除脱离实际的教条主义话语

习近平多次强调，我们要“理直气壮”地坚持马克思主义在意识形态领域的指导地位。思政课本身就是传授马克思主义的意识形态课，更要“理直气壮”地讲马克思主义。然而，只有“理直”才能“气壮”，而不能搞“无知无畏”那一套。这一“理直”，首先应体现在准确传递马克思思想的真谛上。遗憾的是，有一些附加在马克思主义名义下的教条主义话语，仍被当作马克思主义基本原理出现在思政课教材中。这些话语不仅不能解释当代世界和中国，而且无以体现当代中国马克思主义与经典马克思主义的一脉相承。为了提高马克思主义的可信度，在教材编写中，首先需要对马克思主义核心观点正本清源，厘清什么不是马克思主义。

（1）以“物质”为逻辑起点而演绎出来的世界观方法论？

在马克思恩格斯的著作中，谈到他们自己的观点时，说的都是：“生活决定意识”“社会存在决定意识”，一旦涉及同意识的关系，“物质”后面都跟着“生产”“活动”“交往”“行动”“关系”等关键词，以把自己同旧唯物主义区别开来。

马克思恩格斯恰恰是批判了旧唯物主义只是从物质出发看待世界的立场，才实现了思想史上伟大变革的。《关于费尔巴哈的提纲》开门见山就批评了旧唯物主义的缺陷只是从客体（或“物质”）的角度去观察世界，而不是从实践的角度去观察世界。恩格斯在《路德维希·费尔巴哈和德国古典哲学的终结》中，提出物质和精神“谁第一性”是划分唯物主义和唯心主义的标准，做的是历史概述，而不是说马克思发现了“物质第一性”的伟大思想。更重要的是，他为了避免后人把旧唯物主义观点强加给马克思，当时就警告不能夸大唯物主义和唯心主义这两个用语的内涵，否则就会造成混乱，即把唯物主义理解为把人类社会的一切包括意识都归结为是由物质“决定”的。在《自然辩证法》中，他还根据当时自然科学的成就，反复强调人类思维的基础不是单纯的物质以及由物质刺激产生的感性经验，而是人对自然界的改造即实践。

把“物质”当作马克思主义的逻辑起点，源于斯大林 1938 年在为《联共（布）党史简明教程》撰写的第四章第二节“论辩证唯物主义和历史唯物主义”。其中多次断言，马克思是从“物质第一性”推论出“物质决定意识”，再推论出“社会存在决定社会意识”的。这一对马克思主义的解读存在严重的逻辑矛盾：如果“社会存在决定社会意识”是从“物质决定意识”中推演出来的，那么，“意识”概念外延应该大于“社会意识”，且先于“社会意识”而产生，那就意味着在“社会意识”之外和之前还存在其他“意识”，这便给“自然神”甚至“上帝”留下了地盘。有些教材既说“物质决定意识”，又说“存在决定意识”，而在马克思恩格斯那里，离开“社会存在”奢谈“存在决定意识”，同样会给唯心主义留下地盘。

把并非是马克思原创的观点当作马克思主义的核心观点，这一观点又同马克思主义要回答的时代课题毫无关系，这会使学生感到厌倦；而把“物质”作为马克思主义的核心立场，会导致把对理想、道德和历史进步的追求，统统抛给唯心主义（恩格斯当年就已提出警告），这成为人们追求唯 GDP 论甚至“物质享受”的理论根据。

(2) 从“整个物质世界图景”中推演出历史规律?

马克思恩格斯的思想历程，都不是先研究自然界而发现了整个“物质世界图景”再从中演绎出社会发展规律的。他们自己也从来没有说过，他们是先研究了自然界，把唯物主义同辩证法结合起来，产生了辩证唯物主义，再把它推广到历史领域从而形成历史唯物主义的。

马克思说过他的唯物主义是“实践的唯物主义”，而恩格斯则称马克思的世界观是“历史唯物主义”。从内容上看，马克思的世界观同旧唯物主义的根本区别，是回答了旧唯物主义没有能够回答的关于人类社会发展的秘密，从而形成了历史唯物主义。从形式上看，马克思的世界观同旧哲学的根本区别，恰恰在于他反对构建整个“物质世界图景”或“解释世界的形而上体系”，而是立足于“在批判旧世界中发现新世界”。从根本上说，马克思是以实践为参照系来观察现实世界，才把旧唯物主义客观性的优点和唯心主义能动性的优点结合了起来。从逻辑上说，没有历史唯物主义，就没有唯物辩证法。

上述说法的源头，还是斯大林的《论辩证唯物主义和历史唯物主义》。它这样定义马克思主义世界观：“辩证唯物主义是马克思列宁主义党的世界观。它所以叫作辩证唯物主义，是因为它对自然界现象的看法、它研究自然界现象的方法、它认识这些现象的方法是**辩证的**，而它对自然界现象的解释、它对自然界现象的了解、它的理论是**唯物主义的**。历史唯物主义就是把辩证唯物主义的原理推广去研究社会生活，……应用于研究社会历史。”[①] 文中反复用排比句式强调这一“推论”：“既然自然现象”怎么样，因此“社会生活现象”也怎么样[②]。

这一说法产生的逻辑矛盾是：如果说马克思主义揭示了整个物质世界图景，因此放之四海而皆准，我们为何又说马克思主义不是包罗万象的？马克思主义理论品质是与时俱进？如果说马克思发现的人类社会发展规律是从解释自然的辩证唯物主义中推导出来的，我们为何又说“社会发展史却有一点是和自然发展史根本不相同的”[③]？

这一说法对大学生的思想政治教育也会产生误导：所谓自然规律的“决定性”否定了人的主体性，而把人作为实现所谓自然规律的工具，同今天中国共产党把“坚持人民主体地位”作为夺取中国特色社会主义新胜利必须坚持的八项“基本要求”的第一条的精神相背离。这一说法还否认了历史发展的偶然性，从而与中国特色社会主义理论和实践中强调要“抓住机遇”的思想相背离。

(3) 五种社会形态线性更替是人类历史普遍规律？

马克思恩格斯在《德意志意识形态》中概述过“部落所有制”到“古典古代的公社所有制和国家所有制”、再到“封建的或等级的所有制”的发展演化。在《〈政治经济学批判〉序言》中，马克思说过：“大体说来，亚细亚的、古希腊罗马的、封建的和现代资产阶级的生产方式可以看做是经济的社会形态演进的几个时代。”[④] 但用“大体说来”，表明他并没有把它作为所有民族绝对普遍的社会发展模式，而“亚细亚生产方式”也不等同于“原始社会”。马克思说过，他发现历史运动的秘密是社会基本矛盾运动，他明确把他对资本主义起源的“历史必然性”的论证，限制在西欧各国的范围内，反对把它当作绝对普遍模式强加于世界各国。恩格斯也说

---

① 斯大林．斯大林文集．北京：人民出版社，1985：200.
② 同①211.
③ 马克思，恩格斯．马克思恩格斯文集：第4卷．北京：人民出版社，2009：301.
④ 马克思，恩格斯．马克思恩格斯文集：第2卷．北京：人民出版社，2009：592.

过，马克思发现的人类历史的普遍规律，是社会基本矛盾运动的规律，以及由此决定的资本主义生产方式运动的特殊规律，即剩余价值运动规律，从而使社会主义由空想变为了科学。

这意味着，马克思并不是从自然界的物质运动规律中推演出人类社会的历史必然经历从原始社会到奴隶社会、封建社会、资本主义社会，再到共产主义社会的线性规律，从而证明资本主义必然要为社会主义所取代。马克思对资本主义必然灭亡的论证，是运用社会基本矛盾是历史发展根本动力的普遍性，对欧洲资本主义矛盾特殊性进行批判而得出的结论，又因为资本主义对全世界的扩张导致其弊端的充分暴露，从而使人类的前途在于社会主义的结论具有了普遍性世界意义。

如果我们固守斯大林的教条主义话语（其实还并非是对马克思主义的教条主义），则会产生诸多理论上的困境。例如，世界上绝大部分国家都没有完整地经历过前社会主义的四种社会形态，那又如何说明马克思揭示了人类社会发展的普遍规律呢？又如，如果说所有的国家都要经历五种社会形态的线性更替，那它同中国共产党提出的“尊重世界文明多样性、发展道路多元化”的话语体系又该如何协调呢？

如果我们固守斯大林的教条主义话语，对当代中国大学生的思想政治理论教育也会产生误导。例如，既然五种社会形态的更替是不可抗拒的线性规律，那么，中国没有搞过资本主义怎么可以直接搞社会主义了呢？当年资产阶级自由化就是以这一论调来蛊惑大学生的。又如，既然由于历史发展的线性规律决定了每种社会形态的生产关系和上层建筑是固定的，而社会主义又是高于资本主义的社会形态的，那么，社会主义为什么又要改革开放呢？一些否定改革开放的言论，正是以此来推演出“中国特色社会主义”是“中国特色的资本主义”的错误结论，从而使大学生产生思想困惑的。

斯大林的教条主义话语产生并系统化，在斯大林道路的开辟和苏联社会主义模式的形成中，有其历史的合理性和意识形态的必要性。但它确实是把马克思主义世界观当作被马克思批评过的“冷冰冰的”唯物主义和机械决定论了。今天，按照马克思恩格斯的本意，澄清马克思主义的出发点、核心观点和理论内容，排除附加在马克思主义名下的教条主义话语，使思政课教材在内容上更切合时代的特征和实践的发展，是修订和完善思政课教材首先必须做的工作。它有助于帮助学生确立社会主义是中国历史的选择，是马克思主义的理论逻辑和中国社会发展的历史逻辑相统一的观念；有助于规避对改革开放合理性的质疑，帮助学生确立创新观念、世界眼光和历史意识；有助于规避对人的主体性的漠视，帮助学生确立“以人为本”的理念和责任意识；有助于规避内外意识形态宣传话语的不协调，帮助学生确立中国坚持走和平发展道路的信念；有助于规避对马克思主义是僵化教条的指责，真正发挥马克思主义对哲学社会科学研究的指导作用。

3. 实现社会主义意识形态与大众媒介的渗透和转化

大众媒介作为技术载体不仅渗透到日常生活而改变着人们的生存方式，更在于它所带来的各种异质价值观念正以一股强大的无形力量改变和重塑着人们的价值认知。面对这一境遇，必须重新审视中国特色社会主义意识形态与大众媒介的结合方式，实现以“大众媒介”为载体来提升中国特色社会主义意识形态的话语权。

（1）大众媒介与传统形态之间的矛盾冲突。

随着科学技术的进一步发展，媒介话语和媒介技术具有极强的拟真性、包容性以及对信息的垄断式占有，使得媒介信息能够在更大程度上影响人们的生活内容和认知行为，进而影响人们对现实世界的看法，现实环境也越来越具有信息化的色彩。频繁接触大众媒介已经成为现代人生活中很重要的一部分，除了正常的工作生活外，人们用了几乎一半的闲暇时间来接触大众媒介，大众媒介已经充斥在人们的现实生活中。正如汤普森所说：“今天难以想象生活在一个没有书刊报纸、没有收音机和电视、没有无数把象征形式常规地和不断地传给我们的其他媒介的世界里会是怎么样的。”① 可见，现实中人们已将大众媒介所建构的信息环境当作自己丰富知识、了解现实、休闲娱乐、寻求帮助等的一个至关重要的渠道，媒介信息环境在一定程度

① 汤普森. 意识形态与现代文化. 北京：译林出版社，2005：180.

上承担了现实环境的角色与功能，媒介环境越来越环境化。这也印证了一句话，“人不得不处于这样的命运之中，即应该通过他人的终结，依存于由他人所规定的（他人所掌握和解释的）环境，来确定自己的环境”①。

同时，现代大众媒介已不仅仅是现存社会关系中可有可无的补充者，而是新的生产关系、社会存在和社会历史的创造因素。正如波德里亚在《消费社会》中所阐释的：“铁路带来的‘信息’，并非它运送的煤炭或旅客，而是一种世界观、一种新的结合状态，等等。电视带来的‘信息’，并非它传送的画面，而是它造成的新的关系和感知模式、家庭和集团传统结构的改变。”② 在经济一体化和信息全球化时代，媒介的高频率使用往往使人们忽视了它的存在，久而久之习以为常，也见怪不怪了。“媒介化”已作为现代人生活的一种生存方式，“现实”本身已被“媒介化”了。

大众媒介的商业性使它需要遵循一定的商业逻辑，讲求经济合理性，以保障在其目标群体中获得尽可能大的市场份额。为取悦受众，获得商业利益，大众媒介产生了自己的利益立场，在追逐利润和金钱的同时，可能带来欺骗和误导。一些媒体标榜所谓“价值中立”和“报道客观”，而实际上把追求突发事件和扩大刺激性报道作为“癖好”。但是，如果因此说以市场逻辑为主导的大众媒介可以独霸天下，社会主义意识形态须让位于市场逻辑，那是大错特错的。

诚然，在意识形态、大众事实上，在存在利益集团乃至阶级利益矛盾和冲突的社会中，媒介仍是某种社会阶层的利益代表，充当政治集团的喉舌。在资本主义社会，对于媒体成为某种意识形态的工具的现象，有学者曾有过精辟的表述：“文化工业刻意地由上而下，借着一种意识形态将消费者收编进去，而这种意识形态就是让人以顺从代替主体意识，压根不允许脱离规范而存在；文化工业的整体效果是违反启蒙原则的……文化工业不断地以科技作为支配自然的工具……它是一种桎梏意识的手段。文化工业阻碍了个人的发展，个人无法以独立自主的态度，有意识地为自己决断事务。”③

---

① 藤竹晓．电视社会学．合肥：安徽文艺出版社，1987：35.

② 波德里亚．消费社会．南京：南京大学出版社，2000：132.

③ 阿兰·斯威伍德．大众文化的神话．北京：生活·读书·新知三联书店，2003：23-24.

在媒介化的生存状态下，媒介在某种程度上完全被异化。现代人与媒介的关系出现了顺从、盲目甚至崇拜关系。麦克卢汉曾指出：“一旦拱手将自己的感官和神经系统交给别人，让人家操纵——而这些人又想靠租用我们的眼睛、耳朵和神经从中渔利，我们实际上就没有留下什么权利。”① 这无疑使得大众媒介异化为“非我”的工具而存在。

（2）实现社会主义意识形态与大众媒介之间的合理渗透与转化。

意识形态、媒介、现实的三者互动关系中，大众媒介不仅是一种意识形态载体，而且是现代社会中一种意识形态存在方式。于是，我们需要准确理解和处理大众媒介和意识形态的关系，既要防止片面强调意识形态对大众媒介的影响而忽略大众媒介的能动性的倾向，又要防止片面夸大大众媒介对意识形态的影响，把媒体自由视为民主政治甚或科技力量的无可阻挡之力，放弃中国共产党对媒体的管理，试图用所谓“媒体自由”来解决深层次的社会矛盾的倾向。大众媒介确实对意识形态有一定积极的或消极的影响，但这一影响并不具有决定性作用，新闻自由等也不是解决社会问题的法宝。

统治阶级的统治往往不仅仅依靠粗暴的军事力量，还要依靠强大的经济力量、科技力量、大众媒介力量。“大众传媒在巩固国家力量并促使其向社会意识渗透中也发挥着日益重要的作用。”② 通过大众媒介这一载体，意识形态可以表现出更大的渗透性，控制功能也能大大增强。原因有二：一是大众媒介通过强大的技术手段为自己在意识形态的舞台上增加了影响力，客观上为意识形态的内容发展及面临的环境等都带来了新的挑战；二是出于媒介所特有的“好奇心”，表现为它对于意识形态领域的一切关注，以满足大众的需求，使大众媒介与意识形态的结合可以深入到生活的各个角落。

通过诉诸社会主义意识形态，以期摆脱大众媒介对人性的极度扭曲状态，让“我们每一个人都过着一种更加积极的生活，而不仅仅是被动地接受已经存在的符号和结构。我们不能再像以前那样经营国家，把人们看作

① 马歇尔·麦克卢汉. 理解媒介. 北京：商务印书馆，2000：105.

② 安东尼·史密斯. 全球化时代的民族与民族主义. 北京：中央编译出版社，2002：110.

是没有自己主见的人”①。

一方面，大众媒介必须适应社会主义意识形态的要求，承担一定的意识形态宣传等任务，在社会主义核心价值观的导向下运作。另一方面，社会主义意识形态又必须尊重大众媒介自身发展的基本规律，按照商业发展的基本逻辑发展。而实现这两者的和谐渗透与转化，关键在于社会主义意识形态对大众媒介的科学引导。

其一，坚持社会主义意识形态对大众媒介的制度引导，坚持大众媒介对中国特色社会主义意识形态的监管。

大众媒介的发展速度和规模必然受到经济基础和它所处社会环境的制约，尽管媒介在观念上可能更具有超前性和先进性，但在法律地位上，并不具有任何超越于一般法律主体的优越地位，而只能合法行使国家法律所赋予的权利。要实现中国特色社会主义意识形态与大众媒介的相互渗透与转化，最好手段无非是通过法律手段。如此，一方面可以保证大众媒介的社会主义性质；另一方面可以维护社会主义国家安全、维护正常社会秩序，做到切实为人民服务；同时，还可以确保媒体人员正当的人身权利与自由。

基于大众媒介享有的相对独立性，具有一定的公众立场，并且可在整体上与意识形态保持一定的距离，在这个距离存在的情况下，大众媒介可以通过监督作用发挥自己对社会主义意识形态建设的能动性，即更直接地反映人民群众的意见、维护人民群众的利益。大众媒介必须承担一定的社会责任，它所享有的媒介自由只能在一定的范围内有效。当社会主义法律真正成为维护大多数劳动人民的民主和自由的工具时，它对大众媒介的制约才是顺应社会发展需要的。

其二，紧跟时代，适应现代化潮流，创新和发展中国特色社会主义媒介文化产品。

如今，大众媒介面临的最大难题并非所谓的商业文化取代高雅文化，通俗文化取代精英文化，而是如何界定自己的人性边界、现代性边界，如

① 郭忠华. 权利、结构与社会再生产. 中国社会科学报，2009-12-03.

何建立起兼容高雅文化、精英文化标准，又体现人性多样性的解释标准。大众媒介要扬弃在人性方面的异化，需要纳入社会主义核心价值观，阐释自己产品的文化精神，以力求在一定程度上消解社会主义初级阶段面临的各种矛盾。在当代中国，媒介“再也不能像过去那样通过政治化、教条化的刻板说教方式让受众接受，而是在相当程度上必须适应市场机制的运行规律，考虑市场的需要，贴合大众的口味”①。

社会主义意识形态需以现代化市场为中介，发展媒介文化市场，找到一个恰当的契合口，向媒介文化产品渗透与转化。这样，当大众选择媒介文化产品时，意识形态也自然地在潜移默化中建构了大众的意识，从而在使用或消费媒介产品中完成意识形态的认同。精神生产并不能独立于物质生产活动，是随着物质活动和劳动分工的发展而逐渐分化出来的，通过对媒介文化产品的不断发展，精神生产也会不断发展，在这个过程中，社会主义意识形态理论不断指导传媒文化产品的发展，而媒介的发展也不断给中国特色社会主义意识形态理论注入新的内容，实现二者的积极互动。在大众媒介的语境下，媒介文化产品已经可以成为中国特色社会主义意识形态渗透与转化的重要物质载体。

其三，把握和提炼媒介时代的“时代精神”，创新并发展中国特色社会主义意识形态理论。

“**问题**就是公开的、无畏的、左右一切个人的时代声音。问题就是时代的口号，是它表现自己精神状态的最**实际的**呼声。”② 处于当今大众媒介时代，也面临着属于这个时代的各种问题。社会主义意识形态作为“时代精神的精华”，所要反思和批判的不是已有的答案，而正是一个又一个的时代问题。“各种经济时代的区别，不在于生产什么，而在于怎样生产，用什么劳动资料生产。”③ 随着信息科技和大众媒介等高科技的高速发展，社会结构已经或正在被“重构”，时代特征、时代价值、时代精神等已经出现了很多新表现。大众媒介使得人们的生活实践方式在不知不觉中发生

① 陈立旭. 市场逻辑与文化发展. 杭州：浙江人民出版社，1999：74.

② 马克思，恩格斯. 马克思恩格斯全集：第40卷. 北京：人民出版社，1982：289-290.

③ 马克思，恩格斯. 马克思恩格斯全集：第23卷. 北京：人民出版社，1972：204.

了一系列革命，在给社会主义意识形态建设带来众多发展契机的同时，也在理论和实践层面提出了诸多新问题。面对这些新问题，需要用社会主义意识形态批判性地去思考和解决，不仅为社会主义理论新形态的建构提出新思维，还为发展意识形态与大众媒介的关系提出新理论，提供属于中国特色的媒介“时代精神”，并再透过媒介技术提高社会主义意识形态的话语权。要实现中国特色社会主义意识形态和大众媒介的和谐融合，只有建立在提高对媒介时代问题的解释力上，重构中国特色社会主义“大众媒介”意识形态，实现大众媒介和意识形态在技术层面、理论层面的双层渗透与转化。

后　记

本书是教育部人文社会科学研究规划基金一般项目（项目批准号：12YJA710018）“社会的统治思想、核心价值和话语主导权——当前中国意识形态建设若干重大问题研究”最终成果的体现。

本课题的研究，历经三年多。课题组成员刘伟、朱文婷、付艳蕾、何红连、张保权、温美平等参与了部分研究工作。三年来，课题组共发表标注该研究项目阶段性成果的论文24篇，其中CSSCI论文14篇，CSSCI扩展版论文5篇，一般期刊论文5篇。作为教育部一般规划项目，可谓成果丰硕，反映了课题组成员潜心研究当代中国意识形态理论和实践问题的强烈责任感和较高的研究水平。

2016年上半年，承蒙中国人民大学出版社的抬爱，将本书纳入“高校马克思主义理论教学与研究文库”。为此，本人对结项初稿做了修改完善，使逻辑结构更严谨、文字表达更清晰，特别是按原研究主题增加了对习近平总书记相关讲话精神的诠释，并适当压缩了篇幅。

在初稿写作过程中，课题组成员撰写了部分初稿或提供了资料，具体有付艳蕾、何红连：第四章第三节第一目、第二目，第五章第二节第一目，第五章第三节第一目、第二目，第六章第三节第三目；朱文婷：第五章第四节第二目，第六章第二节第一目、第二目；刘伟：第五章第三节第四目；温美平：第六章第一节第一目。

中国人民大学出版社郭晓明、余盛、牛晋芳编辑对书稿修改提出了不少中肯意见，并对书稿文字做了极为细致的编校和修缮，为该书的编辑出版付出极大辛劳，在此表示衷心感谢！

陈锡喜

图书在版编目（CIP）数据

意识形态：当代中国的理论和实践/陈锡喜著. —北京：中国人民大学出版社，2018.4
（高校马克思主义理论教学与研究文库）
ISBN 978-7-300-24555-3

Ⅰ.①意… Ⅱ.①陈… Ⅲ.①中国特色社会主义-教学研究-高等学校 Ⅳ.①D610

中国版本图书馆 CIP 数据核字（2017）第 133609 号

国家出版基金项目
高校马克思主义理论教学与研究文库
意识形态：当代中国的理论和实践
陈锡喜 著

出版发行	中国人民大学出版社		
社　　址	北京中关村大街 31 号	**邮政编码**	100080
电　　话	010－62511242（总编室）		010－62511770（质管部）
	010－82501766（邮购部）		010－62514148（门市部）
	010－62515195（发行公司）		010－62515275（盗版举报）
网　　址	http://www.crup.com.cn		
	http://www.ttrnet.com（人大教研网）		
经　　销	新华书店		
印　　刷	天津中印联印务有限公司		
规　　格	165 mm×230 mm　16 开本	**版　　次**	2018 年 4 月第 1 版
印　　张	18 插页 1	**印　　次**	2022 年 2 月第 4 次印刷
字　　数	266 000	**定　　价**	68.00 元